다문화의 이해와 건강

허현점 김숙복 김순호 박군자 박선정
박진아 이수민 전혜정 정윤화 정일동
공저

양성원

머리말

우리나라는 서구 유럽과 비슷한 형태로 외국 노동력의 유입으로 인한 이주근로자와 1990년대 이후 결혼이주자의 증가와 더불어, 2000년 이후 북한이탈주민도 계속 증가추세에 있으며, 해외로부터 외국 유학생의 꾸준한 증가 등으로 인하여 단일민족사회에서 다문화사회의 양상으로 바뀌고 있는 실정이다.

이에 정부는 2008년 3월 「다문화가족지원법」을 제정하여 다문화가족의 안정적 생활지원을 위한 정책기반을 마련하였고, "제1차 다문화가족지원정책 기본계획"(2010~2012년)과 "제2차 다문화가족정책 기본계획"(2013~2017년), "제3차 다문화가족정책 기본계획"(2018~2022년)을 바탕으로 "제4차 다문화가족정책 기본계획"(2023~2027)을 각각 수립 · 추진하는 등 지속적으로 다문화가족 지원사업을 수행하여 왔다. 그러나 다문화가족정책이 결혼이민자의 결혼준비부터 정착에 이르기까지 생애주기별 통합지원을 목표로 하고는 있지만 결혼이민자의 서비스 수요와 욕구 등을 고려하기보다는 결혼이민자 사망사건 등과 같은 다문화가족 문제가 사회적으로 부각될 때마다 정부부처별로 다양한 정책과제를 발굴 · 추진해 오고 있는 실정이다.

외국인 주민은 어떠한 형태로든 새로운 사회에서의 이주 생활에서 생소한 문화에 적응해야 하고, 의사소통의 어려움, 신분상의 불안정성, 경제적 어려움 등 새로운 사회에의 적응을 방해하는 다양한 요소에 직면하며, 이는 그들의 건강에 부정적인 영향을 미치게 된다. 이와 같이 외국인 주민이 경험하게 되는 다양한 문제 중의 하나인 건강 영역 부분을 다문화사회의 건강이라고 한다. 즉, 다문화사회의 건강이란 다문화사회구성원에 대한 인간 존엄성의 존중차원에서 기본적으로 건강권을 보호해 주는 것이다.

이처럼 다문화사회의 건강에서 매우 중요한 역할을 담당하고 수행하는 전문직이 간호사이다. 즉, 다문화 대상자에게 건강에 대한 직접서비스를 제공하는 간호사는 다문화 대상자의 문화적 전통과 특성, 태도와 행동에 대해 지식을 갖추고 그들의 건강에 대한 다양한 관점, 행동에 따른 요구에 적절히 반응하면서 간호를 제공하는 문화적 역량이 무엇보다 필요하다고 할 수 있다.

따라서 본 책은 예비 간호사들의 문화적 역량증진을 위해 마련되었으며, 이를 위해 총 3부 10장으로 구성하였다. 구체적으로 1부 다문화의 이해는 5개의 장으로 구성되었는데, 1장 문화와 다문화에서는 문화와 다문화의 개념, 다문화사회로의 이행 및 다문화사회로의 변화요인에 대해 기술하였고, 2장 다문화의 이론과 간호에서는 다문화주의 정책 유형, 사회통합 정책의 유형 및 다문화와 간호에 대해 소개하였고, 3장 세계화와 다문화에서는 세계화의 개념, 세계화의 특징 및 문제점, 인구이동 및 세계화 시대의 문화 혼종성과 정체성에 대해 기술하였고, 4장 한국 다문화사회의 이해에서는 한국의 다문화 현황과 한국 다문화사회의 문제점에 대해 소개하였고, 5장 외국 다문화사회의 형성배경과 통합정책에서는 다문화사회 통합정책 개념 및 유형, 국가별 사회통합 정책 및 외국 다문화사회의 문제에 대해 기술하였다.

2부 다문화사회와 정책에서는 2개의 장으로 구성하였는데, 6장 다문화 관련 법과 제도에서는 다문화 관련 법, 다문화 관련 제도 및 이민정책에 대해 기술하였고, 7장 한국의 다문화정책에서는 다문화가족정책의 이해, 다문화가족 주요 지원제도 및 다문화가족 생애주기별 지원대책에 대해 소개하였다.

3부 다문화사회와 건강에서는 3개의 장으로 구성하였는데, 8장 다문화사회의 건강적 접근에서는 다문화사회의 건강 개념 및 생애주기별 건강적 접근에 대해 기술하였고, 9장 다문화사회의 건강문제에서는 결혼이주자여성, 외국인근로자 및 북한이탈주민의 건강 문제에 대해 소개하였으며, 10장 다문화가족상담에서는 다문화가족상담의 개념, 다문화상담자의 역할과 역량 및 다문화가족상담의 실제에 대해 구체적으로 기술하였다.

국내 간호사의 문화적 역량증진 교육은 2012년도 2주기 간호교육 인증평가에서 학습성과로 다룬 국제 보건 학생역량의 필요성이 대두되면서 중요성을 인지하고, 국내 대학 교육과정에 다문화와 관련한 교육과정이 소수 대학에서부터 개설되기 시작하였다. 따라서 본 책을 통해 예비 간호사들의 문화적 역량증진을 향상시켜 외국인 주민도 우리 국민과 함께 행복해졌으면 하는 바람을 가져본다.

끝으로 이 책의 출판을 허락해 주시고 좋은 책이 될 수 있도록 편집에 힘을 써 주신 양성원 출판사의 강철원 사장님을 비롯해 임직원 여러분들께도 깊은 감사의 마음을 전합니다.

2026년 1월

저자 일동

차 례

| PART 3 | 다문화사회와 건강

PART 1

다문화의 이해

Chapter 01

문화와 다문화

배울 내용

1. 문화와 다문화의 개념
2. 다문화사회로의 이행
3. 다문화사회로의 변화요인

학습목표

1. 문화의 개념과 속성을 숙지한다.
2. 다문화사회 개념을 설명할 수 있다.
3. 다문화사회로의 이행 과정을 설명할 수 있다.
4. 다문화사회의 변화요인을 설명할 수 있다.

Chapter 01

문화와 다문화

세계적으로 국가 간 인구이동과 국제교류가 증가하고 민족, 인종, 종교의 계층에서 다양한 문화집단이 생기면서 보건의료와 건강영역에서 문화의 중요성이 나날이 높아지고 있다. 우리나라의 경우도 외국인근로자, 국제결혼이주자, 유학생, 북한이탈주민 등의 증가로 민족과 인종의 다양성에 직면하고 있다. 2008년 국내 체류 외국인 수가 100만 명을 넘어선 이래 불과 17년도 지난 2024년 국내 체류 외국인 수가 269만 명을 돌파하는 등 우리사회는 급속도로 다문화사회로 변해해 왔다. 이런 상황에서 간호사는 이미 지역사회에서 문화적 배경이 다른 대상자를 많이 만나 왔고 그들과 더불어 살아왔다. 그러나 간호사가 보건의료서비스 현장에서 다문화간호대상자들을 만났을 때 그들의 문화 차이를 공감하는 데는 많은 한계를 느끼고 보건의료서비스 제공에 어려움을 겪고 있다.

간호사는 대상자의 고유한 문화의 특성을 고려하여 그들에게 필요한 최적의 간호를 그들이 수용할 수 있는 방식으로 제공해야 함에도 불구하고 대상자의 문화에 대한 이해 부족과 의사소통이 어려워 그들을 문화적으로 배려할 수 없고, 한국인을 돌보는 방식대로 간호를 제공하고 있는 실정이다. 이런 점에서 외국인들은 보건의료서비스의 전달과 접근성 측면에서 출신 국가와 민족에 따라 불평등한 보건의료서비스를 제공받게 된다. 구체적으로 한국에 거주하는 외국인근로자는 약 100만 명 이상으로 추산되며, 제조업, 농업, 건설업, 서비스업 등 다양한 분야에서 활동하고 있다. 이들 중 상당수는 고용허가제(E-9), 방문취업제(H-2) 등의 비자를 통해 입국했지만 일부는 체류 기간을 넘기거나 무비자로 입국하여 불법체류 상태가 되는 경우가 많다. 이러한 외국인근로자들은 언어소통 문제, 정보부족, 고용주의 비협조 등으로 인해 병원 이용 자체가 어려운 상황에 놓이기 쉽다. 특히 불법체류자의 경우 건강보험 가입이 불가능하며, 의료비 전액을 자비로 부담해야 하는 경우가 대부분이다. 또한 임신과 출산으로 보건의료서비스가 필요한 결혼이주여성의 경우도 언어와 사회, 문화적인 장벽 때문에 병원을 가는 것을 기피하며, 가더라도 수동적이고 소극적일 수밖에 없다.

따라서 다문화대상자가 해마다 급증하는 우리나라 보건의료서비스 환경에서 문화적 역량은 간호사의 필수 직업능력 중 하나이다. 간호사는 대상자가 가지고 있는 다양한 문화와 신념을 이해하고 존중하며 효과적인 상호작용을 통해 대상자가 가지고 있는 문화에 적합하고 의미 있는 간호를 수행하기 위해 문화간호역량을 습득하고 개발해 나가야 한다.

1. 문화와 다문화의 개념

1) 문화의 개념

문화라는 용어를 한마디로 정의하기란 불가능한데, 왜냐하면 문화는 그것이 속한 담론의 맥락에 따라 매우 다양한 의미를 갖고 있는 다담론적 개념이기 때문이다. 서양에서 문화를 뜻하는 말 culture는 경작이나 재배 등을 뜻하는 라틴어 cultus에서 유래되었다. 이는 문화란 자연 상태의 사물에 인간의 작용을 가하여 그것을 변화시키거나 새롭게 창조해 낸 것을 의미한다. 자연 사물에는 문화라는 말이 어울리지 않지만, 인위적인 사물이나 현상이라면 어떤 것이든 문화라는 말을 붙여도 말이 되는 것은 그 때문이다. 예를 들어, 야생화문화라는 말은 성립하지 않지만 원예문화라는 말은 성립한다. 즉, 가장 넓은 의미에서 문화는 자연에 대립되는 말이라고 할 수 있고, 인류가 유인원의 단계를 벗어나 인간으로 진화하면서부터 이루어 낸 모든 역사를 담고 있는 말이라고 할 수 있다. 여기에는 정치나 경제, 법과 제도, 문학과 예술, 도덕, 종교, 풍속 등 모든 인간의 산물이 포함되며, 이는 인간이 속한 집단에 의해 공유된다. 문화를 인간 집단의 생활양식이라고 정의하는 인류학의 관점이 이런 문화의 본래 의미를 가장 폭넓게 담은 것이라고 할 수 있다.

일반적으로 문화는 크게 좁은 의미와 넓은 의미로 구분하여 이해할 수 있다. 구체적으로 좁은 의미의 문화는 정신적 · 물질적으로 진보된 상태, 고급스럽고 세련된 것, 발전된 생활방식, 또는 예술 등의 특정 분야를 의미한다. 예를 들어,

'문화생활'에서 문화는 우아하고 고상한 것 또는 공연이나 예술 등 특정 분야를 가리키며, '문화인'이나 '문화시민'은 더 세련되고 교양 있는 사람을 의미할 때 사용된다. 과거 제국주의 시절에는 '미개'와 대비되어 더 진보한 것을 의미하기도 하였다.

이에 비해 넓은 의미의 문화는 한 사회의 구성원이 공유하는 모든 생활양식의 총체를 의미한다. 이는 의 · 식 · 주, 가치, 규범, 지식, 예술, 제도, 사고방식, 행동양식 등 매우 다양한 요소들을 포함하고 있다. 예를 들어, '다문화사회', '음식문화', '청소년문화' 등에서 문화는 특정 분야나 세련된 것만이 아닌 삶의 방식 자체를 의미하며, 학교에서 교복을 입고 등교 시간에 맞춰 움직이며 질서를 지키는 행위 등 일상생활 속에서 무심히 해 온 일들도 넓은 의미의 문화현상에 해당되는 것이다.

그러나 인간이 주어진 자연환경에 인위적인 노력을 더하였다는 의미를 가진 라틴어에서 유래한 문화의 어원을 고려할 때, 타고난 생물학적 특징은 문화로 볼 수 없다. 따라서 넓은 의미의 문화는 사회구성원의 가치관, 삶의 목표, 태도에 결정적인 영향을 미치므로, 어떤 사회현상을 바르게 인식하기 위해서는 그 사회문화에 대한 이해가 필수적이다. 어떤 문화든 그것이 대중의 삶 속에 존재하며 대중에게 수용되지 않으면 아무런 의미가 없는 것이다.

이와 같은 문화는 어느 사회에서나 언어, 결혼, 종교, 의복 등과 같은 생활양식이 공통으로 존재한다는 점에서 보편성을 가지지만, 각 사회가 처한 자연환경이나 사회적 상황, 역사적 배경에 따라 다른 사회와 구분되는 고유한 특징을 보이기도 하는데, 이를 특수성이라고 한다. 사회철학자 렌(Wren, 2012)은 문화에 대한 정의를 〈표 1-1〉과 같이 9가지 관점으로 구분하여 제시하고 있다(강혜영, 2018; 박혜숙 외, 2021).

표 1-1. 관점에 따른 문화의 정의

구분	내용
주제 중심 관점	문화란 구성요소, 문화적 성향, 속성들과 같이 주제나 일반적인 범주들을 구체적으로 목록화한 모든 것을 말한다.
구조적 관점	문화란 하나의 공동체가 가지는 사회적 관습에 대한 총체적인 표현으로, 그들의 아이디어나 행위들이 통합된 하나의 패턴이다.
기능적 관점	문화란 개인이나 사회가 환경에 적응하거나 함께 살아가면서 생기는 문제를 해결하는 방식이다.
역사적 관점	문화란 한 집단이 공유하고 있는 유산이다.
규범적 관점	문화란 한 집단의 이상, 가치 또는 살아가기 위한 규칙이다.
행위론적 관점	문화란 함께 공유하고 배워 가는 인간 행위로, 누구나 자연스럽게 관찰할 수 있는 삶의 방식이다.
인지적 관점	문화란 충동을 자제하고, 의미와 목표를 공유하며 한 사회체계 속에서 살아갈 수 있게 하는 아이디어와 태도의 복합체이다.
상징적 관점	문화란 한 사회 속에서 함께 만들어서 공유하게 되는 모든 주장이나 의미들이다.
비판적 관점	문화란 한 사회 속에서 나타나는 권력관계들을 의미하며, 이를 촉진시키는 일련의 상징들과 그것들을 만들어 내는 활동들이다.

출처: 강혜영(2018). 다문화와 건강: 문화다양성과 문화역량. 현문사.

2) 문화의 속성

문화는 여러 가지 공통적인 속성을 가지고 있으며, 이러한 속성들은 문화의 특징과 기능에 중요한 영향을 미치게 된다. 문화의 공통된 주요 속성은 [그림 1-1], 〈표 1-2〉와 같다.

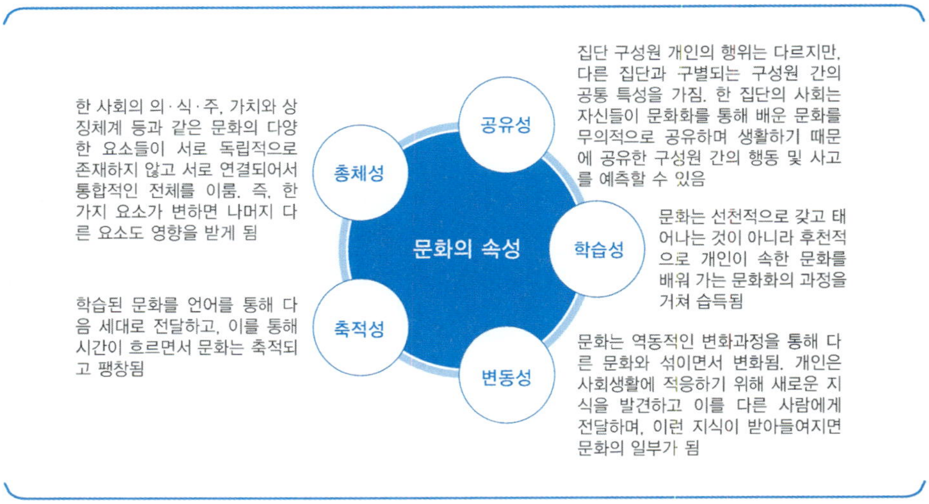

그림 1-1. 문화의 속성

표 1-2. 문화의 속성

구분	내용
공유성 (Sharing)	문화는 한 사회구성원이 공통으로 가지는 생활양식이다. 따라서 같은 문화를 공유하는 사람들은 서로의 행동을 이해하고 예측할 수 있으며, 이를 통해 사회구성원 간에 원활한 상호작용이 가능해진다. 예를 들어, 우리나라 사람이 생일날에 미역국을 먹거나 설날에 떡국을 먹는 것은 문화의 공유성에 대한 사례이다.
학습성 (Learning)	문화는 태어날 때부터 선천적으로 형성되는 것이 아니라 후천적으로 배움으로써 형성되는 것이다. 즉, 인간은 문화를 학습할 능력만을 가지고 태어나며, 성장하면서 언어와 문자 등을 통해 사회의 문화를 학습하게 된다. 사회화과정을 거치면서 유년기부터 학습된 방식들이 나타나게 된다. 쌍둥이라도 서로 다른 사회에서 성장한다면 다른 사고방식과 행동양식을 보이게 되는 것은 이러한 학습성의 속성 때문이다. 밥을 짓고 요리하는 것은 후천적으로 학습한 문화현상인 반면, 먹고 마시는 것은 본능적 행위이므로 문화현상이 아니다. 한국에서 오래 생활한 미국인이 김치를 담가 먹는 것도 학습성의 예이다.
변동성 (Variability · Change)	문화는 고정된 것이 아니라 시간이 흐르면서 변화한다. 즉, 기존의 문화 요소가 사라지거나 새로운 요소가 나타나면서 형태와 내용이 끊임없이 변화하게 되는 것이다. 문화가 세대에서 세대로 이어지면서 과거의 것을 받아들이기도 하고, 새롭고 창의적인 내용을 가미하기도 한다. 인간은 새로운 환경에 적응하거나 새로운 욕구를 충족하고자 끊임없이 변화를 추구하며, 이 과정에서 문화

구분	내용
	요소가 추가되거나 소멸한다. 간장 떡볶이에서 고추장 떡볶이로 대표적인 모습이 변한 것은 변동성의 사례이다.
축적성 (Accumulation)	문화는 한 세대에서 다음 세대로 전승되면서 기존 문화에 새로운 요소가 더해져 더욱 풍부해지고 다양해지게 된다. 이는 오랜 시간과 역사에 걸쳐 누적된 지식과 경험의 결과물이며, 인간의 학습능력과 상징체계(언어, 문자 등)를 통해 전승되었기 때문이다. 이러한 축적성은 문화가 발전할 수 있는 원동력이 된다. 현대 수학이 고대부터 쌓여 형성된 지식의 결과인 것 등이 축적성의 예이다.
총체성 (Totality · Integration)	한 사회의 문화는 지식, 가치, 예술, 규범, 제도 등 수많은 요소로 구성되어 있으며, 이러한 문화요소들은 별도로 기능하는 것이 아니라 서로 긴밀한 유기적 연관성을 지닌다. 즉, 문화는 여러 구성요소가 상호 유기적으로 결합한 하나의 총체이므로 부분이 아닌 전체로서의 의미가 있는 생활양식이다. 따라서 문화의 한 부분이나 요소가 변동하면 연쇄적으로 다른 부분에도 영향을 미치게 된다. 어떤 문화현상을 제대로 이해하기 위해서는 다른 문화요소와 연관 지어 전체 문화의 맥락 속에서 의미를 파악해야 하는데, 이를 총체론적 관점이라고 한다. 예를 들어, 우리나라에서 밥을 주식으로 먹는 문화는 기후, 농경 역사, 가족 관계, 식사 예절 등과 관련이 있으며, 스마트폰의 보편화는 정치, 경제, 문화 등 우리사회 전반에 걸쳐 큰 변화를 가져오고 있는 것이 그 예이다.

이와 같은 속성을 지닌 문화적 가치는 특정 문화가 오랜 세월에 걸쳐 적절한 것으로 수용되어 온 독특한 표현으로 자신감과 자존감을 갖게 하는 행동과 결정을 이끌게 하는 데 있다. 레닌저(Leininger, 1991)는 문화의 가치를 행동하거나 인식하는 데 있어 개인이 원하고 선호하는 방식의 직접적인 결과로 발전하여 문화를 지탱하며 행동과 결정을 지배하는 것이라고 주장하였다(정금희 외, 2012). 그러므로 간호사가 다문화대상자의 건강문제해결을 돕기 위해서는 먼저 대상자의 건강과 관련된 행위와 결정을 이끄는 그들의 문화에 대한 이해가 필수적이다(박혜숙, 2021).

3) 문화 제국주의와 민족문화

1970~1980년대에는 한국사회의 문화를 '민족문화'라는 차원에서 인식하는 경향이 지배적이었다. 당시의 문화 관련 담론에서 민족문화는 매우 모순적인 성격을 드러냈는데, 당시 지배 권력과 저항세력이 모두 민족문화를 강조한 것이다. 구체적으로 유신 정권은 문화적 민족주의를 일종의 통치 이데올로기로 이용하였고, 그 과정에서 젊은이들의 외래문화 수용을 강력하게 단속하고 억압하였다. 1980년대에 군사정권은 '국풍81[1)]'과 같은 행사를 개최하고 씨름 같은 민속 경기를 활성화시키는 등 전통에 기반을 둔 민족문화 담론을 체제 정당화를 위해 확산시켰다. 그에 반해 1970, 1980년대의 저항세력은 또 다른 차원에서 민족문화를 주장하였는데, 그들에게 민족문화는 미국을 중심으로 한 제국주의 세력의 문화적 침탈에 대한 거부와 저항을 의미하는 것이었고, 동시에 현실의 모순을 고발하고 개혁하는 진보의 이데올로기를 담은 문화였다. 그래서 그들은 단순히 전통문화를 복제하고 복원하는 식의 '박제화된 민족문화'를 거부하였고, 그보다는 전통적인 문화의 형식과 정신을 계승하면서 분단과 반민주주의적인 당대의 현실을 극복하고자 하는 문제의식을 담고자 하였다.

저항세력의 민족문화론에서 중요한 이론적 틀이 되어 준 것이 문화 제국주의론이다. 문화 제국주의론은 1970년대 이래 선진 자본주의 국가와 제3세계 사이의 지배와 종속 관계를 설명하는 이론으로 폭넓게 받아들여졌던 종속이론의 틀을 문화 영역에 적용시킨 이론이다. 경제적으로 지배적인 위치에 있는 국가가

1) 국풍81은 5일간 열린 축제로, 대규모 퍼레이드가 열리고 전국 특산물이 올라오며 민속놀이 등이 진행되었다. 전국 대학생 6천여 명을 포함 연인원 천만 명이 참가했던 축제이다. 국민 4명 중의 1명은 이 축제에 참여한 셈이다. 그러나 모든 것이 혼란스러웠다. 당시 야간통행금지가 있었는데, 축제기간 동안은 통행금지도 해제되었다.

주변국가에 대해 정치, 경제, 문화적으로 지배를 확대 강화해 가는 현상을 제국주의라 하는데, 문화 제국주의는 바로 그러한 제국주의적 현상의 문화적 차원이라고 말할 수 있다. 즉, 영화나 TV 프로그램, 음악 같은 문화상품과 유행, 스타일 등이 지배국가로부터 종속국으로 전파되어 지배국가의 문화적 가치와 이데올로기가 강화되고, 종속국의 전통문화가 파괴되며 지배국가의 이익이 보장되는 수요와 소비 행태가 만들어진다는 것이다.

1970~1980년대 민족문화론은 문화 제국주의론 혹은 문화종속론의 이론적 전제를 받아들이면서 제도권의 대중문화를 문화 제국주의의 산물이라고 비판하였고, 그와 함께 반제국주의적 의식과 내용을 민족문화의 중요한 요소로 간주하였다. 1980년대 말부터 선진국 중심의 시장 개방 압력이 가중되고 그와 함께 문화시장 개방이 가속화되면서 세계적으로 문화시장의 구도는 크게 변화하게 되었다. 세계적으로 문화산업이 팽창하면서 초국가적인 문화산업이 전 지구를 시장으로 삼아 경쟁을 벌이는 현상이 벌어지게 된 것이다. 1980년대부터 이루어진 일련의 탈규제정책과 시장 개방 정책은 문화산업의 영역에서 국가 간 장벽을 사실상 철폐하는 결과를 가져왔으며, 무엇보다도 냉전체제의 종식과 함께 사회주의가 몰락하면서 전 세계는 거대한 하나의 문화시장으로 변화하게 되었다. 이른바 신자유주의의 물결은 선진국의 거대 자본이 전 세계를 자유롭게 시장으로 확보할 수 있게 된 것이다. 이에 더해 1980년대부터 급속도로 발전한 정보통신기술은 국제적인 문화 전파와 교류를 더욱 가속화시켰고, 특히 인터넷의 발달은 국가 간 문화 교류의 장벽을 결정적으로 사라지게 하였다.

우리나라의 경우도 이와 같은 변화의 흐름을 피해갈 수 없었는데, 1980년대 중후반부터 시작된 문화시장 개방의 추세는 확대되었고, 디지털 기술의 발전과 함께 정보화가 촉진되면서 세계적인 네트워크에 편입되게 되었다. 이른바 '세계화'의 담론은 그와 같은 추세에서 등장하게 된 것이다. 이러한 세계화의 상황에서 과거와 같은 문화 제국주의론과 민족문화론은 더 이상 현실적인 대응능력을 가지기 어렵게 되었다. 과거와 같이 '우리 것'과 '남의 것'을 구분하는 것 자체가 그리 명료하지 않을뿐더러 우리 문화의 정체성 자체도 여러 가지 측면에서 규정할 수 있게 되었기 때문이다. 물론 이 말이 문화 제국주의적 상황 자체를 부정하거나 민족문화의 의미 자체를 부정하는 것은 아니다. 다만 이제 적어도 민족문화를 생각하는 우리의 사고방식에 변화가 불가피하다는 의미이다. 우리의 의지와 상관없이 진행된 전 세계 자본주의의 발전과정과 기술적 발전, 그리고 국제 관계에서 파생되는 지구화, 국제화, 세계화의 추세를 거부하기란 쉽지 않기 때문이다.

이와 관련해 또 하나 중요한 주제는 한국사회가 이미 오래전부터 빠르게 다문화사회가 되어 가고 있다는 점이다. 한국은 2007년 8월에 단기 체류 외국인과 장기 체류 등록 외국인을 합쳐 100만 명을 돌파했고, 그 수는 점차 더 빠르게 증가하고 있다. 우리 주변에서 흔히 국제 결혼의 사례를 찾을 수 있고, 이주노동자 수도 지속적으로 늘고 있다. 오래된 다인종, 다민족 국가에 비하면 그 비율이 결코 높지 않다고 해야겠지만, 단일 민족, 단일 언어, 단일 국가의 신화 속에서 살아온 입장에서 보면 이런 변화는 중요한 의미를 갖는다. 다문화사회라는 용어가 최근 중요한 사회적 이슈가 되고 있는 것도 그 때문이다. 이런 상황에서 과거와 같은 좁은 의미의 민족문화 개념을 고수하는 것은 비현실적일 수밖에 없다. 왜냐하면 우리 시대의 대중은 더 이상 단일 민족, 단일 언어라는 울타리 속에 살고 있지 않기 때문이다.

이러한 상황은 이제 과거와 다른 민족문화의 개념을 요구하고 있다. 이른바 다매체 다채널의 시대, 선진국 문화산업 자본의 거리낌 없는 유입과 다국적 문화상품의 범람, 다문화사회로의 진입이라는 현실 앞에서 고유의 전통문화만을 민족적인 문화로 간주하는 소박한 민족주의적 시각은 이제 더 이상 현실적이지 않다고 할 수 있다.

4) 다문화사회

다문화는 '많을 다(多)'자에 '문화(文化)'라는 말이 붙어 '여러 나라의 생활양식'이라는 뜻이며, 다문화사회란 한 국가 속에 다른 인종 · 민족 · 계급 등 여러 집단이 지닌 문화가 함께 존재하는 사회를 말한다. 또한 다문화는 한 사회 안에 다양한 문화가 서로 공존하며 영향을 주고받는 사회를 말하는 것으로서 "전 세계에 다양한 문화가 존재하는 것만이 아니라 한 사회 내에서 다른 문화가 만나서 서로 부딪치고 교류하면서 갈등하는 과정 속에서 나타나는 현상이다. 즉, 여러 유형의 이질적인 문화가 하나의 제도권 안에서 상호교류를 통해 형성되는 것"을 의미한다.

따라서 단일문화를 지속해 왔던 하나의 사회 내에서 다른 인종이나 민족과 계급이 여러 집단이 지닌 문화에 유입되어 서로 존중하고 공존하는 사회를 '다문화사회'라고 한다.

최근 각국의 다문화사회 형성배경과 관련하여 두 가지 유형으로 구분할 수 있다. 첫째로 처음부터 다양한 인종과 문화로 구성된 사회로 미국과 호주, 캐나다가 대표적으로 처음부터 사회통합 정책을 마련하고 새로운 국가 정체성을 구축하여 다문화사회의 형태를 가지는 경우이다. 둘째로, 영국과 프랑스, 독일처럼 동질적인 문화를 가지고 있는 전통적인 국가들이다. 이들 국가는 식민지 경영과 산업화 과정에 있어서 노동과 자본의 세계화를 겪게 되었고, 그 결과로 이주노동자의 유입과 낯선 문화, 새로운 종교와 함께 다문화사회에 직면한 경우이다.

따라서 혈통주의를 중시하는 한국은 영국과 독일, 프랑스에 밀접하면서 1988년 서울올림픽 이후 이주노동자와 결혼이주민의 유입으로 다문화인구가 급속히 증가한 것이다. 이주민은 현재의 주류사회에 유입되어 사회적 약자로써 차별과 편견을 받지만 문화적인 정체성을 유지하기 위하여 노력한다. 주류사회도 이주민에 대한 문화적 평등성을 인정하고 사회적인 불평등을 해소하기 위하여 적극적으로 노력하여야 한다.

2. 다문화사회로의 이행

오늘날 세계를 휩쓸고 있는 세계화의 물결은 과거 이데올로기적인 적대관계에서 벗어나 경제, 정보와 인적 교류가 활발해지면서 국가와 민족의 경계를 허물고 국경 없는 다문화사회로 급속히 변해 가고 있다. 그러나 다양한 인종과 종교 그리고 문화가 다른 소수자의 등장은 전통적인 개별 국가 내부의 국민적 단일성을 위협하고 사회통합과 정치적 정당성의 문제를 사회 전면에 제기하고 있다. 어떤 사회가 이주민을 받아들여 다문화사회로 이행되어 가는 과정은 [그림 1-2]와 같이 세 단계로 설명할 수 있다(김성혁 외, 2012; 박혜숙 외, 2021).

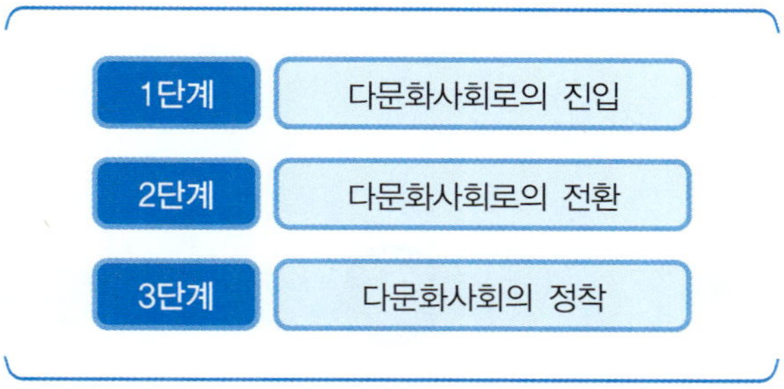

그림 1-2. 다문화사회로의 진행 과정

첫 번째 단계는 '다문화사회로의 진입단계'로서 전체 인구에서 외국인이주민이 차지하는 비율이 점차 증가하는 단계이다. 이 단계는 같은 민족으로 구성되었던 동질적 사회에 다른 민족이 유입되면서 통용되던 민족적 구성원에 대한 혼란이 유발된다. 주류 사회의 구성원들은 이주민에 대하여 진정한 관용의 태도를 갖기 어렵기 때문에, 상당수의 구성원은 이주자들에 대하여 낯설어하면서 함께 사는 것에 대하여 심리적 저항과 차별적, 편견적 태도를 보인다. 이주민들은 주류 사회구성원의 차별적, 배타적 태도로 인해 자신감과 자긍심이 저하되고 정체성의 문제를 나타낼 수 있다.

두 번째 단계는 '다문화사회로의 전환단계'이다. 이 시기는 외국인이주민들이 이주한 국가에서 체류기간이 길어지면서 이주한 국가에서 가족을 형성하고 이들 간의 교류가 활발해지면서 이주민 공동체가 형성되어, 집단 거주지가 형성됨으로써 다문화사회로 전환되는 시기이다. 이 단계는 언어 장벽에 따른 의사소통의 부재로 인하여 다문화가족구성원 간에 무관심과 정서적 지지 약화로 이혼율과 가족해체 증가 등의 문제를 나타낼 수 있다.

세 번째 단계는 '다문화사회의 정착단계'이다. 다문화가족 내에서 자녀가 성장하여 사회진출이 본격화되는 시기이다. 이주민의 자녀들이 민족적 · 인종적 정체성의 혼란과 낮은 교육수준, 인종 간 사회적 마찰 및 주류 문화에 대한 저항을 나타낼 경우 그들의 실업 문제, 범죄 및 집단 소요 등이 나타날 수 있다.

3. 다문화사회로의 변화요인

한국의 다문화사회는 산업화와 경제계발로 더불어 세계 각국으로 많이 알려지면서 시작되었다. 특히 서울 88올림픽을 계기로 동남아 등 저개발국에게도 알려지면서 동남아 이주민들이 산업연수생으로, 결혼이주민으로, 또는 유학생으로 한국에 들어오기 시작하였으며, 최근에는 북한이탈주민까지 가세하기 시작하면서 다문화사회가 형성되기 시작하였다.

그러나 한국은 1980년대 후반부터 증가하기 시작하는 이주민을 위한 체계적인 외국인력정책이 미비하였다. 따라서 다양한 목적을 가지고 한국에 들어오는 이주민의 수가 증가함에 따라 각종 문제가 동시다발적으로 발생하게 되었다.

한국은 단일민족이 뿌리 깊다고 하지만 역사적으로 거슬러 올라가 보면 오래 전부터 문화적 다양성은 존재해 왔었다[2]. 하지만 국가적으로 무관심하게 지금

2) 역사를 되짚어 보면 우리 민족은 오래 전부터 다양한 외래 민족들을 포용하여 다문화사회를 이루어 살고 있었다. 고려 초, 약 100년 동안 출세를 위해 찾아온 중국인들과 유민, 포로 신분으로 온 발해인과 여진인, 거란인을 포함한 귀화인은 약 17만 명에 달했다고 한다. 고려가요 '쌍화점'은 고려시대 이슬람 상인(회의아비)과 고려 여인 간 인간 스캔들을 표현한 작품이다. 민간에서 널리 부르던 노래에 이슬람이 등장할 만큼 고려시대 이슬람은 낯설기만 한 이방인이 아니었다. 고려시대 무역항인 예성강 하구 벽란도는 이슬람지역을 비롯해 각국에서 몰려온 상인들로 북적이는 국제무역 도시였다. 그러니 자연스럽게 다양한 나라의 외국인들이 모여 들었고 이들 중 많은 수가 한국사회에 동화되어 편입될 수밖에 없었다. 족보가 발달한 우리나라의 경우 275개(1985년 통계) 성씨가 있는데, 그중 귀화성이 무려 136개를 헤아린다고 한다. 시대별로 보면, 신라 때 40여 개, 고려와 조선시대에 각각 60여 개와 30여 개인데, 그 가운데 절대다수인 약 130개가 중국계 귀화성이라고 밝혀지고 있다. 특히 화산이씨의 경우는 귀화성씨로 베트남인 이용상(李龍祥)이 시조이다. 이렇게 보면 우리사회는 이미 오래전부터 다문화사회를 이루고 살아왔으며, 우리 생활의 많은 부분을

까지 방치되어 왔던 것이다. 그러나 1988년 서울올림픽을 계기로 한국이 알려지면서 많은 이주민들이 한국을 찾아와 사회적으로 주목을 받았지만 이때에도 한국정부는 그 어떤 제도와 정책을 합리적으로 제시하지 못했다. 하지만 한국정부는 이주민의 유입이 폭발적으로 증가하고 다문화 현상이 가속화되는 2000년대 중반부터 정책적으로 대응하기 시작하였다. 이러한 다문화사회로 변화하게 된 요인으로는 이주노동자, 결혼이주민, 유학생, 북한이탈주민 등의 측면에서 살펴볼 수 있다(박혜숙 외, 2021; 조경애, 2014).

1) 이주노동자

이주노동자는 취업을 하기 위해서 1980년대 후반 '산업연수생'이란 이름으로 국내 근로자들이 기피하고 있는 '3D'업종이나 생산업체에 투입되었으며 한국제조업의 경쟁력을 유지하는 역할을 했고 그 수는 점차 증가하였다. 그러나 이주노동자는 사회적으로나 경제적으로 배제되고 차별되어 이주노동자의 인권이 열악하게 되면서 한국사회의 문제로 대두하게 되었다.

이에 한국정부는 이주노동자의 장기거주를 불허하고 있으며, 2007년부터 제한적인 방문 노동만 허가하고 있기 때문에 한국에서의 가정생활은 제약이 많이 따르고 그 자녀들까지 합법적으로 인정을 받지 못하고 있다. 그러나 결혼이민자는 한국의 국적취득과 정주가 보장된다는 측면에서 이주노동자의 정책과는 차이가 많이 난다.

따라서 한국정부는 이주노동자들이 한국생활에 쉽고 자연스럽게 적응하도록 고용허가제의 문제를 보완해야 하고 취업활동의 기회를 확대하여 기본적인 인

다문화로 구성해 오고 있다고 할 수 있다(조경애, 2014).

권을 보장하도록 해야 한다. 즉, 합법적으로 체류한 이민자들은 출입국을 자유롭게 하고 사회적으로나 경제적으로도 활동을 보장하지만 불법체류한 이민자들은 단속을 하여 본국으로 송환될 수 있다. 단, 단속과 보호차원에서 적법인 절차를 준수하고 인권침해는 시급히 개선하도록 해야 한다.

2) 결혼이주민

결혼이주민은 한국산업의 발달로 도시와 농촌의 소득과 생활수준은 차이가 났고 그 차이는 점점 더 심화되어, 한국여성이 농촌지역 남성과의 결혼기피현상을 나타내자 그 역할을 대신하게 되었던 것이다. 또한 한국의 국제결혼이 증가하게 된 것은 농촌지역과 도시의 노동자계층 남성이 만혼화와 비혼화로 인하여 국내결혼에서는 열악한 상태에 있으므로 이들과 결혼하려는 국내여성들이 부족하였기 때문이다. 이들에게 있어 외국인 여성과의 국제결혼은 배우자 선택의 주요한 자원으로 작용하고 있는 것이다.

따라서 국제결혼은 경제적인 안정과 건강한 가정생활을 영위하려는 외국인 여성들의 욕구와 한국남성들이 국내에서 구하기 어려운 배우자들을 국제결혼으로 인하여 독신에서 벗어나려는 욕구가 작용한 것이라고 생각할 수 있다.

3) 외국인유학생

한국의 다문화사회는 산업화와 경제계발과 더불어 동남아 등 저개발국에게도 알려지면서 동남아 이주민들이 산업연수생으로, 결혼이주민으로, 또는 유학생으로서 한국에 들어오기 시작하였던 것이다. 외국인유학생들은 한국학교의 학비가 무료로 지원되는 경우가 많이 있고 여러 가지 특혜를 주는 경우도 많아서 가난한 한국학생들의 부러움의 대상이 되기도 하였다. 그러나 이러한 외국인유학생에 대한 무조건적인 특혜보다는 조건적인 특혜로 지원할 수 있도록 하는 것도 한국의 예산비용이 과대하게 지출되는 것을 막는 하나의 방법이다.

따라서 그 대안으로 한국정부는 외국인유학생에게 대외 홍보사절 역할을 할 수 있는 지원과 정책들을 마련하도록 해야 한다. 즉, 외국인유학생에게 대외 홍보사절 역할을 할 수 있는데도 유학생들을 대상으로 하는 지원과 정책들은 전무하다고 할 수 있으며, 이에 유학생들을 대외홍보사절로서 대한민국을 적극 홍보할 수 있도록 유학생 대상 지원과 정책들을 활성화시켜 나갈 수 있도록 하여야 한다.

4) 북한이탈주민

북한이탈주민은 1980년대 말까지는 소수로 입국하여 국가적으로 특혜를 받아 왔었다. 그러나 1990대 후반부터는 대규모로 입국이 이루어지기 시작하면서 이들은 특혜를 받는 존재가 아니라 남한사회의 새로운 구성원으로 이주해 오는 이주민의 성격으로 변화하게 되었다. 정부는 2000년부터 취업보호제의 시행으로 북한이탈주민의 자립을 위해서 제도적 기반을 구축하여 민간분야와의 협력을 통하여 직업훈련과 함께 직장알선을 확대하여 이들을 우리사회에서 안정된 생활을 영위할 수 있도록 지원하고 있다.

북한이탈주민들은 자발적으로 사회적응능력을 갖추고 남한사회의 건전한 시민의 일원으로서 역할을 담당할 수 있도록 노력하여야 한다. 그러나 북한이탈주민은 정착지원금과 임대아파트를 제공받지만 이들은 대부분이 무직이나 이직을 하는 경우가 많기 때문에 정부와 민간단체, 자신들의 정착노력에도 불구하고 성공적으로 적응을 하지 못하고 있는 것으로 평가되고 있다. 북한이탈주민 문제는 통일을 희망하는 민족애와 인권문제에 관련되어 있으므로 이들에 대한 관심과 논의는 반드시 필요하다. 이에 기존의 북한이탈주민정책은 정부의 정책적 필요에 의하여 결정된 사항이 강하여 이들의 국내 정착은 성공적으로 이루지 못했다는 것이 일반적 평가이다.

따라서 한국정부와 민간부문 간의 합리적인 관계와 역할분담이 모색될 필요가 있다. 북한이탈주민에 대한 지역사회의 관심과 시설 및 비용, 전문인력 부족 등의 현실적 문제에 대한 대안으로서 지역사회와의 연계가 가능한 개방형 시스템으로 운영되어야 할 것이다.

이와 같이 국내의 다문화가족의 발생원인은 세계화에 따른 시장개방, 상대적으로 높은 소득수준 및 노동시장 환경, 그리고 출산율 저하 및 농촌지역의 여성인구 감소 등 국내의 인구학적 변화 등으로 볼 수 있다. 이 외에도 탈북자의 증가로 인한 북한이탈주민 수의 증가, 해외관광 및 유학 등을 통한 해외문화의 직접적 체험, 그리고 인터넷 등 발전된 정보기술을 통한 외국 사회 및 문화에 대한 간접적 경험은 우리사회를 다문화사회로 급속히 전환시키고 있다.

Chapter 02

다문화이론과 간호

배울 내용

1. 다문화주의 정책 유형
2. 사회통합 정책의 유형
3. 다문화와 간호

학습목표

1. 다문화사회 관련 이론에 대해 설명할 수 있다.
2. 다문화사회통합 방식에 따른 다문화주의 모형을 설명할 수 있다.
3. 문화다원주의와 문화상대주의를 구분하여 설명할 수 있다.
4. 다문화와 관련된 간호의 이론을 익히고, 문화간호역량, 자기효능감 및 수용성을 높일 방안을 모색해 본다.

Chapter 02

다문화이론과 간호

1. 다문화주의 정책 유형

다문화주의 정책을 먼저 실행하고 있는 나라들, 즉 캐나다, 호주 등은 여러 시행착오를 거쳐 지금에 이르고 있으며, 한국은 현재 다문화사회가 형성되어 정착해 나가는 단계에 있다. 따라서 다문화주의에 대한 개념과 용어에 대한 정확한 이해가 필요하다. 이에 다문화주의를 표현하는 용어들과 또한 이와는 구별되는 차별적 포섭 또는 배제와 동화를 지향하는 모형과 다문화주의를 지향하는 모형을 비교해 보고, 다문화와 간호에 대해 구체적으로 살펴보면 다음과 같다(박혜숙 외, 2021; 정미경, 2010).

1) 차별적 포섭 또는 배제를 지향하는 모형

이는 단일민족을 강조해 온 한국, 일본, 독일 등의 국가들이 주로 해당된다. 특히 이러한 나라들의 특징은 이주 집단의 성격에 따라 공식적인 권한의 부여 여부가 결정되는 이중적 접근을 취한다는 것이다. 또한 대부분의 이주민은 '사회의 일부'가 아닌 '손님'으로 여겨질 뿐 정책의 대상으로 통합되지 않는 특징을 가진다. 반면에 엄격한 조건을 통과해 공식적인 권한을 부여받은 이민자들은 자국의 제도와 문화에 적응 내지 동화되어 가는 것을 당연한 과정으로 받아들임으로써 문화적 단일성을 유지해 나가는 데 초점을 두는 경향성을 지닌다. 이러한 나라들의 특징을 일컬어 차별적 포섭 또는 배제를 지향하는 모형으로 설명하며, 이와 관련된 용어로는 백호주의와 혈통주의 등이 있다.

(1) 백호주의(白濠主義, The White Australia Policy)

백호주의란 1901년부터 1973년까지 호주정부가 일관되게 유지해 오던 비백인의 이민 제한 정책을 의미한다. 이는 1901년 영국으로부터 독립한 호주가 백호주의를 통해 영국계 백인 사회로서의 정체성을 유지하려는 노력을 기울여 왔던 정책이다. 그러나 1960년대 후반에 이르러 백호주의를 포기하게 되었는데, 이는 두 차례의 세계대전을 겪으면서 '인구증가 아니면 멸망'이라는 절박한 나라의 위기 속에서 이민 증대 정책을 추진하지 않으면 안 되었기 때문이다.

(2) 혈통주의(血統主義, Jus Sanguinis)

출생과 혼인, 귀화 이외에는 시민권 부여를 제한하는 특징을 보이며 주로 독일과 일본 등에서 채택된 방식이다. 예를 들어, A 국가가 혈통주의 국가라면, A 국가의 국적을 가진 부 또는 모 밑에서 태어난 아기는 출생 국가와 상관 없이 자동으로 A 국가의 국적을 취득하게 된다. 현재 전 세계 대부분의 국가가 국적 부여에 혈통주의를 택하고 있다. 출생지주의 국가의 경우에도 해외에서 태어난 자국민의 자녀에 대해 혈통주의 원칙을 일부분 병행하는 경우가 많다.

2) 동화(同化, Assimilation)를 지향하는 모형

이주민 출신국의 언어 · 문화 · 사회적 특성을 완전히 포기하고 주류사회의 일원이 되는 것을 목표로 하는 모델이 이에 속한다. 동화를 지향하는 모형과 관계된 용어로는 용광로 모델과 인종적 스튜, 통합주의 등이 있다.

(1) 용광로(Melting Pot) 모델

이전 미국의 모델로 용광로(Melting Pot) 안의 재료들, 즉 다른 문화와 인종과 종교에 속한 사람들이 연합되어서 다인종사회로 발전하게 됨을 나타내는 의미이다. 이는 이주민들이 이주해 간 나라의 전체 문화에 동화되는 것을 의미한다. 이 이론은 1921년 영국의 철학자인 길버트 체스터톤(Gilbert Chesterton)이 미국을 방문했을 때 다양한 인종들이 어울려 사는 모습을 인상적으로 보고 그것을 용광로에 비유한 데서 비롯되었다. 즉, 다양한 종류의 철광석을 용광로에 넣으면 모두 녹아 하나가 되는 것처럼 이주민들이 그 주류사회 문화에 녹아들 수 있을 것으로 보는 것이다.

(2) 인종적 스튜(Ethnic Stew) 모델

이 모델은 용광로 모델보다 문화적 차별성의 정도는 더 높으나 각각의 집단들이 서로 간의 관계를 유지하면서 각각의 차이를 지닌다는 특징이 있다. 즉, 모든 재료들이 헝가리식 스튜로 혼합되지만 고기 조각들은 여전히 그들의 단단한 조직을 유지하고 있음을 의미한다. 다시 말해, 인종적 스튜 모델은 각 문화의 독특한 특성을 유지하면서 조화를 이루는 것을 강조한다. 마치 스튜처럼 다양한 재료들이 어우러져 새로운 맛을 내는 것처럼, 문화들이 서로 영향을 주고받으며 독특한 문화를 만들어 가는 모습을 비유한 것이다.

(3) 통합주의(Intergrationist)

이는 프랑스에서 발전한 방식으로 최근에는 문화적 동화를 수반하는 것으로 여겨지는 동화주의라는 용어보다는 문화적 동화 없이 사회적 통합이 가능하다는 뉘앙스를 가진 통합주의라는 용어가 선호된다고 주장한다. 즉, 프랑스는 1789년 혁명 이래 공화국의 이념인 '공화주의(共和主義)'를 통해 모든 인간은 평등하며 인권은 국가가 존중해야 할 최우선의 가치로 여겨 왔다. 이에 입각한 프랑스의 통합모델은 이민자들이 프랑스 사회에 철저히 동화되는 것을 전제로 한 사회통합을 지향해 오고 있다.

3) 다문화주의를 지향하는 모형

이민자가 그들만의 문화를 지켜 가는 것을 인정하고 장려하며 정책의 목표를 소수민족의 주류사회로의 동화가 아닌 공존에 두는 모형을 의미한다. 다문화주의를 지향하는 모형과 관련된 용어로는 샐러드 볼 모델과 모자이크 모델, 무지개 모델 등이 있다.

(1) 샐러드 볼(Salad Bowl) 모델

오늘날 미국의 다문화주의 모델로, 다양한 문화들이 샐러드 재료들처럼 함께 섞이지만 다양한 동질의 문화로 함께 통합되지 않으며, 또한 각각의 문화는 자신의 독특한 특이성을 유지하는 모습을 의미한다. 이 이론은 국가라는 큰 그릇 안에서 다양한 문화들이 각자의 고유한 맛을 가지고 샐러드처럼 함께 어울리는 맛을 만들어 나간다는 뜻을 비유적으로 표현한 것이다. 즉, 각국의 이민자들이 주류사회의 성장과 발전에 기여할 필요가 있음을 인정하고 그들의 고유한 민족정신과 문화를 포기하지 않고 고수하면서 상호공존하는 것을 의미한다.

(2) 모자이크(Mosaic) 모델

주로 캐나다에서 소개되는 용어로 샐러드 볼과 유사한 의미이다. 즉, 다양한 인종 · 언어 · 문화적 배경을 가진 사람들이 한 사회에서 조화롭게 살아간다는 개념으로, 이민국인 캐나다는 자국 사회를 '문화적 모자이크'로 부른다. 미국은 다양한 이민자를 수용하여 용광로에 용해, 편입되게 하여 미국인의 일원으로 살아가게 하는 용광로 이론은 다양한 인종과 민족의 문화를 인정하지 않겠다는 정책인 반면, 캐나다는 소수 민족의 문화의 특성을 살려 주류사회 속에서 자기 나름대로 문화와 정신을 유지하면서 조화를 추구하는 모자이크 이론이 1970년대에 생성되었다. 모자이크 이론은 다양한 소수 민족, 인종의 문화들이 공존하여 조화를 이루는 것이 핵심이다.

(3) 무지개 연합(Rainbow Coalition) 모델

이는 인종적 · 민족적 · 문화적 배경이 다른 소수파의 연합 정치 세력을 비유적으로 표현한 말이다. 즉, 다양한 인종들이 백인 중심의 틀 안에서 섞이는 것이 아니라 각각의 고유문화를 유지하면서 아름다운 공동체를 만드는 것을 추구한다. 다시 말해, 무지개 연합 모델은 다양한 인종, 민족, 문화, 계층, 성별 등이 하나의 연합체로 어우러져 함께 살아가는 사회를 지향하는 모델이다. 이는 단일 문화 중심의 동화주의 모델에 대한 반성에서 출발하며, 각 집단의 고유한 정체성을 유지하면서 상호 존중과 협력을 통해 사회통합을 이루는 것을 목표로 한다.

현재 한국사회에서 다문화주의와 관련된 용어는 명확히 한 가지로 규정짓기 어렵다. 앞에서 다문화주의(Multiculturalism)와 비교 분류하여 다루었던 차별적 포섭 혹은 배제모형과 동화모형을 살펴보았으나, 이 외에도 문화간주의(Interculturalism), 문화횡단주의(transculturalism) 등이 있다. 그러나 현재 한국사회는 이러한 다양한 개념과 각각의 모형이 뒤섞여 있는 동시에 각각의 주장이 대립되는 양상을 보인다. 또한 다문화사회를 대비한 미래적 방향설정에 고심하며 논의를 활발히 진행하는 단계로 파악된다. 그러나 한국사회는 다문화주의를 지향하는 샐러드 볼 모형과 비교하여 비빔밥 모델, 김밥 모델 등의 용어가 거론되고 있다. 또한 우리 민족의 역사와 문화적 흐름과 관련하여 김치 모델로 설명하기도 하는데, 이는 각각의 야채와 재료들이 하나의 김치로 버무려지지만, 그 본래 재료의 맛은 사라지고 특유한 감칠맛을 내는 특성을 나타낸 비유적 설명이다.

2. 사회통합 정책의 유형

사회통합(social integration)의 개념은 초기에는 사회구성원을 하나로 묶어 한 사회체제의 안정적 유지를 위한 목적에서 사용되었지만 최근에는 세계화 현상으로 국가 간의 이주가 증가하면서 이주민과 주류계층 간에 서로의 갈등을 최소화하고 이주민이 주거, 취업, 교육, 사회적 관계망, 사회참여 등에서 공존이 가능하도록 하는 개념으로 발전하였다. 다양한 이민자들은 사회통합을 통해 하나의 통합된 전체로 결합되고 다양한 사회집단이나 인종, 민족 집단들은 상호간에 조화로운 관계를 맺게 되는 것이다. 캐슬과 밀러(Castles & Miller, 2003)는 사회통합 유형을 이민자들을 수용하는 인식의 차이에 따라 차별적 배제모형, 동화주의 모형, 다문화주의 모형, 문화다원주의와 문화상대주의로 분류하고 있다(박혜숙 외, 2021).

1) 차별적 배제모형

차별적 배제모형이란 이민자들을 구별하여 특정한 목적으로 받아들이고 자국인들이 누리는 권리를 인정하지 않는 정책을 의미한다. 이는 국가가 자국의 근로자들이 기피하는 특정한 경제적 분야(예로 3D 직종의 노동시장)에는 이민자들을 수용하지만 다양한 정치적 참여와 문화, 복지체계, 시민권 같은 사회적 일부 분야에서는 이들을 배제하고 각종 권리도 원천적으로 인정하지 않는 정책으로 이민자들이 영구히 정착하는 것을 거부한다. 따라서 이민자 집단의 자격에 따라 권한을 인정하거나 부정하는 이중적 잣대로 접근을 취하는 경우를 말한다.

다시 말해 각국에서 온 이민자들을 일시적으로 머물다가 돌아가는 방문자로서만 간주하면서 사회통합 대상으로서는 제외하는 전략을 사용한다. 반면 주류국가의 엄격한 조건을 통과하여 공식적으로 인정한 권리를 취득한 이민자들의 경우도 자국(주류집단)의 제도 및 사회문화 등에 동화 또는 적응하는 것을 당연시하면서 문화적 단일성 유지에 초점을 두고자 하는 경향이 있다. 즉, 차별배제의 정책은 동화주의와 함께 단일문화주의(munculturalism)에 초점을 둔다.

단일문화주의는 다문화주의와 대비되는 개념으로 국가나 민족의 동질성을 전제로 하며 이주민이나 소수민족의 문화, 가치는 주류문화로 동화시키거나 배제를 통하여 사회통합하는 것이 최선이라고 보는 것이다. 차별적 배제모형은 한 국가 내 소수인종 집단의 존재 자체를 인정하지 않고, 소수인종의 이주민을 국민과 국가의 안전을 위협하는 존재로 보는 태도에 기반을 두고 있다. 이 정책 모델은 이질적인 소수인종을 제거하거나 최소화하는 것을 정책 목표로 설정하여 소수집단 인종의 배제를 의도한다. 이 모델은 일본에 거주하는 제일동포 정책 등에서 그 사례를 찾아볼 수 있다. 우리나라의 다문화정책은 다문화주의 모형을 목표로 지향하고 있지만 여전히 문화적 단일성을 중시한다는 점에서 차별적 배제모형과 동화모형에 해당된다고 할 수 있다.

2) 동화주의 모형

동화주의 모형(assimilationist model)은 이민자로 하여금 자신의 언어와 문화 등 모든 정체성을 버리고 유입국의 국민 구성원들과 완전히 동화되기를 지향하는 모형이다. 결국 하나의 거대한 용광로(melting pot)에서 단일국가의 국민으로 융화되는 것을 원하는 것이다. 따라서 정부에서는 이민자들의 언어 교육, 자녀들의 정규 교육 지원 등으로 동화가 원만하게 이루어지도록 지원한다. 동화주의의 대표적인 정책이 미국의 용광로 이론이며, 여러 유럽 국가들이 이러한 정책을 실시해 오고 있다. 동화주의 모형은 이민자를 쉽게 받아들이는 경향은 있지만 이민자가 유입국 사회에 완전히 동화되는 것을 강조한다. 이 모형은 주로 단일문화를 중시하는 국가가 취하는 입장으로 이민자는 유입국의 언어를 비롯한 주류계층이 만들어 놓은 문화, 언어, 사회특성, 관습 등에 완전히 동화되어 궁극적으로는 주류집단의 지배문화에 종속되게 한다. 그리고 동화대상 집단이나 개인들이 주류집단의 문화와 가치관에 동일하게 변모할 것이라고 기대하면서 실시하는 흡수통합 방식이다.

다양한 소수집단의 이민자들은 자신들의 고유한 민족적 정체성을 포기하고 주류문화에 동화되어 살아가면서 서서히 주류집단의 문화적 정체성을 터득해 간다. 동화주의 정책은 소수집단의 문화와 민족성에 대한 존중보다는 주류집단에 대한 문화적 적응이라는 강압적 방식이라고 할 수 있다. 그러나 소수집단의 세력이 증대되어 주류사회에 영향력 있는 세력으로 형성되면서 자신들의 정체성을 표출하는 집단으로 성장하게 되었다. 이러한 소수집단들의 사회적 요구사항이 주류사회가 의도한 동화정책의 내부적인 융합과 통합의 원리에 역효과의 파장을 발생시키면서, 이 정책은 점차적으로 변화를 가져올 수밖에 없었다.

3) 다문화주의 모형

다문화주의 모형은 다인종으로 구성되어 있는 사회에서 다양한 인종의 문화에 대한 상호존중과 관용을 지칭하는 태도로, 1957년 스위스에서 사용되기 시작한 이후 1960년대 후반에 넓은 영토에 비해 부족한 인구를 이민자들을 수용하여 채운 캐나다는 건국 당시부터 프랑스계 퀘백주의 분리를 방어하기 위해 절실히 사회통합이 필요하였기에 다문화주의 정책이 사용되기 시작하였다. 그 이후 1970년대 영어권 유럽국가에서 본격적으로 사용하기 시작하였다.

다문화주의 모형은 소수집단의 문화를 인정하고 존중되어야 함을 주장하면서 주류문화에 대비되는 동화주의 정책과 문화상대주의의 한계를 벗어나기 위해 제시된 이론이다. 이는 이주민들의 고유한 문화, 민족성에서 발생되는 긍정적인 효과를 적극적으로 평가하고 유지할 수 있도록 보장하는 문화주의를 말한다. 한 국가 내에서 두 개 이상의 문화가 공존하는 것을 인정하고 그에 따른 적절한 정책과 사회적 이념 정비를 입법화하는 개념으로 문화적 다양성과 사회적 통합을 조화시키려는 시도라고 할 수 있다. 즉, 이질적인 문화들의 공존을 의미한다. 정치적 의미에서 민주주의의 확산과 다양한 인종의 정체성이 복잡하게 얽혀 있는 국가에서 사회통합을 위한 이념적 수단으로 제기된다.

그리고 문화 간의 우열을 부정하는 것이 아니라 열등문화, 소수문화를 보호하고 육성하는 측면이 강하다. 더욱이 다문화주의는 문화 간의 격차와 이질성에 의해서 무시되거나 차별되는 것을 전략적으로 방지하고 문화에 따른 사회적, 경제적, 정치적 갈등을 해소하는 데 목적이 있다. 또한 한 국가 사회 내의 소외계층이나 소수인종 또는 세대 간 갈등과 성역할의 차이 등과 같은 문제를 광범위하게 포함하는 것이다. 앞에서 기술한 캐슬과 밀러(2003)가 제시한 사회통합 정책 관련 세 가지 모형 간 차이점을 요약하여 정리하면 〈표 2-1〉과 같다.

표 2-1. 캐슬과 밀러(2003)의 사회통합모형

구분	차별적 배제모형	동화주의 모형	다문화주의 모형
정향성	원치 않는 이민자의 영주 가능성을 막고, 내국인과 차별적 대우를 유지하려 함	국민됨을 전제로 조속한 동화됨을 지원, 제도적으로 내국민과 평등하게 대우하려 함	소수자의 동등한 가치를 인정하고 이에 대한 보존 지원, 우대조치를 함
정책목표	인종적 소수자의 제거 및 최소화	소수자의 주류사회동화	다양성 인정과 공존을 위한 통합
국가역할	적극적 규제	제한적 지원	적극적 지원
이주민에 대한 관점	이방인은 위협적 존재	완전한 동화를 전제로 인정	상호존중과 관용
평등 개념	차별의 정당성 강조	사회보장 및 기회 평등	적극적 조치
법적 수단	단속 및 추방	비차별의 제도화	제반 관리 허용
정주화	불가능	비교적 가능	가능
국적 부여 원칙	속인주의 엄격한 조건	속지주의 용이한 조건	속지주의 이중국적 허용
정체성	이질화	동질화	이질화
사례국가	독일, 일본	프랑스	미국, 캐나다, 호주

출처: Castles & Miller(2003); 이태원, 이유리(2010). 다문화 가족 정책을 통한 사회통합수준 분석, 인문연구, 62, p.335.

4) 문화다원주의와 문화상대주의

(1) 문화다원주의

서구의 제국주의적 세계 지배의 시대가 종식된 후에도 이 지구상에는 경제와 군사적 주도권을 가진 초강대국을 중심으로 경제와 각종 기술을 전제로 선진국과 개발도상국, 후진국으로 분류되어 대립과 갈등이 지속되고 있다. 지금은 어느 국가도 견제할 수 없는 미국의 패권주의적 경향으로, 특히 초국적 기업들이 세계의 문화를 지배해 가는 추세이다. 이러한 구도의 문제점을 인식하는 사람들의 다양한 문화적 대응과 모색이 진행되어 왔는데, 20세기 후반 미국을 중심으로 다양한 소수인종들의 사회통합을 추구하는 이민정책으로 문화다원주의를 테일러(Taylor)가 제시하였다.

문화다원주의는 다수의 민족이 국가의 구성원을 구성하며 혼합해 살아가는 현상을 넘어 각기 문화의 고유성이 유지된다는 전제를 기반으로 한다. 그리고 주류사회의 질서 속에 편입된 문화들은 스스로 조화를 이룬다고 하지만 안정된 삶의 질서를 지탱하면서도 상대적인 차이를 생산하는 것에도 관심을 두고 있다(이수정, 2007).

테일러의 문화다원주의(multikuluralismus)는 다양한 문화에 대한 사실적 인정과 더불어 다양한 문화가 지닌 각각의 고유한 가치에 대한 인정을 전제로 한다. 그리고 다문화주의는 모든 사회구성원들이 동등하게 공존하는 것을 인정하지만, 문화다원주의는 주류문화를 형성하는 지배계급의 문화를 인정하고 문화적 다양성을 수용하는 것이다. 이 두 개념은 이질적인 다양한 문화의 공존은 인정하고 사회통합을 추구한다는 성질은 같지만 실현하는 방법은 다르다. 문화다원주의(multikuluralismus)는 모든 국가의 문화, 역사, 전통, 가치관 등은 고유한 특성을 보유하고 있으므로 그것들의 이념과 가치에 대해 인정하고 존중하는 문화적 태도라고 할 수 있다. 즉, 문화적 독자성과 차이, 이질성을 강조하는 것이다. 이러한 문화다원주의는 우리에게 무엇보다도 낯선 문화와의 관계에 있어서 개방성을 요구한다. 예를 들어, 캐나다, 호주에서는 다문화주의를, 미국과 서구에서는 문화다원주의를 사회통합 방식으로 이용하고 있다. 특히 미국은 문화다원주의를 채택하여 백인중심의 주류사회가 문화 · 경제 전반을 움직이고 있다.

(2) 문화상대주의

문화상대주의의 이론은 미국의 인류학자 베네딕트(Benedict)와 허스코비츠(Herskovits)에 의해 주창되었으며, 현재 세계화 시대에 다른 문화를 이해하는 데 도움이 되고 있다. 문화상대주의는 어떤 특정 문화의 우월성이 아닌 여러 국가의 문화의 다양성을 인정하자는 의미로서, 한 문화는 그 문화가 처한 환경이나 사회적 맥락 속에서 이해를 해야 한다는 것이다. 즉, 흑인, 백인, 황인종으로 대표되는 인류는 절대적인 우월이 없다. 인종에 우월이 없듯이 인류 각각이 만든 문화 또한 그 문화의 우월성을 인정하기란 힘들다는 것이다. 각각의 문화는 어떤 절대적 기준으로 평가할 수 없는 고유한 의미와 가치를 지니고 있다고 보고, 한 사회의 문화를 그 사회의 입장과 그 역사의 흐름 속에서 이해하려는 태도를 '문화상대주의(文化相對主義, cultural relativism)'라고 한다.

현대사회는 세계화가 급속히 진행됨에 따라 여러 문화의 유입으로 인종적, 문화적 다양성이 증대되고 있기 때문에 하나의 기준을 가지고 다른 문화를 평가하는 것은 편견과 차별을 발생시킬 수 있고, 그로 인해 갈등과 다툼이 발생할 우려가 있다. 또한 국제결혼 및 이주노동자 등의 다문화사회 속에서 기존의 민족주의에 사로잡힌 생각으로 인한 사회적 편견 등 부정적인 사회문제를 해결하고 사회의 통합을 위해 문화상대주의적 태도가 필요하다.

3. 다문화와 간호

다문화는 1970년대 서양 민주사회에서 거론된 이념으로, 한국에서는 1980년대 말부터 국내로 유입되는 외국인이 증가하기 시작하면서 다문화에 대한 논의가 시작되었다. 또한 국내 병원을 이용하고 있는 외국인 환자가 2009년 60,201명에서 2023년 약 60만 명으로 10배가량 증가한 것으로 조사되어(한국보건산업진흥원, 2024), 다문화에 대한 간호의 중요성이 강조되고 있다. 그럼에도 불구하고 보건의료 인력은 다문화 대상자를 상대하는 것에 어려움을 겪고 있는 것으로 나타났다. 즉, 의료진은 다문화 대상자와의 의사소통이 쉽지 않고 문화에 대한 이해력이 부족하므로 자국인을 돌보는 방식으로 간호서비스를 제공할 뿐, 대상자에 대한 문화적 배려가 쉽지 않다고 호소한다(Sharifi et al., 2019; 박형숙 외, 2014). 이처럼 다문화사회로의 진입에 따라 보건의료 현장에서 다문화 대상자와 의료진에게 어려움이 발생하는 이유는 이들 사이에 문화적 배경의 차이가 있어 건강 문제와 의료를 이해하는 방식이 서로 다르기 때문이다(신유나 외, 2019).

1) 다문화간호의 이론

다문화간호에 대한 이론으로는 메들린 레닌저(Madelein Leininger)의 횡문화 간호이론과 로이(Roy)의 적응이론이 대표적이다(박혜숙 외, 2021).

(1) 메들린 레닌저 횡문화 간호

메들린 레닌저
1925~2012

메들린 레닌저는 횡문화 간호이론의 창시자이면서 다문화적 배경을 중심으로 돌봄이론의 선두 주자이고 간호 수행 시 문화적으로 적합한 간호를 제공하여야 한다고 주장하였다. 횡문화 간호는 대상자가 가진 고유한 문화적 특성에 맞는 개별화된 간호를 수행하고 다양한 대상자가 가진 차이점과 다양성을 존중하는 최적의 간호를 제공하는 것이다. 1978년 레닌저는 문화와 돌봄의 긴밀한 관련성에 대해 돌봄 없는 치료가 있을 수 없고, 문화에 따라 돌봄에 대한 가치와 행위가 다르다고 주장한 횡문화 간호이론을 발표하였다. 횡문화 간호의 목표는 특수한 문화에 적용가능한 간호와 횡문화적으로 통용되는 간호에 대한 지식체계를 발전시키는 것이다. 따라서 돌봄을 행하는 자는 특정한 문화적 배경에 대한 특별한 마음가짐과 자세를 가짐으로써 문화적 역량을 높여야 한다.

레닌저(1991)는 횡문화 돌봄이론에서 문화적으로 적합한 간호란 '대상자의 질병과 장애 유무 혹은 임종을 앞두고 있느냐와 상관없이 그들의 문화적 신념에 맞게 의미 있는 간호를 제공하는 것'이라고 정의하였다. 그녀는 횡문화적 돌봄이론을 통하여 간호사는 문화적 가치, 신념, 관행에 부합되는 돌봄을 제공하여 대상자의 건강과 안녕 또는 질병, 불구, 죽음을 예방해야 한다고 하였다. 돌봄(care)은 하나의 현상이고 인간의 상태나 생활방식을 개선하고 향상시키기 위해 명백한 또는 예측되는 요구를 가진 개인이나 집단을 도와주고 촉진하려는 활동과 특별한 상황적 요구에 대처하는 것이라고 하였다. 영어의 care와 caring은 국어로 '돌봄' 혹은 '보살핌'에 해당함을 알 수 있다.

레닌저의 횡문화적 돌봄(연구방법: 민속학적 방법사용) 이론에 기초가 되는 중요한 가정을 1984년에 출간된 『돌봄: 간호와 건강의 핵심』에서 〈표 2-2〉와 같이 제시하고 있다.

표 2-2. 레닌저의 횡문화적 돌봄이론의 가정

- 돌봄은 간호의 본질이며, 통합된 핵심이다.
- 돌봄은 건강 회복에 필수적이므로 돌봄 없이는 치료가 불가능하다.
- 문화적 갈등, 스트레스, 윤리적 · 도덕적 문제를 경험한 대상자는 문화적 차이에 근거한 간호가 필요하다.
- 문화적 돌봄의 의미, 수단, 표현, 양식, 과정, 구조적인 형태는 세계의 모든 문화가 서로 비슷하거나 각기 다른 특성을 갖고 있다.
- 문화간호의 가치, 표현, 유형을 간호사가 잘 알고 개인이나 집단에게 지식을 활용해야만 문화에 일치하는 간호가 가능하다.
- 문화간호의 가치기준, 믿음, 관행은 그 문화의 세계관, 언어, 종교, 혈연관계, 정치, 교육, 경제, 역사 등 개별적인 문화 · 환경적 배경에 의해 영향을 받으며 깊이 내재되어 있다.

그리고 레닌저(Leininger, 2002)는 돌봄행위야 말로 간호와 다른 학문을 명확히 구별한다고 주장하였는데, 문화간호 이론(횡문화 돌봄이론)의 특징은 〈표 2-3〉과 같다.

표 2-3. 문화간호 이론의 특징

- 포괄적인 문화적 돌봄을 발견하는 데 초점을 둔 유일한 이론이다.
- 세계관, 사회구성요소, 언어, 일반적 전문적 돌봄, 인종적 배경, 환경적 상황 등과 같은 인간 돌봄에 영향을 주는 포괄적인 요소들이 광범위하게 포함되어 있다.
- 세 가지 이론적 실무 양식이 있는 다양한 문화돌봄에 명확하게 초점을 맞춘 간호이론, 인간의 "well-belling life", 즉 건강 및 건강한 생활습관을 가지도록 문화적 돌봄 및 행동에 도달하는 데 매우 적합한 이론이다.

레닌저는 민족간호 연구방법을 개발하여 대상자 관점에서의 질적 방법을 통한 연구를 강조하였다. 이 접근법을 사용하는 연구자는 일상생활을 대상자들과 함께하면서 그 문화의 치료적 간호와 돌봄행위의 핵심과 과정, 본질 및 속성 등을 확인해야 한다. 그는 간호와 인간 현상을 연구하기 위해 민족 과학적 방법을 사용하였는데, 이것은 특정 문화에 속한 사람들의 행위와 이들이 자신과 우주를 지각하고 이해하는 방법을 알아내기 위해 이들의 삶의 방식을 체계적으로 연구하는 것이다. 레닌저는 이론의 핵심 요소를 설명하기 위해 해돋이 모형(sunrise model)을 개발하였다([그림 2-1]).

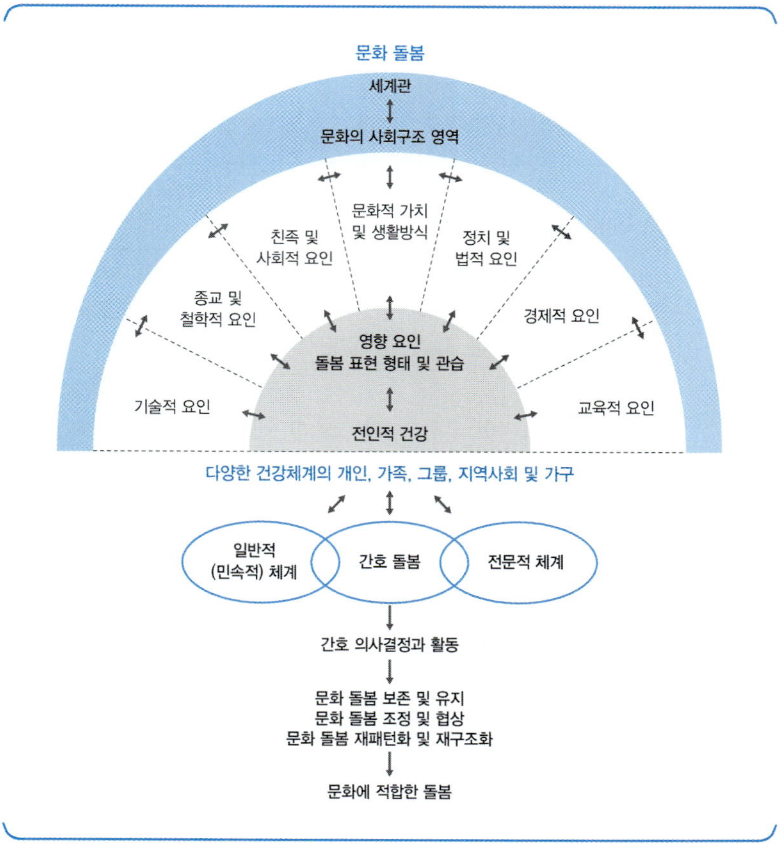

그림 2-1. 레닌저의 횡문화 이론의 해돋이 모형

출처: 노기옥 외(2019). 문화다양성 사회와 건강. 수문사. p.31.

이 모형은 해돋이로 돌봄을 나타내고 있는데, 반구는 언어와 환경을 통해 돌봄과 건강에 영향을 미치는 사회구조와 세계관을 나타낸다. 이 요인들은 모형의 하위체계에 나타나 있는 민간과 전문적 건강체계 및 간호체계에 영향을 미친다. 반구와 하위체계를 형성한 두 개의 영역인 '해'는 간호사가 인간 돌봄과 건강을 다루기 위해 고려해야 할 우주를 나타낸다. 간호는 문화적 돌봄의 보존, 문화적 돌봄의 적응 및 문화적 돌봄의 재패턴화의 3가지 형태의 간호활동을 통해 민간과 전문적 건강체계의 가교역할을 한다. 횡문화적 돌봄이론과 관련하여 중요한 용어의 정의는 〈표 2-4〉와 같다.

표 2-4. **횡문화적 돌봄이론과 관련된 용어**

구분	내용
문화	사고, 결정, 행동 및 생활양식 등을 인도해 주는 학습되고 공유되어 전수된 가치, 신념, 규범 및 생활방식을 말한다.
문화적 돌봄	개인이나 집단이 안녕을 유지하고 인간의 상태나 생활방식을 개선하며, 죽음이나 불가능한 건강 극복에 직면할 수 있도록 도와주고 지지하며 촉진하려는 가치, 신념, 패턴화된 표현들을 말한다.
횡문화 간호	서로 다른 문화에서 건강을 유지하고 회복하는 것을 돕고 장애, 죽음 등의 다양한 상황에 대하여 문화적으로 적합한 방법으로 다루는 능력이다.
문화적 돌봄의 다양성	건강을 위해 인간 상태나 생활방식의 개선을 위해, 죽음에 대처하기 위해 문화적으로 나타난 돌봄의 의미, 패턴, 가치 및 상징들의 다양성을 말한다.
문화적 돌봄의 보편성	건강을 위해 인간 상태나 생활방식의 개선을 위해, 그리고 죽음에 대처하기 위해 문화적으로 나타난 돌봄의 공통적이고 비슷하며 일정한 의미, 패턴, 가치 및 상징을 말한다.
문화적 돌봄의 재패턴화	대상자로 하여금 건강이나 그들에게 의미 있는 생활 패턴을 변화시키도록 돕기 위해 재구성되거나 변화된 설계를 말한다.

(2) 칼리스타 로이의 적응이론

로이의 적응이론은 인간을 하나의 개방체계로 바라보고 인간은 환경의 자극을 받으며 환경변화에 부단히 적응해 나가는 존재로서 개인의 적응수준에 따라 결과가 각각 다르며 적응을 잘하는가 적응을 하지 못하는가에 의해 높은 수준의 안녕에서 죽음에 이르는 건강-죽음 연속선상의 어느 점에 위치하게 된다고 하였다.

적응을 잘하는 사람은 융통성 있게 자기 스스로 만족감과 행복하다는 감정을 갖고, 자기의 요구를 충족시켜 나가고 주위 사람들에게 인정을 받으며, 모든 현실문제에 대하여 적극적으로 참여하고 해결해 나간다. 반면 적응을 잘하지 못하는 사람은 사회의 질서와 규범에 조화되지 못하며 다른 사람들과의 관계에서 장애가 될 뿐 아니라 자기 자신의 발전에도 바람직하지 못한 상태를 불러오게 된다. 적응이란 결국 다문화사회의 이주민과 주류사회 문화 사이에 존재하는 개념으로 자신의 필요뿐 아니라 주어진 환경에 스스로를 맞추어 가는 과정과 자기의 욕구를 충족시켜 주기 위해 환경을 변화시키는 행동과정이라고 할 수 있다.

로이의 적응이론에서 그는 인간은 하나의 체계로서 주변의 환경으로부터 지속적으로 투입되는 자극(초점자극-상황관련자극-잔여자극)이 주어졌을 때, 내부과정의 대처기전(조절기전-인지적 기전)을 활용하여 적응양상(생리적 기능 양상-자아개념 양상-역할기능 양상-상호기능 양상)이 활성화된 후 반응이 나타난다고 하였다.

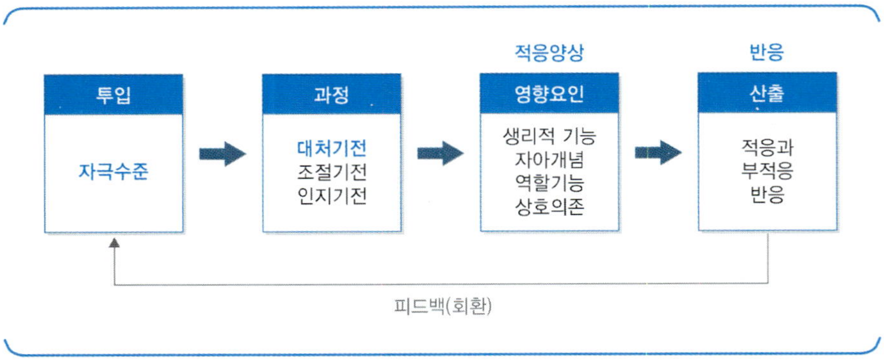

그림 2-2. 로이의 적응이론

인간이 상황에 적극적으로 반응하고 변화하는 관점을 설명하기 위해 초점자극, 상황관련자극, 잔여자극의 3가지로 구분하여 설명하였다. 초점자극(focal stimulus)은 인간행동을 유발하는 즉각적이며 직접적인 사건이나 상황변화이다. 상황관련자극(contextual stimulus)은 초점자극을 제외한 인간행동에 영향을 미치는 모든 다른 자극을 말하는데 인간체계 안이나 밖에 존재하는 모든 환경요인이다. 잔여자극(residual stimulus)은 인간행동에 간접적으로 영향을 미치는 요인으로 대부분 측정하기 힘든 신념, 태도 등이며 인간체계 안이나 밖에서의 환경적인 요인으로 현재 상황에 미치는 영향이 확실하지 않는 것들로 정의하고 있다.

이를 다문화사회 적응에 비추어 볼 때 초점자극으로는 이주민들이 개인이 생활해 온 환경에서 새로운 주류환경에 전이됨으로써 의식 내에는 새로운 주류문화 환경이 초점이 되며, 상황관련자극(contextual stimulus)에 비추어 볼 때 다문화사회의 소수집단의 이주민들은 주류사회의 자국민들이 적응하는 것에 비해 주류사회 문화 그 자체가 더 많은 관련 자극을 발생시킬 수 있다. 예를 들어, 이주민들은 이중 문화, 언어에 노출되었다가 주류문화를 접하게 되면 서투른 모든 환경에 적응해야 되기 때문에 자국민들보다는 많은 상황관련자극을 갖게 된다. 마지막으로 로이의 적응이론에 제시된 잔여자극(residual stimulus)은 초점자극에 현재 반응에 영향을 줄 수 있는 과거의 경험, 신념, 가치 등이 반영된 것이다. 예를 들어, 갑자기 집안에 큰일이 생겨 중요한 약속을 지키지 못하였을 때 시간에 대한 고통스러운 기억을 가질 수 있다. 이를 다문화사회 이주민과 관련지어 설명하자면 이주민들에게 영향을 미치는 요인들에 대해서는 지금까지 확인하지 못한 내적 요인들이 있을 수 있다. 따라서 다문화사회의 이주민들이 잘 적응하기 위한 환경적 검토를 위해서는 초점, 관련, 잔여자극 상황과 관련된 내 · 외적 환경 영향의 확인이 필요하다.

그리고 대처기전은 인간이 변화되어 가는 환경에 대처하는 생물학적, 심리학적 능력이다. 생물학적 대처기전의 일부는 유전으로 결정되지만, 대부분은 학습을 통해 후천적으로 습득된다.

대처기전은 조절기전과 인지기전 2가지의 적응 기전으로 나누어 설명하고 있는데, 첫째, 조절기전은 자극이 투입되었을 때, 척수 · 뇌를 중심으로 하는 신경계 반응 또는 내분비계를 중심으로 하는 호르몬계 반응, 지각을 중심으로 하는 정신 · 신체반응을 주로 관장하는 기전으로, 대개 자동적이고 무의식적인 반응을 나타낸다. 즉, 이주민들의 육체가 변화하는 환경을 이길 수 있도록 주류문화라는 자극이 투입되었을 때 중추신경계, 내분비계 반응을 통한 자율적 대처기전으로 무의식적이고 반사적인 반응을 나타낸다. 둘째, 인지기전은 자극이 투입되었을 때 인지적 정보처리, 학습, 판단, 정서 등의 과정을 통하여 사회심리적 반응을 관장하는 기전이다. 인지적 정보처리과정은 주의집중 · 기억에 대한 행동을 포함하고, 학습은 모방 · 강화 등의 행동을, 정서과정을 통해서는 애착 · 애정 · 불안 해소 등의 행동을 관장한다.

이들 대처기전의 작용은 4가지 적응양상과 관련되며, 조절기전은 생리적 적응양상과 연관되고, 인지기전은 자아개념 · 역할기능 · 상호의존 적응양상과 주로 연관된다. 적응양상이란 대처기전의 활동으로 나타나는 적응방법의 종류로서, 인간이 기본적으로 가지고 있는 욕구를 향하여 나타내는 행위들의 모임이라고 할 수 있다. 로이는 적응양상을 변화하는 환경에 대처하는 과정을 생리적 양상, 자아개념 양상, 역할기능 양상, 상호의존 양상의 4가지 적응양상으로 조절된다고 설명하였다. 즉, 로이의 적응이론은 개인의 건강을 위한 간호 접근에 생리적인 문제뿐 아니라 자아개념, 역할기능, 상호의존 양상을 사정하고 이에 영향을 미치는 자극원도 항상 관련 자극과 잔여 자극을 함께 고려하기 때문에 다문화사회의 이주민들이 적응해야 하는 주류문화 접근에 매우 바람직한 방향을 제시해 준다. 그리고 로이의 이론을 통해, 인간의 생존에는 환경의 요구와 적응 능력의 계속되는 자기조절기전이 작용되며, 적응과정은 심리적 · 사회문화적 적응뿐만 아니라 생리적 과정과 연결되어 인간의 전인적 측면에서 진행됨을 알 수 있다.

2) 문화간호역량

캄피냐-바코테(Campinha-Bacote, 2002)는 문화간호역량을 문화, 인종, 성별, 성적 기호 및 경제적 쟁점에 대한 민감함과 문화적으로 기술, 인식, 욕구, 접촉 및 지식을 포함하는 것이라고 정의하였고, 코완 등(Cowan et al., 2005)은 문화간호역량을 간호에 필요한 기술, 능력, 경험이 있는 것으로 정의하고 있다.

이러한 관점에서 문화간호역량이란 환자나 대상자들의 문화적 요구에 맞는 질적 간호서비스를 제공할 수 있는 능력을 의미하며, 대상자의 문화적 맥락 안에서 능력 있고, 유용한 건강관리 전문가가 되도록 지속적으로 노력하는 과정이다. 간호 분야에서 문화적 역량 개념을 최초로 도입하였고, 간호와 문화의 관련성을 이론화한 횡문화 간호(transcultural nursing)를 창시한 레닌저는 문화에 따라 질병에 대처하는 대상자들의 다양한 반응을 통해 가치, 신념, 관행에 맞는 간호가 필요함을 지각하고, 타 문화권 대상자를 간호함에 있어 문화적으로 적절한 간호, 즉 문화적 특성을 고려할 것을 강조하였다.

우리나라에서는 2000년대에 들어오면서 문화적 역량의 개념이 사회학, 교육학, 심리학, 의료, 간호학 등에서 그 중요성을 인식하기 시작하였고, 국내 간호사의 문화적 역량증진 교육은 2012년도 2주기 간호교육 인증평가에서 학습성과로 다룬 국제 보건 학생 역량의 필요성이 대두되면서 중요성을 인지하고 국내 대학 교과과정에 다문화와 관련한 교과과정이 소수 대학에서부터 개설되기 시작하였다(이현경 외, 2015). 하지만 우리나라는 간호사를 포함한 의료진들이 다문화 환자 경험이 부족하고, 종합병원에 근무하는 간호사의 94%가 문화적 역량 관련 교육을 받은 적이 없다고 보고하고 있어(김미종 외, 2014), 국내 의료진들의 문화적 역량은 외국보다 점수가 낮은 편이다(이정임, 2012),

이와 같은 문화간호역량은 [그림 2-3], 〈표 2-5〉와 같이, 문화적 지식, 문화적 기술, 문화적 경험, 문화적 인식, 문화적 민감성의 5가지로 분류된다(노현진, 2023; 장미미, 2020; 한석영, 2014; Campinha-Bacote, 2002; Majumdar et al., 2004).

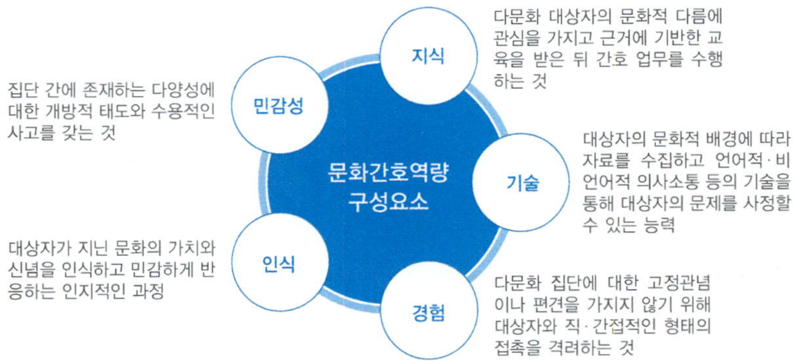

그림 2-3. 문화간호역량의 구성요소

표 2-5. 문화적 역량에 대한 속성

구분	내용
문화적 인식	문화적 인식은 자신과 다른 문화적 배경을 가진 대상자를 인식하고 그들을 이해하며 그들의 문화를 공유하고 차이를 아는 것으로, 더 나아가 그것의 가치를 인정하고 편견 없이 긍정적으로 수용할 수 있는 개인의 능력이다. 즉, 문화적 인식은 개인의 편견과 신념을 점검하기 시작하면서 다양한 방법으로 얻어지는 문화적 지식을 통해 다문화 대상자와 의미 있는 접촉으로 그들이 직면한 문제를 이해하고, 건강신념 및 행위에 대한 지식을 향상시킬 수 있는 것을 의미한다.
문화적 지식	문화적 지식은 간호사가 다문화 대상자를 돌보면서 그들의 불편감, 민감도의 차이, 의사결정의 주체, 신체 접촉의 의미, 종교적 신념 등에 대한 문화적, 인종적으로 다른 점에 대해 관심을 가지고 근거에 준한 교육적 기반을 다진 후에 간호 업무를 수행하는 것을 의미한다.
문화적 민감성	문화적 민감성은 집단 간에 존재하는 문화적 다양성에 대해 공통점과 유사성을 인지하고 다문화 집단에 대한 개방적 태도와 유연한 사고를 갖게 되는 상태를 의미한다. 문화적 민감성은 다문화 대상자에게 서비스 제공 시 성공적인 의사소통을 위해 개인이 반드시 갖추어야 할 요소이며, 문화 간 차이를 이해하고 인정하고 받아들이고자 하는 적극적인 욕구를 의미한다.
문화적 기술	문화적 기술은 환자의 문화적 배경에 따라 언어적, 비언어적 의사소통 기술, 치료적 신뢰관계 형성 등의 기술을 이용하여 다문화 대상자의 신체 사정을 정확하게 수행하고 대상자의 문제와 관련된 문화적 배경을 수집하는 능력을 의미한다. 여기에는 다문화 대상자와 효과적으로 의사소통할 수 있는 능력으로 시작하여 추가적

구분	내용
	으로 간호사의 돌봄의 계획과 제공에 대상자의 신념, 가치, 관습을 통합하는 능력이 포함된다. 즉, 문화적 기술은 건강과 관련된 문화의 체계적인 사정, 문화적으로 적합한 신체사정, 문화 간 의사소통기술을 포함한다.
문화적 경험	문화적 경험은 간호사가 타 문화에 대한 기존의 신념을 수정하고 고정관념을 없애기 위하여 대상자와 직접적으로 대면하는 접촉 및 다른 형태의 접촉을 격려하는 과정이다. 문화적 경험은 문화적 역량과 관련된 환경적 요인으로서 다문화 대상자와의 접촉 기회, 다문화와 관련된 학습 경험, 해외 자원봉사, 국제교류 활동, 여행 등을 통한 다문화 경험 및 다문화 관련 교육 참여 등을 통해 문화적 역량에 영향을 미치는 요소들을 의미한다.

구체적으로 문화적 지식은 다문화 대상자의 문화적 다름에 관심을 가지고, 근거를 기반으로 교육을 받은 뒤 간호 업무를 수행하는 것을 뜻한다. 문화적 기술은 대상자가 처해 있는 문화적 배경에 따라 관련된 문화적 자료를 수집하고 언어와 비언어적 의사소통 등의 기술을 사용하여 대상자의 문제를 사정할 수 있는 능력을 의미한다. 문화적 경험은 건강관리전문가가 한 집단에 대한 고정관념이나 편견을 가지지 않기 위해 대상자와 직·간접적인 형태의 접촉을 격려하는 과정이며, 문화적 인식은 대상자가 지닌 문화의 가치와 신념을 인식하고 민감하게 반응하는 인지적 과정으로, 타 문화에 대한 고정관념과 편견에 대한 자신의 인식 그리고 자신의 문화적 배경에 대한 탐색을 뜻한다. 문화적 민감성은 집단 간에 존재하는 문화적 다양성에 대한 개방적 태도와 수용적인 사고를 갖게 되는 것을 의미한다.

다문화가정을 긍정적으로 수용하기 위해서는 자문화와 타 문화를 동시에 인정하는 문화적 역량이 필요하며, 자기 민족에 내재된 문화에 대한 올바른 인식과 함께 다른 사람, 인종, 지역의 문화적 차이를 인식하고 이해하고자 하는 능력을 더욱 함양해야 한다. 특히 간호사가 다문화가정을 어떻게 인지하는가에 따라 의료 현장에서 다문화가정 대상자를 간호하는 데 영향을 미칠 수 있다.

그러므로 간호사는 의료인으로서의 의료서비스의 대상이 다양한 문화권의 사람들로 확대되는 상황에서 다문화가정에 대한 이해를 높이고 대상자 중심의 서비스를 제공할 수 있도록 다문화사회에 대한 인식 개선을 위하여 노력해야 한다(안옥희 외, 2012).

표 2-6. 문화간호역량 척도

※ 다음은 문화적 역량 측정을 알아보기 위한 도구입니다. 다음의 항목을 읽고 귀하의 생각과 일치하는 곳에 'V' 표하여 주십시오.		매우 그렇지 않다		⟷			매우 그렇다	
인식	1. 나는 문화가 건강과 질병에 대한 인식에 영향을 미친다는 것을 알고 있다.	①	②	③	④	⑤	⑥	⑦
	2. 나는 문화에 따라 건강관리 행위가 다를 수 있음을 알고 있다.	①	②	③	④	⑤	⑥	⑦
	3. 나는 문화에 따라 질병 증상에 대한 표현 방법이 다를 수 있음을 알고 있다.	①	②	③	④	⑤	⑥	⑦
	4. 나눔 문화에 따라 질병의 원인, 치료방법 등에 대한 생각이 다를 수 있음을 알고 있다.	①	②	③	④	⑤	⑥	⑦
	5. 나는 외국인 환자의 출신국 의료 환경이 간호에 대한 기대 차이를 발생시킨다는 사실을 알고 있다.	①	②	③	④	⑤	⑥	⑦
	6. 나는 나의 문화적 배경이 외국인 환자에 대한 나의 생각에 어떤 영향을 미치는지 알고 있다.	①	②	③	④	⑤	⑥	⑦
지식	7. 나는 간호제공자의 성별에 따라 간호행위가 제한되는 문화나 종교적 신념을 알고 있다.	①	②	③	④	⑤	⑥	⑦
	8. 나는 한국인과 다른 임종간호를 요구하는 문화나 종교적 신념을 알고 있다.	①	②	③	④	⑤	⑥	⑦
	9. 나는 환자와 간호제공자가 서로 편안하게 느끼는 거리에 대한 문화적 차이를 알고 있다.	①	②	③	④	⑤	⑥	⑦
	10. 나는 문화에 따라 신체 접촉의 의미가 차이가 있음을 알고 있다.	①	②	③	④	⑤	⑥	⑦
	11. 나는 문화에 따라 처치나 수술 후 느끼는 통증의 민감도가 차이가 있음을 알고 있다.	①	②	③	④	⑤	⑥	⑦
	12. 나는 문화에 따라 금식에 대한 참을성에 차이가 있음을 알고 있다.	①	②	③	④	⑤	⑥	⑦
	13. 나는 문화에 따라 치료에 대한 의사결정 주체가 어떻게 다른지 알고 있다.	①	②	③	④	⑤	⑥	⑦
민감성	14. 나는 외국인의 문화에 맞는 간호를 제공하는 것에 관심이 있다.	①	②	③	④	⑤	⑥	⑦
	15. 나는 외국인 간호가 다른 문화를 이해할 수 있는 좋은 기회라고 생각한다.	①	②	③	④	⑤	⑥	⑦
	16. 나는 외국인 간호에는 상대적으로 많은 시간이 소요되지만 기꺼이 그들을 간호하기 원한다.	①	②	③	④	⑤	⑥	⑦

※ 다음은 문화적 역량 측정을 알아보기 위한 도구입니다. 다음의 항목을 읽고 귀하의 생각과 일치하는 곳에 'V' 표하여 주십시오.		매우 그렇지 않다		⟷			매우 그렇다	
	17. 나는 문화와 언어의 차이가 있지만 외국인과 신뢰관계를 형성할 수 있다고 믿는다.	①	②	③	④	⑤	⑥	⑦
	18 나는 외국인과 접촉할 때 내가 대상자와 같은 입장이라면 어떨까라는 생각을 한다.	①	②	③	④	⑤	⑥	⑦
	19. 나는 외국인이 우리나라 병원에 왔을 때 경험했던 불편함이나 바라는 점이 무엇인지 궁금하다.	①	②	③	④	⑤	⑥	⑦
	20. 나는 외국인과 대화할 때 시간이 많이 소요되더라도 참을성을 가지고 들어주려고 한다.	①	②	③	④	⑤	⑥	⑦
	21. 나는 외국인을 만날 때 그 나라 말로 인사말이나 간단한 대화를 시도한다.	①	②	③	④	⑤	⑥	⑦
	22. 나는 다른 문화를 접하는 것에 관심이 있다.	①	②	③	④	⑤	⑥	⑦
	23. 나는 외국인에게 효과적인 간호를 제공하기 위하여 필요한 교육이나 훈련을 받기 원한다.	①	②	③	④	⑤	⑥	⑦
	24. 나는 병원 밖 지역사회에서 개최되는 다문화 행사에 참여하기 원한다.	①	②	③	④	⑤	⑥	⑦
	25. 나는 종교적 신념이나 문화적 관습 때문에 병원의 치료방법을 따르지 않는 외국인의 입장을 이해한다.	①	②	③	④	⑤	⑥	⑦
기술	26. 나는 외국인의 식이에 맞추어 섭취량과 배설량(I&O)을 조사할 수 있다.	①	②	③	④	⑤	⑥	⑦
	27. 나는 외국인을 만날 때 그들의 문화에서 편안하게 느끼는 거리를 유지한다.	①	②	③	④	⑤	⑥	⑦
	28. 나는 외국인에게 중요한 정보를 설명할 때 가능한 환자의 모국어로 된 문서형태로 정보를 제공한다.	①	②	③	④	⑤	⑥	⑦
	29. 나는 주로 접하는 외국인의 문화에 대해 알 수 있는 자료를 찾아볼 수 있다.	①	②	③	④	⑤	⑥	⑦
	30. 나는 외국인과 건강병력을 터놓고 얘기할 수 있을 정도의 치료적 신뢰관계를 형성할 수 있다.	①	②	③	④	⑤	⑥	⑦
	31. 나는 외국인과 언어적, 비언어적 의사소통(말투, 몸짓 등)을 적절하게 구사할 수 있다.	①	②	③	④	⑤	⑥	⑦
	32. 나는 통역을 이용하여 외국인과 편안하게 의사소통할 수 있다.	①	②	③	④	⑤	⑥	⑦
	33. 나는 통역을 이용할 수 없을 때 외국인과 필요한 의사소통을 위해 번역기, 통증사정도구 등 필요한 자원을 활용할 수 있다.	①	②	③	④	⑤	⑥	⑦

출처: 라미옥(2017). 간호대학생을 위한 체험형 다문호간호 교육프로그램의 개발 및 효과. 남부대학교 보건경영대학원 석사학위논문.

3) 문화간호 자기효능감

간호제공자는 다문화 대상자를 돌봄에 있어 다문화권에 속한 사람들의 신념, 가치, 관습, 행동 등을 이해하고 상호작용할 수 있는 기술을 습득하여 능숙하게 행동할 수 있어야 한다. 그중 간호사가 목표행동을 성공적으로 수행하거나 완성할 수 있으리라 기대할 수 있게 하는 것을 사회적 자기효능감이라고 하며, 자기효능감이 높은 사람은 새로운 문화에서의 사회적 기능을 성공적으로 수행할 수 있고 바람직한 결과를 얻을 수 있다고 보아 자기효능감은 다문화 수용성에 영향을 미칠 수 있는 것으로 예측할 수 있다.

이러한 맥락에서 문화간호 자기효능감이란 다양한 대상자에게 문화간호 기술을 수행할 수 있는 자신감을 말하며, 이는 문화간호 역량증진 교육프로그램을 통해 증진된다고 보고되었다(Jeffereys & Dogan, 2012). 즉, 교육자체가 개인의 문화적 간호에 대한 효능감을 증진시킨다고 할 때 문화간호 자기효능감은 체계적인 교육을 통한 문화 간 의사소통, 문화 간 갈등정도 및 다문화 대상자와의 만남 경험과 관계가 있다. 즉, 문화간호 자기효능감이 높은 간호사는 다른 문화 집단의 전통, 신념, 관습과 가치를 이해하고, 개인, 가족, 공동체의 문화적 맥락 내에서 간호를 제공하며, 자신의 문화적 간호역량을 증진시킴으로 특별한 상황적 요구에 대처할 수 있다. 그러므로 다문화 시대에 예비 간호전문인으로서 대상자에게 총체적 간호를 제공하기 위해 간호대학생에게 문화간호 자기효능감은 필수적 간호역량이라고 할 수 있다(라미옥, 2017).

표 2-7. 문화간호의 정서적 자기효능감 척도

당신은 다양한 사람들을 돌보는 예비간호사(간호대학생)로서, 당신 자신에 대해 아는 것은 중요합니다. 다음의 각각의 문항에 대해 당신의 자신감이나 확신의 정도를 표시해 주세요.	자신 없음			⟷			자신 있음			
(A) 당신은 다음을 인식한다.										
(1) 당신 자신의 문화적인 유산과 신념 체계를 인식한다.	①	②	③	④	⑤	⑥	⑦	⑧	⑨	⑩
(2) 당신 자신의 문화적 편견과 제한점을 인식한다.	①	②	③	④	⑤	⑥	⑦	⑧	⑨	⑩
(3) 당신 자신의 문화집단 내에서의 차이점을 인식한다.	①	②	③	④	⑤	⑥	⑦	⑧	⑨	⑩
(B) 문화적 배경이 다른 대상자들을 대할 때, 다음을 인식한다.										
(4) 무감각하고 편견적 대우를 인식한다.	①	②	③	④	⑤	⑥	⑦	⑧	⑨	⑩
(5) 간호대학생 역할에 대한 인식의 차이를 인식한다.	①	②	③	④	⑤	⑥	⑦	⑧	⑨	⑩
(6) 전통적인 간호 행위를 인식한다.	①	②	③	④	⑤	⑥	⑦	⑧	⑨	⑩
(7) 전문적인 간호 행위를 인식한다.	①	②	③	④	⑤	⑥	⑦	⑧	⑨	⑩
(8) 문화가 다른 세계를 접할 때 느끼는 편안함과 불편함을 인식한다.	①	②	③	④	⑤	⑥	⑦	⑧	⑨	⑩
(9) 간호체계, 민간체계, 전문체계 간의 상호작용을 인식한다.	①	②	③	④	⑤	⑥	⑦	⑧	⑨	⑩
(B) 문화적 배경이 다른 대상자들을 대할 때, 다음을 수용한다.										
(10) 문화 집단 간의 차이를 수용한다.	①	②	③	④	⑤	⑥	⑦	⑧	⑨	⑩
(11) 문화 집단 간의 유사성을 수용한다.	①	②	③	④	⑤	⑥	⑦	⑧	⑨	⑩
(12) 신념에 근거한 대상자의 치료 거부를 수용한다.	①	②	③	④	⑤	⑥	⑦	⑧	⑨	⑩
(B) 당신은 문화적 배경이 다른 대상자들을 대할 때, 다음의 가치를 인정한다.										
(13) 다른 문화 사람들과의 상호작용의 가치를 인정한다.	①	②	③	④	⑤	⑥	⑦	⑧	⑨	⑩
(14) 문화적 민감성과 인식의 가치를 인정한다.	①	②	③	④	⑤	⑥	⑦	⑧	⑨	⑩
(15) 특이한 문화적 건강간호의 가치를 인정한다.	①	②	③	④	⑤	⑥	⑦	⑧	⑨	⑩
(16) 건강간호 제공에 있어서 가족의 역할을 인정한다.	①	②	③	④	⑤	⑥	⑦	⑧	⑨	⑩
(17) 대상자의 세계관(인생철학)의 가치를 인정한다.	①	②	③	④	⑤	⑥	⑦	⑧	⑨	⑩
(B) 당신은 문화적 배경이 다른 대상자들을 대할 때, 다음을 인식한다.										
(18) 한국 건강간호 체계의 부적절성을 인식한다.	①	②	③	④	⑤	⑥	⑦	⑧	⑨	⑩
(19) 민간요법과 대체의학의 중요성을 인식한다.	①	②	③	④	⑤	⑥	⑦	⑧	⑨	⑩
(20) 건강간호 실천에 대한 역할의 영향을 인식한다.	①	②	③	④	⑤	⑥	⑦	⑧	⑨	⑩

당신은 다양한 사람들을 돌보는 예비간호사(간호대학생)로서, 당신 자신에 대해 아는 것은 중요합니다. 다음의 각각의 문항에 대해 당신의 자신감이나 확신의 정도를 표시해 주세요.	자신 없음			⟷				자신 있음		
(21) 건강간호 실천에 대한 가치의 영향을 인식한다.	①	②	③	④	⑤	⑥	⑦	⑧	⑨	⑩
(22) 건강간호 실천에 대한 사회경제적 요인의 영향을 인식한다.	①	②	③	④	⑤	⑥	⑦	⑧	⑨	⑩
(23) 건강간호 실천에 대한 정치적 요인의 영향을 인식한다.	①	②	③	④	⑤	⑥	⑦	⑧	⑨	⑩
(24) 문화적 간호 보존/유지의 필요를 인식한다.	①	②	③	④	⑤	⑥	⑦	⑧	⑨	⑩
(25) 문화적 간호 합의/협상의 필요를 인식한다.	①	②	③	④	⑤	⑥	⑦	⑧	⑨	⑩
(26) 문화적 간호 재형성/재구성의 필요를 인식한다.	①	②	③	④	⑤	⑥	⑦	⑧	⑨	⑩
(27) 자기민족중심주의적 관점을 차단할 필요를 인식한다.	①	②	③	④	⑤	⑥	⑦	⑧	⑨	⑩
(28) 문화적 강요를 차단할 필요를 인식한다.	①	②	③	④	⑤	⑥	⑦	⑧	⑨	⑩
(B) 당신은 문화적 배경이 다른 대상자들을 대할 때, 다음을 옹호한다.										
(29) 문화적 신념에 근거한 대상자의 결정을 옹호한다.	①	②	③	④	⑤	⑥	⑦	⑧	⑨	⑩
(30) 문화적으로 특별한 간호를 옹호한다.	①	②	③	④	⑤	⑥	⑦	⑧	⑨	⑩

출처: 라미옥(2017). 간호대학생을 위한 체험형 다문호간호 교육프로그램의 개발 및 효과. 남부대학교 보건경영대학원 석사학위논문.

4) 다문화 수용성

다문화사회에서 발생하는 여러 사회문제 중 주요 원인은 다문화집단에 대한 편견이다. 편견은 특정 집단을 부정적인 태도로 임하며, 고정관념이라는 인지적 요소, 차별이라는 행동적 요소, 부정의 감정이라는 정의적 요소인 세 가지로 이루어져 있다. 다문화사회로의 변화는 우리나라에 도움이 되지 않는다는 고정관념과 다문화인과 함께 지내는 것이 싫은 배타적 감정 그리고 다문화인에 대한 적대심 모두 다문화인에 대한 편견으로 인한 것이다(김동진, 2019).

다양한 사회와 문화적 배경을 가진 다문화인은 차별과 편견을 겪음으로써 우리사회에 적응하지 못하는 어려움, 스트레스, 우울감과 불안에 노출되고, 의료에 대한 요구도의 증가와 동시에 의료시설 이용에 대한 불편감을 느낀다고 호소한다(박진경 외, 2019; 신유나 외, 2019). 이는 곧 다문화 대상자를 상대해야 하는 보건의료 인력이 문화 차이를 극복할 수 있는 역량증진의 필요성이 커지고 있는 것을 뜻하며, 이를 위해 강조되는 역량 중 하나가 다문화 수용성이다(Hart & Mareno, 2016).

다시 말해, 다문화 수용성이란 문화 사회의 시민으로서 자신과 다른 타 문화에 대하여 고정관념과 편견 없이 상대를 있는 그대로 인정하는 것이며, 조화로운 협력 관계를 위해 노력하고 경제적 수준과 출신 지역으로 차별하지 않고 국제사회의 한 시민으로서 보편적 가치에 입각하여 이를 실천하려는 총체적인 태도라고 정의할 수 있다. 즉, 다문화 수용성이란 서로 다른 배경을 가진 집단을 사회의 구성원으로 받아들이는 수용 정도로 다문화 시대로 급변하는 현대사회 속에서 타 문화에 대한 수용성이 요구되므로 예비간호사인 간호대학생 또한 개방적이고 수용적인 태도를 갖추어 다문화 간호를 수행해야 한다(노현진, 2023).

Chapter 03

세계화와 다문화

배울 내용

1. 세계화의 개념
2. 세계화의 특징 및 문제점
3. 인구이동
4. 세계화 시대의 문화 혼종성과 정체성

학습목표

1. 세계화의 개념을 이해한다.
2. 세계화의 특징 및 문제점을 파악한다.
3. 인구이동의 개념과 현황을 파악한다.
4. 세계화 시대의 문화 혼종성과 정체성을 이해한다.

Chapter 03

세계화와 다문화

1. 세계화의 개념

1) 세계화의 의미

세계화란 교통·통신의 발달로 상호 작용하는 범위가 전 지구적으로 점차 확대되고 심화되어 감에 따라, 우리가 이제 지구라는 하나의 마을에 사는 것처럼 되어 가는 현상을 의미한다. 맥그루(Mcgrew, 2007)는 이러한 세계화를 〈표 3-1〉과 같이 설명하고 있다.

표 3-1. 세계화의 의미

• 정치적 경계를 넘나드는 사회, 경제, 정치적 행위들이 증가하여 세계 어느 한 지역에서 일어난 사건이나 결정 및 행위들이 멀리 떨어진 지역에 사는 개인과 공동체에게도 영향을 미친다. • 모든 영역에서 사회적 존재들의 상호 연계성이 증가하고 강화시키는 경향이 있다. • 지구적 상호작용 및 과정이 가속화되는데, 전 세계적으로 교통과 통신체제가 발전함으로써 이념, 뉴스, 자본, 정보, 상품, 기술이 세계적으로 이동하는 속도가 증가한다. • 지구적 상호작용의 범위와 강도 및 속도의 증가와 관련된 지구적, 지역적 연결망이 심화되어 세계를 공유된 사회적 공간으로 보는 집단적 인식을 증가시킨다.

세계화는 1960년대 이후 세계경제의 다양한 경영환경을 통하여 2000년대 이르러 마침내 '세계화(Globalization)'라는 단어를 사용하기 시작하면서 발전하게 되었다. 즉, 세계화란 전 세계시장의 단일화 현상을 말하며, 특히 세계화된 경제활동의 여러 요소들을 통합하여 이루어지는 것을 의미한다. 그러므로 세계화란 곧 국가개념의 경제활동이 전 세계적으로 확산되어 하나의 거대한 국가의 개념으로 나타나는 현상이다. 그리고 높은 무역의 장벽을 무너뜨리고 상호의존적인 가운데 하나로 통합된 과정, 즉 세계화를 이루어 가는 것이다.

1980년대 이후 세계경제는 급속도로 변화하게 되었다. 구체적으로 국가 간에 물리적인 국경의 의미가 상실되고 세계경제는 상호의존 관계(interdependent relationship)가 심화되어 하나의 지구촌을 형성하고 있다. 세계화가 낳은 역사적인 의의는 온 세계가 하나의 마을, 즉 하나의 국가개념이라고 할 수 있다. 이러한 세계화에 영향을 미친 요인은 교통과 통신의 발달이며, 이를 통하여 무역이 확대되고 전 세계에 문화가 확산되어 마침내 하나의 동질의 개념인 한 국가의 문화와 같은 성격을 가지게 되는 것이다(박승락, 성옥석, 2016).

2) 세계화의 변천과정

세계화의 변천과정을 전근대의 세계화, 근대 초기의 세계화, 근대의 세계화 및 현대의 세계화로 구분하여 살펴보면 다음과 같다(조미영, 2020).

(1) 전근대의 세계화

전근대는 지금부터 약 9,000~11,000년 이전은 물론이고 엄청난 오랜 시기를 모두 포괄한다. 그 후 수천 년 동안 이들과 여타 문명들은 멀리까지 권력을 확장하고, 더욱 먼 거리까지 무역을 확대하는 능력을 발전시켰다. 이 시기는 부분적으로 세계화의 모든 특징에 한계가 있다는 공통점을 갖고 있었다. 즉, 여러 영역에서 의미심장한 사회적 · 하부구조적 혁신이 있었지만, 지구적 상호작용의 범위는 이용 가능한 기술의 한계로 인해 크게 제한을 받았다. 더 나아가 이 시기의 세계화는 주로 유라시아 대륙 내의 지역 간 · 문명 간 교류라는 특징이 있었다. 오세아니아와 아메리카는 자율적인 문명으로 남아 있었고, 아프리카-유라시아 대륙의 서단(대서양안 유럽), 동단(동남아시아와 일본), 남단(남부아프리카)을 한데 묶는 직접적이고 정기적인 네트워크 또는 흐름은 미미한 수준이었다(조효제, 2002).

이 시기 세계화의 하부구조(운송과 통신)는 믿을 수 없을 만큼 다양하고 불균질적이었다. 하부구조의 변화가 전혀 일어나지 않은 지역도 있었다. 변두리의 여러 지역은 제국의 중심지와 상호연결이 거의 없었으며, 여타 권력의 중심지들과는 더더욱 연결되어 있지 않았다. 제국의 크기와 규모는 제국의 인프라가 미치는 범위를 상당 부분 제한하였다. 따라서 이 시기에는 지역 간 · 문명 간에도 제도화된 조정의 형태가 거의 출현하지 않았다.

(2) 근대 초기의 세계화(1500~1850년경)

16세기 초는 근대 유럽의 핵심적 제도들이 탄생·발전하고 유럽인의 기술 및 권력이 다른 모든 문명의 기술과 권력을 능가하게 된 현상이 이어지는 유럽 국가들의 지구적 제국 창조로 인하여, '서구의 융성'이라고 일컬어지는 시대를 의미한다. 이 시기의 세계화는 유럽·아메리카·오세아니아 사이의 인구적·환경적·역학적 흐름에 의해 주도되었다. 이러한 흐름은 지속적인 정치·군사 관계와 유럽의 제국들에 의해 강화되었다. 새로운 형태의 경제적 세계화 역시 속도가 붙기 시작하였다. 유럽제국의 요지들은 지구적 상호작용으로 연결되었고, 점점 많은 교류가 이루어졌다. 유럽과 미국의 산업화 이후에 원자재·농산물·완제품의 무역이 더욱 치열해졌으며, 이와 함께 국제적 은행제도의 발전과 영국에서 아메리카로의 자본투자 흐름이 발생하게 되었다.

이 시기 대부분 동안 세계화의 하부구조(운송과 통신)는 그 이전 시대의 하부구조와 크게 다르지 않은 기술에 바탕을 두고 있었다. 유럽 내에 기계화된 인쇄술이 확산되어 문화적 교류의 순환과 밀도는 확실히 증가되었다. 이 시기 말경 철도, 기계화된 철선, 운하, 도로건설의 발전으로 원거리의 상호연결이 용이해졌다. 그러나 이러한 기술이 몇몇 핵심적인 서구국가 너머로까지 확산되지는 않았다. 세계화의 전근대적 시기에서처럼, 이 시기에 들어 초기의 접촉들과 예외적인 교류흐름은 영향력이 그다지 뚜렷이 드러나지 않았고 또 그다지 즉각적으로 효과가 나타나지도 않았다. 이처럼 근대 초기에는 유럽에서 새로운 형태의 영토가 출현하며, 이와 함께 주권을 가진 독립 국가를 감싸는, 고정된 국경이 출현하게 되었으며, 주권적 영토국가와 국민 간의 관계는 세계화가 진행되는 근대 이후 기간까지 지속적으로 발전하게 되었다.

(3) 근대의 세계화(1850~1945년경)

근대의 세계화는 지구적 차원의 정치 · 군사 관계의 엄청난 팽창과 더불어 범위가 넓고 강도가 높으며 사회적으로 중요한 의미를 가지는 경제적 세계화 유형이 생겨나게 된 시기이다. 즉, 지구적 무역과 투자가 급증하였으며, 제1차 세계대전[1] 이전 유럽에서는 인류역사상 신세계로의 대서양 간 이주가 최고조에 이르게 되었다.

이 시대의 결정적인 특징은 구미 제국들의 확장된 정치 · 군사 범위에 있었다. 그 결과 진정한 지구적 상호연결망이 창조되었다. 또한 무역과 투자가 역사적으로 최고수준에 도달하였으며, 국제적인 경제적 상호작용 및 흐름의 거대한 네트워크가 나타난 시기이다. 이와 유사한 방식으로 대서양 간 이주가 늘어나면서 이주유형도 더욱 세계화되었다. 이 당시 모든 영역에서 지구적 관계의 강도

1) 제1차 세계대전(World War I)은 1914년 7월 28일부터 1918년 11월 11일까지 일어난 유럽을 중심으로 한 세계대전이다. 제2차 세계대전이 발생하기 전까지는 단순히 세계대전(World War) 또는 대전(Great War)이라고 불렸다. 제1차 세계대전으로 병사 900만 명 이상이 사망했다. 기술 및 산업의 고도화와 전술적 교착 상태로 인해 사상자 비율이 악화되었다. 제1차 세계대전은 사망자가 가장 많았던 전쟁 중 하나이며, 참전국의 수많은 혁명 등을 포함하여 주요한 정치적 변화가 일어났다. 이 전쟁은 전 세계의 경제를 두 편으로 나누는 거대한 강대국들 동맹끼리의 충돌이다. 한쪽 편은 대영제국, 프랑스, 러시아 제국의 삼국 협상을 기반으로 한 협상국이며, 다른 한편은 독일 제국과 오스트리아-헝가리 제국이 있는 동맹국이다. 이탈리아 왕국은 독일 제국, 오스트리아-헝가리 제국과 함께 삼국 동맹에 가입되어 있었지만 동맹국에 참여하지 않았고 나중에는 협상국으로 참가하며 오스트리아-헝가리 제국을 침공했다. 이러한 동맹은 재조직되었고 더 많은 국가가 전쟁에 참여하도록 압력을 가하면서 확장되었다. 이탈리아 왕국, 일본 제국, 미국이 연합국에 가입했으며 오스만 제국, 불가리아 왕국이 동맹국에 가담했다. 궁극적으로 유럽인 6천만 명을 포함한 군인 7천만 명이 전쟁에 가담하면서 역사적으로 가장 큰 전쟁 중 하나에 동원되었다. 이 전쟁의 근본적인 원인은 신제국주의 때문이었지만, 직접적인 원인은 1914년 6월 28일 사라예보에서 오스트리아-헝가리 제국 왕위 후계자인 프란츠 페르디난트 대공이 세르비아 국민주의자 가브릴로 프린치프에게 암살당한 사건이다. 이 사건으로 인해 오스트리아-헝가리 제국이 세르비아 왕국에게 최후 통첩을 내리면서 7월 위기가 시작되었고, 지난 수십 년에 걸쳐 형성된 국제적 동맹끼리 서로 연결되었다. 수주 이내에 강대국끼리 전쟁이 시작됐고 이 분쟁은 전 세계로 퍼져 나갔다(출처: Daum 백과).

가 증가했는데, 이것은 무역, 투자 그리고 이주 영역에서 가장 명확하게 나타났다.

이 시기의 세계화는 결정적으로 제1차 세계대전 때문에 막을 내렸다. 제2차 세계대전이 일어나면서 일본과 유럽 강대국들의 지구적 제국이 대단히 약화되어 마침내 와해될 정도가 되었다. 이 자리를 대신해서 패권적인 미국이 부상하여 지구적 공치의 공식·비공식 구조를 확립하게 되었다. 이와 함께 새로운 상호작용기술 및 하부구조가 지원하는 세계화의 새로운 물결이 무정형의 제국이 아닌 영토적으로 구획된 국민국가가 지배하는 세계를 휩쓸기 시작하였다.

(4) 현대의 세계화

현대의 세계화는 제2차 세계대전[2)]의 결과, 즉 추축국의 패배, 유럽 구제국 세력의 소진, 전 세계적 세력구조를 완전히 바꿔 놓았던 미·소 냉전의 출현에 의

2) 제2차 세계대전(Second World War, World War II)은 1939년 9월 1일부터 1945년 9월 2일까지 치러진, 인류 역사상 가장 많은 인명 피해와 재산 피해를 남긴 가장 파괴적인 전쟁이다. 통상적으로 전쟁이 시작된 때는 1939년 9월 1일 새벽 4시 45분 아돌프 히틀러가 다스리는 나치 독일군이 폴란드의 서쪽 국경을 침공하고, 소련군이 1939년 9월 17일 폴란드의 동쪽 국경을 침공한 때로 본다. 그러나 또 다른 편에서는 1937년 7월 7일 일본 제국의 중화민국 침략, 1939년 3월 나치 독일군의 프라하 진주 등을 개전일로 보기도 한다. 1945년 8월 6일과 8월 9일, 일본 제국 히로시마시와 나가사키시에 미국의 원자폭탄 투하 이후 8월 15일 일본 제국이 무조건 항복하면서 사실상 끝이 났으며, 일본 제국이 항복 문서에 서명한 9월 2일에 공식적으로 끝났다. 이 결과로 동아시아에서 일본의 식민지로 남아 있던 지역들이 독립하거나 모국으로 복귀하고, 그 외에도 여러 제국들의 식민지가 독립하게 되었다. 제2차 세계대전의 전사자는 약 2,500만 명이고, 민간인 희생자도 약 3천만 명에 달했다. 2차 대전 발발전, 일본 제국은 1937년 중국 침략 때 난징 등에서 대학살을 감행하여 겁탈과 방화를 일삼으며 수십만 명의 난징 시민을 무자비하게 살해하였고, 전쟁 기간 중 포로 학살 등 여러 전쟁 범죄를 저질렀다. 또한 나치 독일은 '인종 청소'라는 이유로 수백만 명 이상의 유대인과 롬인을 학살하였다. 영국 공군과 미국 육군항공대는 드레스덴 폭격과 뮌헨 공습을 감행하여 각각 20여만 명을 살상하는 등, 전쟁과는 상관없는 민간인들의 피해도 매우 심했다. 전쟁은 크게 서부 전선, 동부 유럽 전선과 태평양 전쟁으로 구분할 수 있다. 이 외에도 아메리카, 오세아니아, 아프리카, 중동, 대서양 해역과 인도양 해역 등에서 벌어진 기타 하위 전선도 2차 대전의 전역에 포함된다(출처: Daum 백과).

해 결정적으로 형성되었다. 군사력의 군사적 관계는 지구적으로 확실한 균형이 잡혔고, 각종 무기 이전과 군사기술 이전 그리고 동맹체제가 그 뒤를 이었다. 이와 동시에 유엔과 그 핵심 제도 및 전문기구에 기반한 새로운 세계 정치질서가 출현하였고 이러한 군사적 · 정치적 관계의 지구적 구조물이 유럽 제국들의 해체와 사하라이남 아프리카, 중동 및 북아프리카, 남아시아와 동아시아, 태평양 국가들의 탈식민지화 · 독립 · 국가형성 과정을 감독하게 되었다. 1990년대에 전 세계의 정치적 기본단위는 거의 전부가 영토적 국민국가였다. 냉전이 막을 내리고 소련이 해체되면서 전 세계의 마지막 제국적 구조가 국민국가들의 새로운 결합체로 교체된 것이다.

현대의 세계화는 또한 지구적 이주유형의 변화를 불러왔다. 새로운 유형의 지구적 이주에는 난민과 망명자의 폭발적인 이동, 라틴 아메리카와 아시아로부터 북아메리카로의 이주, 중동과 남아시아에서 신흥 걸프경제권으로의 노동력 흐름 등이 포함되어 있었다. 새로운 지구적 통신 네트워크도 국경 사이를 제한 없이 넘나들면서 모든 종류의 문화적 · 사회적 상호작용의 속도와 범위가 크게 변하였다.

이러한 변화는 문화적 차원의 다른 사회적 권력 및 하부구조와 경제와 정치를 비롯한 여러 영역에서 파급효과를 일으켰다. 산업화된 생산 및 소비의 전 세계적 확산은 서구 산업혁명의 해로운 결과와 결합되어 유례를 찾기 힘든 환경세계화 형태를 낳는 결과를 초래하였다.

2. 세계화의 특징 및 문제점

세계화는 우리의 삶에 영향을 미친 가장 강력한 원인 중의 하나이다. 왜냐하면 자본, 재화, 노동, 문화, 정보가 국경을 넘어 전 지구적으로 교류 및 확산되고, 글로벌 생산네트워크의 형성과 금융체제의 세계화가 빠르게 진행되고 있기 때문이다. 따라서 세계화는 국민국가를 넘어 전개되고 우리의 삶 전체로 확산되었으며, 무엇보다 그것은 우리의 생활에서 시간과 공간의 개념을 급진적으로 변화시켰다. 지구 반대편에서 일어나는 일들도 이제는 예전보다 더 직접적으로, 또 즉시 우리 모두에게 영향을 미치고 있다.

1) 세계화의 특징

세계화의 과정은 단선적이고 일면적 과정이 아닌 중층적이며 복합적인 과정으로 이해될 수 있다. 즉, 세계화는 다양한 영역 간 · 지역 간 · 인종 간에 상이한 전개과정 속에서 진행된다. 세계화의 특징에 대해 살펴보면 다음과 같다(조미영, 2020).

(1) 사회의 지식화 · 정보화

정보기술 부분의 비약적인 발전은 자본 · 자원을 기반으로 한 문명에서 지식 · 정보를 기반으로 한 문명으로의 전환을 가속화시키고 있다. 이와 같은 지식기반 문명(knowledge-based civilization)에서 인간의 생활은 크게 변화한다. 뿐만 아니라 고도의 정보통신네트워크를 통하여 사회의 모든 관계들도 혁신적인 변화를 유발하고, 정보통신혁명은 시간과 공간을 결정적으로 압축시키고 있어 국경을 초월하여 모든 분야의 사람들을 직접 연결시키고 서로 소통할 수 있게 만드는 쌍방향적 통신 시대를 가능하게 하고 있다(이재기, 2004). 즉, 이전과는 비교할 수 없을 정도로 정보의 양과 속도가 거대해지고 또 신속해지고 있다. 그러므로 우리 생활의 거의 모든 부분이 정보화에 의하여 변화되고 있다고 할 수 있다.

이처럼 정보통신기술과 교통수단의 발달로 인해 세계는 점차 하나의 생활단위가 되어 가고 있다. 과거에 존재했던 지역들 간의 공간적 거리와 시간적 격차는 급속도로 압축되고 있다. 즉, 인적 · 물적 자본의 이동과 생활과 문화의 전파가 빠른 속도로 이루어지고 있고 지구촌이 하나의 공동체가 되어 가고 있다는 것이다.

(2) 경제 · 기술의 초국적화

세계가 시장경제로 통합되면서 기업들의 초국적화도 급속하게 진행되고 있다. 세계 경영체제를 구축한 기업들은 각 기업의 조직을 고도로 분화시켜서 최적의 투자지역을 찾아 전 세계 곳곳에 진출하고 있다. 따라서 세계화 시대의 기업들에게 있어 중요한 것은 국적이 아니라 수익성, 안정성, 성장성 측면에서의 최적의 투자지역이 된다. 상품에 있어서도 무국적 상품들이 대세를 이루며 인력 · 정보 · 상품 · 자본이 최적의 조건을 찾아 전 세계 각국을 자유로이 드나들고 있다. 과거에는 경제가 국제화한다고 해도 경제적 영토주권이 국가에 귀속되어 있었으나, 세계화 시대에서는 이러한 개념이 크게 희석되고 있다(이재기, 2004). 이러한 추세는 국민경제 상호 간에 통합성과 상호의존성을 증대시키는 방향으로 진행된다.

이처럼 교통, 정보, 통신기술의 급격한 발달은 각 나라의 국경을 넘어서는 활발한 경제적 교환을 가능하게 해 주었다. 이는 세계무역의 증가와 지구적 자본주의 또는 세계화 자본주의의 확산을 초래하였고, 초국적 기업에 의하여 계속 확장되고 있다. 기업 간의 전략적 제휴, 국제적 아웃소싱, 전속공급업자 선정, 초국적 합병 등 새로운 기업형태가 생겨나고 이들은 생산 및 통제의 집중을 가능하게 해 주었다(장신근, 2007). 이와 같이 경제적 세계화는 지구적 경제활동의 가속화로 인하여 지구촌에 거주하는 사람들 간의 경제적 삶이 향상되고, 상호 연관성에 의존하게 하는 특성을 지닌다.

(3) 문화적 세계화

문화는 끊임없이 창조되고 있다. 문화 창조는 어떤 문화에 대한 동일화와 차별화를 동시에 가능하게 해 주는 여러 제품, 가치, 실천들을 개인이 조합함으로써 이루어진다. 세계화는 문화 산물들을 전파함으로써 도시인들이 자기 자신의 하위문화를 창조하게 하고 이를 통해 다양한 소비 그룹과 소속 그룹들 내에서 자기를 구별할 수 있게 해 준다. 문화적 세계화는 개개인이 자기표현이나 소비함에 있어 무제한적으로 접근할 수 있는 공통되면서도 차별화된 가치, 스타일, 그리고 취향에 따라 선택 가능한 기회 등을 창조하는 것을 뜻한다. '하나의 문화'는 정치적 영역에 의해 형성된 물리적 영역을 점유하고 개별적 의미구성을 한정된 사회적 · 정치적 공간으로 엮어 주는 구획된 실재로서의 '하나의 사회'라는 개념과 유사하다.

전 세계의 이동성과 정보통신기술(ICT)의 혁명으로 세계화가 진행됨에 따라 세계화의 문화적 측면은 다원성에 큰 도전을 받고 있다. 당연히 받아들여지는 전통을 깨고 믿음, 가치, 그리고 선행에 대한 여러 가지 선택을 할 수 있다. 이러한 문화적 세계화는 전통과 집단에 대한 개인의 자율성을 향상시키는 유망한 세계적 문화의 출현으로 이어질 수 있다. 그러나 세계화는 전 세계 이동성과 미디어 및 기술의 확산을 통해 현대 문화의 다양성 속에서 단일 위협이 될 수도 있다.

(4) 4차 산업혁명 시대의 도래

3차 산업혁명과 맞물려 논의되기도 하는 4차 산업혁명은 여러 방면에서 다양하게 정의되고 있다. 세계경제포럼(World Economic Forum, 2016)에 의하면, 4차 산업혁명이란 "사물 인터넷(IoT), 로봇(Robot), 인공지능(AI), 빅데이터(Big Data) 등의 기술이 나노기술(NT), 바이오기술(BT), 정보기술(IT), 인지과학(CS)의 융합기술로 발전하고, 이로 인해 지능형 사이버 물리 시스템(Cyber Physical System)이 생산을 주도하는 사회 구조로의 대변혁"을 의미한다. 기획재정부(2019)에서는 4차 산업혁명을 "물리적 세계, 디지털 세계, 그리고 생물적 세계가 융합되어 경제와 사회의 모든 영역에 영향을 주는 새로운 산업시대"로 정의하고 있다. 또한 한국정보통신기술협회(2019)는 4차 산업혁명을 "인공지능(AI), 사물인터넷(IoT), 빅데이터(Big Data), 모바일(Mobile) 등 첨단 정보통신기술이 경제 · 사회 전반에 융합되어 혁신적인 변화가 나타나는 차세대 산업혁명"으로 정의하고 있다.

4차 산업혁명의 근원지 중의 하나로 꼽히는 독일은 일찍이(2011년) 미래의 급격한 변화에 대응하는 산업 차원에서의 대응책을 밝히며, 이를 '산업 4.0

(Industrie 4.0)'으로 명명하였다. 하지만 실제로 '4차 산업혁명'이라는 구체적인 용어는 2016년 1월 스위스 다보스에서 열린 세계경제포럼(WEF)의 '4차 산업혁명의 이해(Mastering the Fourth Industrial Revolution)'라는 주제의 연차 회의에서 소개되었다.

세계경제포럼(WEF)의 창립자이자 회장인 클라우스 슈밥(Schwab)은 제4차 산업혁명을 '물리적 영역, 디지털 영역, 생물학적 영역의 경계가 허물어지는 융복합 산업혁명'으로 보았다. 그에 따르면, 4차 산업혁명 시대는 사람과 사물, 그리고 공간이 인터넷으로 초연결되어 있는 시대이다. 즉, 4차 산업혁명이란 초연결과 초지능의 혁명이라고 할 수 있으며, 핵심에는 인공지능(AI), 사물인터넷(IoT), 로봇(Robot), 드론(Drone) 등이 자리한다. 4차 산업혁명의 도래로 스마트 공장과 3D 프린팅을 활용한 맞춤 생산이 늘어나면서 종전의 대량생산 체제가 다품종 소량 체제로 더욱 가속화되고 있다.

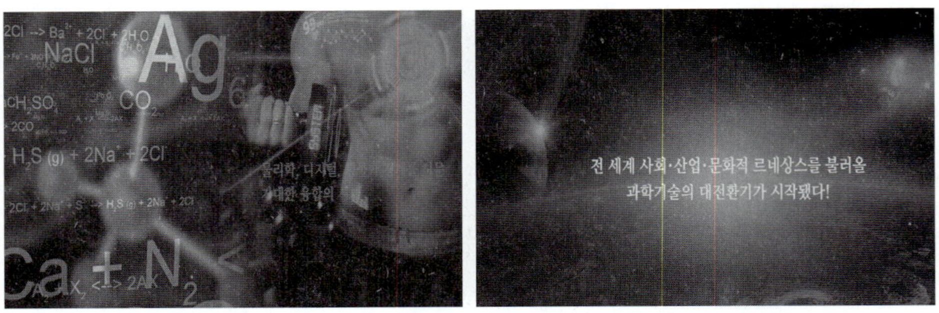

출처: YouTube(세계경제포럼 회장 클라우스 슈밥 '제4차 산업혁명'의 시대를 선언하다!).

2016년 다보스 포럼의 연설에서 슈밥은 4차 산업혁명의 대표적 특징을 다음과 같이 제시하고 있다(Schwab, 2016). 첫째, 4차 산업혁명 시대의 속도는 선형적인 방식이 아니라 기하급수적으로 진행된다는 것이다. 둘째, 4차 산업혁명의 범위는 매우 포괄적으로 특정 분야에 국한되는 것이 아니기 때문에 모든 국가적 · 기업적 산업 등이 포함될 것이다. 셋째, 4차 산업혁명의 영향은 산업구조 일부만이 아니라, 산업 시스템 전반, 예를 들어 생산, 관리, 거버넌스 등 모든 분야에 영향을 준다는 것이다.

4차 산업혁명의 특징을 이야기하면서 슈밥은 이 혁명은 이전과는 달리 인간의 정신적 · 육체적 활동에만 영향을 주는 것이 아니라 인간의 정체성 그 자체마저 바꾸어 갈 것이라고 주장하였다.

스위스 세계경제포럼의 창립자이자 회장인 클라우스 슈밥은 『제4차 산업혁명(2016)』이란 저서에서 4차 산업혁명 시대의 인재는 상황맥락지능(정신), 정서지능(마음), 영감지능(영혼), 신체지능(몸) 등의 4가지 지능을 갖추어야 한다고 주장하고 있다. 구체적으로 상황맥락지능(정신)은 인지한 것을 잘 이해하고 적용하는 능력을 의미하고, 정서지능(마음)은 생각과 감정을 정리하고 결합해 자기 자신 및 타인과 관계를 맺는 능력을, 영감지능(영혼)은 변화를 이끌고 공동의 이익을 꾀하기 위해 개인과 공동의 목적, 신뢰성 및 여러 덕목 등을 활용하는 능력이며, 신체지능(몸)은 개인에게 다가올 변화와 구조적 변화에 필요한 에너지를 얻기 위해 자신과 주변의 건강과 행복을 구축하고 유지하는 능력을 의미한다고 주장한 바 있다.

출처: YouTube(세계경제포럼 회장 클라우스 슈밥 '제4차 산업혁명'의 시대를 선언하다!).

2) 세계화의 문제점

세계화는 근대화의 긍정적 효과를 교통과 통신 그리고 과학기술의 혁명적 발전을 통해 지구적으로 확산시키는 반면, 동시에 '위험 사회(risk society)'의 여러 측면들을 전 지구적인 차원으로 파급시키는 부정적인 요인으로 작용할 수 있다. '위험'은 산업사회가 진행됨에 따라 풍요와 부를 획득함에 있어서 단지 하나의 부수적이거나 예외적인 것이 아니라 체계적으로 확대되고 재생산되었다. 그 결과 인류의 역사에서 거대한 풍요를 가져왔던 근대산업 사회의 구조와 원리가 이제는 반대로 인류를 파괴와 멸망으로 이끌어 갈 수 있는 재앙의 사회적인 근원으로 변질되어 버렸다. 세계화의 문제점에 대해 구체적으로 살펴보면 다음과 같다(조미영, 2020).

(1) 불평등과 빈곤으로 인한 양극화

지구상에 존재하는 60억 명의 인구 중에 거의 절반에 해당하는 인구(26억 명 정도)는 생계를 위해 하루에 2달러도 안되는 돈을 벌고 있고, 5분의 1은 1달러에도 미치지 못하는 돈을 벌고 있다. 세계 전반에 걸쳐, 세계화는 여전히 생활수준을 높이지 못하고 있다. 지금까지의 지표들을 보면, 앞으로도 생활수준을 높이기는 쉽지 않아 보인다. 세계 자본주의는 일반적으로 다수를 위한 장기적인 사회이익을 위한 것이라기보다는 오히려 소수에게 이익이 되는 단기간의 이윤을 지향하는 경향이 있기 때문이다.

오늘날 한국사회는 불평등과 경제 양극화로 인한 총체적 위기를 맞이하고 있다. 신자유주의 세계화라는 격랑에 휘말린 한국사회는 심각한 경제 양극화와 이로 인한 사회적 갈등이 심화되어 가고 있다(장윤재, 2016). 특히 심각한 저출산, 고령화로 인해 인구구조가 변화하면서 양극화의 문제는 더욱 심해질 것으로 우려되고 있다. 이와 같은 한국사회의 급속한 양극화는 정치 갈등을 유발하며 사회통합의 걸림돌로 작용하고 있다. 무엇보다 양극화로 인한 경제문제는 자살, 실업, 청소년 문제, 범죄, 이혼, 계급 재생산 등의 여러 사회문제에 영향을 끼칠 수 있고 정치적으로는 민주주의의 사회적인 기반을 약화시킬 수 있으므로 심각한 문제라고 할 수 있다. 세계화를 단지 경제적인 현상으로만 이해할 수 없는 것은, 세계화가 한 국가의 경제, 사회, 문화, 정치 등의 거의 모든 영역에 영향을 주고 있기 때문이다.

(2) 무한경쟁의 심화

'경쟁'이라는 단어는 어의적으로 '함께 추구한다'라는 뜻을 내포하고 있다. 경쟁의 논리가 기술적인 진보와 생산성의 향상을 가져오는 데 큰 기여를 했다는 것은 인정할 수밖에 없는 사실이다. 인간의 욕구 수준을 지속적으로 높여 감으로써 새로운 창조와 진보를 가능하게 한 것이다. 정치적인 측면에서도 그러한데, 경쟁 심리는 민주주의 발전에 있어 핵심적인 동인이었다. 정치적 의지를 관철시키고자 하는 이익집단이나 정당 간의 열띤 경쟁을 통하여 민주주의가 뿌리내릴 수 있었다.

그러나 나라마다 사회와 경제의 상호의존적 측면과 불평등한 권력구조가 강화될수록 경쟁의 파급효과는 더욱 확산되어, 특정 분야에 국한되지 않고 전 분야에 걸쳐 경쟁 관계가 형성되었다. 이 같은 추세가 심화되어 경쟁을 통한 범세계적 패권 지배의 가능성이 더욱 커지고 있다. 시너지 효과를 위해 '함께 추구한다'라는 의미의 경쟁 개념이 '승자가 모든 것을 지배한다'라는 개념으로 변질된 것이다.

이처럼 경쟁자본주의가 지배 이데올로기로 부상하게 될 때, 시장 규제완화와 자유화 추세 속에서 개별 민족국가의 정부는 더 이상 금융·산업 분야의 역동성을 통제하지 못하게 된다. 또한 금융·산업 분야에서 독점구조가 점차 확산되는 추세를 보이며, 노동보호법이나 사회보장제도가 와해된다. 빈익빈 부익부가 심화되고 절대 빈곤층이 갈수록 증가할 것이며, 환경보호를 위한 정부 간 규제가 연기되거나 무효화가 될 수 있다.

(3) 문화의 균질화와 다문화

세계화의 진전에 따라 문화의 중요성이 더욱 커지고 있다. 근로시간이 단축되면서 근로자의 여가시간이 증가하고 자아실현에 대한 개인적 욕구와 문화 활동에 대한 요구가 확대되면서, 문화는 개인적 삶의 부차적인 영역이 아닌 중심적인 영역이 되어 가고 있다. 즉, 문화생활의 영위가 개인적 삶의 질(quality of life)을 결정하는 핵심적인 요소가 되고 있다고 할 수 있다.

한국사회의 다문화성은 어느 다문화사회와 마찬가지로 인종적, 문화적, 종교적 다양성을 가진 외국인의 국내 유입으로 본격화되었다. 한국 내의 미군주둔으로 인한 미국인의 유입과 한국 경제가 발전함에 따라 외국인 투자자들의 국내 방문과 거주가 늘어나고 영어교육의 과열로 인한 영어 원어민의 국내 유입이 가속화되는 등 외국인의 증가가 이루어지게 되었다. 1990년대 중반부터 결혼이민의 증가로 인해 다문화가구 혹은 가족에 대한 관심이 점차 높아지기 시작하였다.

오늘날 한국사회는 다양한 분야에서 '세계 속의 한국'을 지향하면서 많은 노력들을 기울이고 있다. 그러나 동시에 이주민의 형태로 현재 우리 안에 들어와 있는 다양한 세계들에 대해서도 주의 깊게 살펴볼 필요성이 있다. 그리고 이러한 다문화 상황에서 사회의 구성원들에게 새롭게 요구되는 과제가 무엇인지 고민하고 대안을 모색하며, '단일민족으로서의 우리'만이 아닌 '세계시민으로서의 우리'로 살아가기 위해 관련 주체들의 내부적 사회통합에 대한 노력도 이루어져야 한다. 그런 의미에서, 사회의 통합과 안정을 유지하면서도 내부의 다양성을 인정하고 상생의 관계로 발전하기 위한 다문화교육의 필요성은 자연스러운 일이다.

(4) 지구환경의 위기

세계화는 경제를 비롯하여 정치, 사회, 문화 등 모든 영역에서 다양한 행위주체 간에 상호의존성이 심화되고 있는 가운데, 그에 따라 더불어 풀어야 할 공통의 문제도 점점 더 많아지고 있다. 가장 절박한 문제가 바로 환경문제인데, 지구 온난화, 오존층의 파괴, 생태계 파괴와 생물종의 감소, 그리고 이상기후의 만연 등 고도의 산업화 과정에서 생겨난 지구환경의 위기는 현대문명과 인류의 생존자체를 위협하고 있다.

이처럼 '환경적으로 건전하고 지속가능한 발전'이 세계화 시대에 있어 전 세계적 과제가 되고 있다. 이러한 과제의 달성을 위해서는 각국의 생산시스템을 포함한 전반적인 경제시스템과 각 개인의 소비양식이 효과적으로 에너지를 소비하면서 환경 친화적으로 전환되어야 한다. 더불어 지식정보문명의 성과를 환경문제의 해결에 있어 폭넓게 이용하는 것이 중요하다. 예를 들어, 공해를 유발하지 않는 깨끗한 기술과 녹색환경산업의 중요성을 부각하며 각국은 이를 위한 장려를 위해 전력을 기울이는 것이다. 이러한 노력들이 이루어지기 위해서는 환경문제에 대한 경각심도 필요하지만, 더 근본적으로는 자신이 살아가고 있는 터전에서 어떻게 평화롭게 관계할 것인가에 대한 질문과 고민이 함께 이루어져야 할 것이다.

바다 거북이들 '최후의 만찬'…10마리 중 8마리 뱃속서 발견된 이것

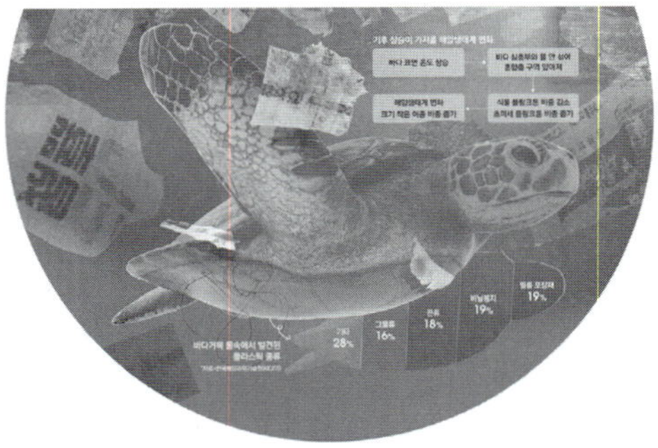

비닐, 전단, 그물망, 낚싯줄…. 최근 이 같은 쓰레기가 발견된 곳은 어디일까. 정답은 한국 연안에서 폐사한 바다거북의 사체다. 한국해양과학기술원 등은 2017년부터 바다거북 폐사체를 부검해 온 결과 34마리 가운데 28마리에게 총 1,280개의 플라스틱이 발견됐다고 밝혔다. 플라스틱의 종류도 다양했다. 필름 포장재와 비닐봉지가 각각 19%, 끈과 그물류는 각각 18%, 16%로 나타났다. 쓰레기에는 한글이나 중국어, 베트남어 등이 쓰여 있었다. 주로 한국 연안에서 바다거북이 플라스틱을 삼킨 것이다. 초식성 바다거북에게서는 섬유형 플라스틱이, 잡식성 바다거북에게서는 필름형 플라스틱이 주로 발견됐다.

홍상희 한국해양과학기술원 책임연구원은 "초식 바다거북에게서는 해조류와 자주 엉키는 그물이나 바늘이 나온다. 해파리를 많이 먹는 바다거북은 비닐을 보면 해파리를 봤을 때와 비슷한 움직임을 보인다는 연구 결과도 있다"고 설명했다.

이어 "이러한 플라스틱 하나하나가 바다거북의 위장이나 소화기관에 구멍을 낼 수 있다"면서 "플라스틱이 위장에 가득 차면 포만감을 느껴 바다거북이 다른 먹이활동을 하지 않으며 영양이 부족해지는 결과로 이어질 수도 있다"고 설명했다. '생명의 원천' 바다가 위기다. 사람이 버린 쓰레기와 대규모 저인망 어업, 그리고 기후변화로 인한 수온 상승은 한반도 연안 바다의 해양생태계를 뒤흔들고 있다. 대표적인 '밥반찬' 어종으로 꼽혔던 명태는 이미 귀한 몸이 된 지 오래다. 2014년 해양수산부 등은 살아 있는 명태 1마리에 50만 원이라는 현상금을 내걸기도 했다.

지난해 한국의 대표적인 과학기술 석학기관인 한국과학기술한림원은 '해양환경보호 성명서'를 국제한림원연합회(IAP) 성명서로 공식 발표했다. 이들은 바다가 다시 회복되기 위해 해결해야 할 과제로 △해양 건강성 악화 △서식지 파괴 △환경오염물질 △기후변화 △남획을 제시했다. 성명서 작성을 주도한 김수암 부경대 교수는 "우리나라가 위치한 북서태평양 지역은 대단히 특이한 지역"이라면서 "다양한 해양생물이 풍부하게 서식하고 있으며 세계 최고 수준의 해양 생산력이 나타나는 곳"이라고 설명했다.

이어 "그러나 세계 인구의 25%가 밀집해 있어 강을 통한 쓰레기 배출 또한 세계 최고 수준이다. 지역이 급격하게 산업화되며 오염물질의 해양 배출도 대단히 많다"고 덧붙였다.

정희영 기자

입력: 2022-09-26 17:03:03 수정: 2022-09-27 13:16:11

(5) 4차 산업혁명의 윤리문제

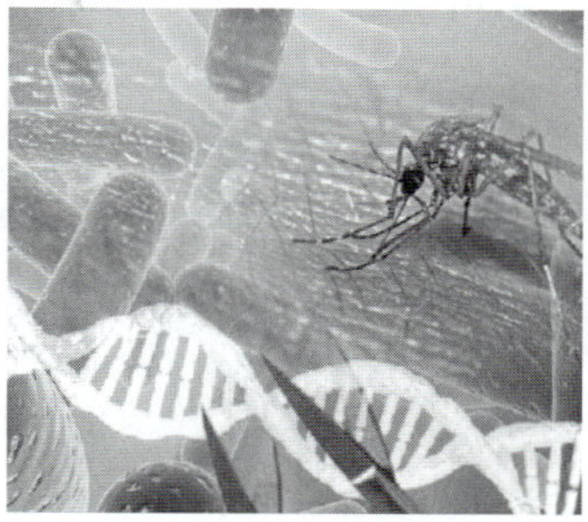

지구를 근본적으로 재창조할 수 있다는 과학적 파워가 먼 미래의 일이 아닌 것처럼 느껴지는 시대가 눈앞에 펼쳐지고 있다. 정보기술 및 인공지능의 발전은 유전학·생식기술·신경과학·합성생물학 등의 생물학 및 물리학의 발전과 결합해 깜짝 놀랄 시너지효과를 보이고 있으며 4차 산업혁명으로 인정받고 있다. 이 새로운 힘은 질병의 예방과 치료, 농업생산 개선, 삶의 질 증대 등 여러 면에서 획기적 변화를 이끌 가능성을 가지고 있다. 하지만 기술은 가치중립적인 것이 아니며 4차 산업혁명도 마찬가지다. 따라서 4차 산업혁명에서 발생할지 모를 윤리적 및 사회적 영향에 대한 논의가 반드시 필요하다.

미국 기업 일루미나(게놈 분석장비 제조업체)는 인간 게놈 프로젝트 이후 10여년 만에 개인유전자 분석의 대중화시대를 열었다. 불과 1,000달러만 내면 내 몸에 있는 유전정보가 해독되고, 이 유전정보에 따라 질병진단 및 약물처방이 가능해진 것이다. 개인 유전정보 분석 및 저장, 건강 데이터 전송 및 분석 그리고 진단에 인공지능 활용, 3D 프린터를 통한 신체기능보완 등 바이오테크 혁신으로 보건의료 환경에 엄청난 변화가 발생할 것으로 전망된다. 분명해진 것은 생명체를 인간이 의도한 대로 조작 가능한 시대가 열린 것이고, 이러한 변화와 함께 새로운 윤리문제도 제기된다. 생명윤리 관련 이슈를 선도하는 연구기관 미국 해스팅스센터(Hastings Center)는 "4차 산업혁명의 4대 윤리문제"를 제기하며 섣부른 접근에 경고장을 보내고 있다(국민권익위원회, 2017).

① 기술개발이 최우선인가

우리는 자율적으로 개발되는 치명적인 살상무기나 군용로봇의 금지 가능성을 묻지 않을 수 없다. 지금까지는 인간이 의사결정과정에 관여하지 않고 치명적인 살상무기가 자체적으로 목표물을 선정하여 파괴한 기록은 찾아볼 수 없다. 하지만 많은 전문가들은 전 세계적으로 금지령이 곧 제도화되지 않으면, 가까운 미래에 이런 전망이 현실화될 것으로 보고 있다. 전쟁이 발발했을 때 군용로봇의 활용과 알고리즘 기반의 살상여부 결정 금지 등은 글로벌 차원에서 반드시 사회적 합의를 이뤄야 할 부분이다. 지구온난화를 포함한 기후변화가 문제되면서 행성조건을 바꾸는 기술이 사용되고 있다. 이것은 집단적인 접근이 필요한 글로벌 이슈이다. 왜냐하면 어떤 나라에는 유리한 기후환경을 만들 수 있지만 다른 나라에는 해로운 기후변화를 가져올 수 있기 때문이다. 기술력만으로 모든 것이 해결되지 않고 글로벌 차원에서 윤리적인 기준에 따른 판단이 요구되는 지점이라고 할 수 있다.

② 기술진화는 어떤 목적에 사용되어야 하나

제4차 산업혁명에서 기술은 인간의 다양한 증강(능력향상)을 제공할 것이다. 기술진화는 질병 제거에 초점을 맞출 수도 있고, 운동능력 증대, 기억력 증대, 공격적 행동 감소 등 우리가 증대하거나 감소시키고 싶은 능력까지 그 범위를 확대할 수 있다. 따라서 우리가 고민해야 할 지점은 증강에 대한 일반적인 지지나 금지가 아니라 각 사례별로 인간의 번영을 앞당길 수 있는지, 또는 후퇴시킬지를 면밀히 검토하는 것이다.

③ 기술발전은 어떻게 진행되어야 하나

이것은 기술연구가 어떻게 진행되어야 하고 세상 속에 어떤 방식으로 개입하느냐의 문제이다. 미국 국립과학아카데미는 최근 유전자 드라이브를 사용할 때 사전예방조치를 취하도록 하는 획기적인 보고서를 발표했다. 유전자 드라이브는 크리스퍼 유전자 가위(CRISPR-Cas9)를 통해 특정 야생 동식물의 전체 개체에 특정 유전 요소를 기하급수적으로 퍼뜨릴 수 있는 기술이다. 2012년 개발된 크리스퍼 유전자 가위는 유전자를 자르고 붙이는 유전자 조작에 사용되는데, 이 기술을 활용해서 말라리아와 지카 바이러스처럼 인간에게 질병을 가져오는 매개체인 모기를 박멸시킬 수 있을 것으로 알려져 있다.

국립아카데미의 보고서는 유전자드라이브 기술개발을 권장하지만 조작된 유기체가 야생상태에 방출되기 전에 실험실이나 소규모 현장 연구에서 신중하게 진행될 것을 요구하고 있다. 이는 생명윤리를 다루는 기업이 철저한 검증을 거치지 않고 잘못을 저지를 경우, 생태계 교란이라는 생태환경 재앙을 일으킬 수 있기 때문에 생태윤리를 기업윤리의 제일 덕목으로 고려해야 한다는 점을 강조한 것이다.

최근 미국, 영국, 스웨덴 등에서는 크리스퍼 유전자 가위를 이용해 에이즈(HIV), 암, 혈우병, 선천성 안질환 등의 질병 치료 연구가 활발하게 진행되고 있다. 중국에서도 이미 배아세포에 빈혈을 일으키는 변이 유전자를 절단하거나, HIV 질환 면역 수정란을 만드는 데 성공했으며, 성인 폐암 환자를 대상으로 임상시험을 실시한 바 있다. 크리스퍼 유전자 가위는 미래 의료분야의 혁신을 주도할 기술이 분명하지만 오남용과 폐해를 최소화하려는 사회적 합의도 동시에 마련되어야 한다.

④ 현장에서 규범준수 여부의 모니터 문제

연구 및 기술 확산에서 고려해야 할 여러 측면의 가이드라인이 있지만, 그 준수여부를 모니터하거나 상습적 위반자의 책임을 추궁할 능력은 가이드라인에 미치지 못한다. 예컨대, 몇몇 유독성 화학물질 관리를 위한 상식적인 규정이 있지만, 규제담당자가 화학물질 현장을 조사·감시하기에는 재정이 매우 불충분한 실정이다. 21세기에 규제당국과 기업의 협력 메커니즘이 중요하며, 필수적인 규제가 필요한 영역과 이를 강제하는 방법을 잘 파악해야 할 것이다.

3. 인구이동

1) 인구이동의 정의 및 유형

유엔(UN)에서는 인구이동을 '지리상 단위 지역 간의 유동성, 즉 공간적 유동성의 하나의 형태이고, 일반적으로 출발지에서 목적지까지의 주소변경을 하는 것'이라고 규정하고 있다(한주성, 2015). 국내 연구들에서의 정의도 이와 유사한데 '사람들의 지역 사이의 움직임으로, 특정 출발지로부터 특정 목적지로의 영구적 내지 반영구적인 주거지의 변경'을 인구이동으로 정의하고 있다.

인구이동은 유출지와 유입지의 개념이 포함된 단위 지역을 넘어서는 이동이라는 점에서 단순한 주거지의 이전과 구분되며, 특정 지역을 기준으로 유출과 유입을 합한 이동을 총인구이동, 유입에서 유출을 차감한 이동을 순이동이라 한다. 이러한 인구이동은 먼저, 이동의 경계를 기준으로 국내 인구이동, 국제 인구이동, 초국가적 인구이동으로 크게 구분된다.

다시 말해 인구이동(human migration)은 경제적 · 지리적 · 인구학적 요인에 의해 인구가 한 지역에서 다른 지역으로 이동하는 현상을 의미한다. 또한 영구적인 이동에서부터 유목민의 주기적인 이동까지를 총칭한다 인구이동의 유형은 자신이 원하지 않음에도 불구하고 이루어지는 무력, 침략, 정복에 의한 식민지 정착과 노예제를 포함하는 강제적 이동, 경제적 활동의 필요성에 의한 상업적 이동, 자연재해로 인한 대피를 목적으로 하는 일시적 이동 등 다양하다. 그러나 현대에 있어서의 인구이동은 경제적 · 사회적 목적을 위하여 개인이나 가족이 이동하는 것을 의미힌다(김성혁 외, 2019).

2) 인구이동의 역사

세계적인 인구이동의 역사는 인류가 시작되면서 비롯되었다고 할 수 있다. 그러나 국경이라는 개념이 형성되면서 인구의 이동은 통제를 받기 시작하였으며, 19세기 후반 이후 대규모의 인구이동은 〈표 3-2〉와 같이 세 번에 거쳐서 이루어졌다고 할 수 있다(김성혁 외, 2019).

표 3-2. 19세기 이후 대규모 인구이동의 역사

구분	내용
19세기 후반	19세기 후반 서유럽에서 농업과 공업에 새로운 기술이 도입되면서 실업자가 급증하게 되자 약 3,500만 명 정도의 많은 농민과 수공업자들은 새로운 삶의 터전을 찾아 아메리카, 러시아, 오세아니아로 이주하게 되었다.
산업혁명	산업혁명으로 인한 인구이동이다. 서유럽에서 시작된 산업혁명의 영향은 서유럽인들을 이동시키는 것에서 끝나지 않았다. 서유럽의 공장에서 기계에 의해 값싸게 생산된 공업 제품이 아시아로 수출되면서 수많은 아시아의 농민과 수공업자들이 실업 상태에 빠지게 되었다. 당시에 아시아의 농민은 가내 부업으로 공업 생산을 겸하는 수준에 머물고 있었으므로 값싸게 수입되는 서유럽의 공업 제품과 상품 경쟁 · 가격 경쟁에서 크게 뒤질 수밖에 없었고, 이로 이해 많은 실업자가 발생하게 되었다. 따라서 19세기 후반부터 20세기 전반에 이르기까지 약 6백만 명의 인도인이 실론과 동남아시아 그리고 라틴 아메리카로 이동했으며, 그와 비슷한 수의 중국인이 동남아시아로 이주하게 되었다.
2차 세계대전	세 번째 인구이동은 2차 세계대전 이후에 일어났다. 그 이전의 인구이동은 주로 농업 경영을 목적으로 하여 이루어졌으므로 인구 밀집 지역에서 인구 밀도가 낮은 지역으로 이동하는 형태를 보였다. 하지만 이 시기에는 후진 공업국의 실업자가 공업 노동자가 되기 위하여 신진 공업국으로 이동하는 형태를 보였으며, 대표적인 사례로 라틴 아메리카인과 아시아인의 미국으로의 이동, 아랍인의 서유럽으로서의 이동, 동북아시아인의 일본으로의 이동이 있다.

현재 세계적으로 이주한 인구는 약 2억여 명으로 알려지고 있다. 과거에는 무력으로 이주했던 것과는 달리 현대는 자본의 힘과 경제적 차원에서 이주하는 시대이다. 유엔(UN)에 따르면, 2017년 기준의 전 세계 이주자는 2억 5,800만 명으로 2000년보다 50% 증가한 것으로 보고되고 있다. 미국에 사는 이주자는 5,000만 명으로 가장 많지만, 사우디아라비아와 아랍에미리트(UAE), 인도 등이 상위권으로 나타났다. 전체의 30% 정도인 약 8,000만 명이 중동을 포함한 아시아에 살고 있다. 1990년대에 미국에 이주한 외국인은 1,160만 명으로 전 세계 신규 이주자의 거의 60%가 미국으로 이주했다. 하지만 2000년대에는 940만 명, 2010년대에는 560만 명으로 감소하고 있다. 이와 대조적으로 아시아의 경우, 1990년대에는 겨우 100만 명이 넘는 정도였지만 2000년대에는 1,670만 명, 2010

년대에는 1,370만 명으로 꾸준히 증가하고 있는 실정이다.

국가별로 2000년 이후의 신규 이주자를 살펴보면, 동남아시아에서는 태국의 230만 명을 필두로 말레이시아와 한국이 그 뒤를 잇고 있다. 태국과 한국은 2020년 전후에 15~64세의 생산연령 인구가 감소세로 전환되고 있어, 해외로부터 노동력을 통해 인력부족을 보완하고 있는 추세이다. 일본에 사는 외국인도 2017년말 기준 256만 명으로, 2010년 전보다 50만 명 가까이 증가한 것으로 나타났다.

이주자의 출신국도 아시아 국가가 많다. 가장 많은 1,660만 명의 이주자를 배출한 나라는 인도이다. 인도인 이주민의 거의 20%가 살고 있는 곳은 아랍에미레트(UAE)로 인구의 30%가 인도 노동자들이다. 인도 이외의 배출국으로는 중국(1,000만 명), 방글라데시, 시리아가 상위를 차지하고 있으며, 파키스탄, 필리핀도 대량의 이주민을 배출하고 있다. 최근 아시아에서 아시아로의 이주가 크게 늘고 있는 점도 하나의 특징이다. 아시아로 이주한 아시아인은 2017년 기준 6,300만 명으로 2000년에는 전 세계 이주자의 약 5명 중 1명이 아시아 지역으로 이주했지만 2017년에는 4명 중 1명으로 상승했으며, 아시아 출신자 중 유럽으로의 이주 비율은 24%에서 19%로 감소한 것으로 나타났다.

3) 한국인의 해외이주 현황

2017년부터 2023년까지의 한국인의 해외이주신고자 현황을 살펴보면([그림 3-1]), 해외이주자는 국내에서 해외이주신고를 한 후에 출국한 경우와 신고 없이 출국하여 거주 여권을 신청·발급받는 경우, 출국한 후에도 신고를 하지 않는 경우 등이 모두 포함된다. 1990년대 이후 한국인의 주요 이주 국가로는 미국,

캐나다 등 북미 지역이 주류를 이루고 있는데, 그 주요 원인으로는 영어를 사용하는 선진국으로서 자녀교육, 직업 선택의 폭, 기후, 종교 등의 측면에서 생활여건이 양호하고, 이미 많은 동포가 진출하여 한인 커뮤니티(community)를 형성하고 있어 현지 정착이 용이하기 때문인 것으로 추정하고 있다. 2023년에는 해외이주신고자는 전체적으로 3,699명이며, 미국 1,683명, 캐나다 803명, 호주 282명, 뉴질랜드 234명 순으로 나타났다.

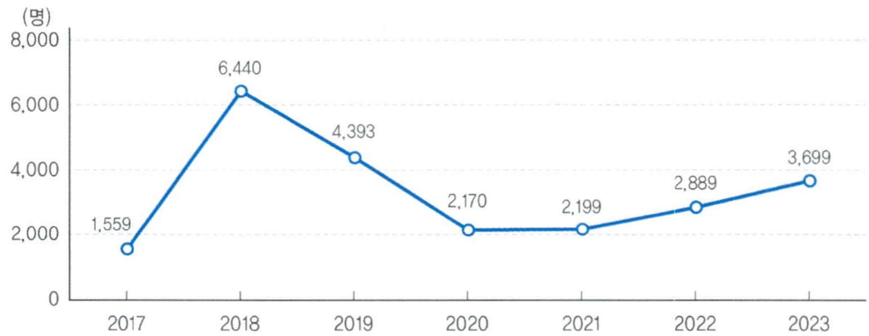

(단위: 명)

	2017	2018	2019	2020	2021	2022	2023
계	1,559	6,440	4,393	2,170	2,199	2,889	3,699
미국	986	3,258	2,047	1,045	1,066	1,302	1,683
캐나다	236	1,160	888	401	483	710	803
호주	108	552	397	178	151	156	282
뉴질랜드	41	256	158	87	58	167	234
기타	188	1,214	903	459	441	554	697

그림 3-1. 해외이주신고자 현황

주석: • 2017.12.21.부터 개정 해외이주법이 연고이주자, 무연고이주자 외에 현지이주자도 신고하도록 함에 따라 2017년 통계부터는 연고이주, 무연고이주, 현지이주를 모두 합친 수치임(단, 2017년도의 경우, 2017.1.1.~12.20.간 이주목적 거주여권 발급자 수치(3,220명)는 포함되지 않음).

• 2016년 이전 해외이주자 통계는 참고통계표를 참조 바람.

• 기존에는 이주일자를 기준으로 작성하였으나, 이주일자로 작성 시 매년 수치가 변동되어 신고일 기준으로 변경.

출처: 재외동포청(2024). 해외이주신고.

최근 한국인의 해외이주 양상은 점차적으로 경제적인 이유나 실업으로 인한 구직을 위한 것에서 자신에게 더 적합한 사회를 찾아 이동하는 양상으로 변화되어 가는 특성을 보인다. 이와 같은 인구이동 양상은 세계적인 차원에서나 한국의 이민사에서나 새로운 이주 현상으로 드러나고 있으며, 이와 같은 추세는 더욱 가속화될 것으로 보인다. 그러나 이와 같은 인구이동을 외압으로 억제할 수 없기 때문에 근본적인 문제해결을 위한 정책을 통해 인구이동이 우리사회에 초래할 충격에 대해 적절히 대응할 필요성이 제기되고 있다.

4. 세계화 시대의 문화 혼종성과 정체성

1) 세계화 시대의 문화 혼종성[3)]

세계화 시대에서의 세계화란 '정치, 경제, 문화, 기술의 모든 분야에서 공간과

3) 혼종성(hybridity)이라는 용어는 생물학에서 기원하였다. 라틴어에서 생겨난 이 용어는 암돼지와 야생 수돼지 사이에서 태어난 새끼를 가리킨 것이 그 기원이었다. 17세기 초에는 인종주의적인 의미로는 사용되지 않았으나, 19세기에 들어서면서부터 처음으로 인간과 관련되어 서로 다른 인종 간의 교배를 지칭하는 것으로 사용되었다. 당시 이는 근본적 순수성을 더럽히는 것으로 인식되어졌다. 또한 인종 간의 혼성과 연결된 문화적 혼종으로도 확장 사용되면서 문화의 위험과 타락, 파멸로 인식되어 부정적인 반응을 창출하게 되고, 20세기 중반 이후 혼종성이라는 용어는 학문적 담론은 물론 일상어에서도 거의 사라지게 되었다. 그러나 이는 20세기 말의 문화연구에서 새롭게 조명되어 재등장하게 되었다. 과거와는 달리 오늘날의 개념은 생물학적 의미와 인종주의적 의미에서 완전히 탈바꿈해서 문화이론의 용어로 사용되고 있다. 현재 이러한 혼종성 개념은 현대문화연구에서 본질주의적 문화이해의 약화와 퇴거 현상과 맞물려, 문화나 민족·국민(nation), 종족(ethnic)이란 현상과 관련해서 본질주의 시각에 맞서는 핵심개념으로 부상하고 있다.

인간이 세계적 차원으로 확장, 통합되어 나아가는 현상들'을 가리키는 용어이다. 세계화는 자본, 노동, 상품, 서비스 등이 국경을 넘어 교류되는 과정에서 국경을 초월한 경제, 정치, 사회, 문화 관계의 심화 현상을 가져온다. 구체적인 예로 경제적 차원에서는 국제적 무역 및 생산의 확대, 자본이동의 심화 현상을, 정치적 차원에서는 정부들 사이의 협력과 갈등, 국제 정부 및 비정부조직의 증대 현상을, 사회적 차원에서는 국제이주와 관광객의 증가, 난민과 외국인노동자의 출현 현상을, 그리고 문화적 차원에서는 '지구 의식(global consciousness)'의 등장과 '세계의 압축(compression of world)' 현상 등을 들 수 있다(임현진, 2011). 따라서 세계화 시대는 이주자의 네트워크를 강조하는 초국가주의, 국가의 역할을 강조하는 글로벌주의, 종족에 초점을 둔 다문화주의를 모두 아울러 포괄하고 있다.

1970년대부터 세계적 차원에서 전개되는 금융, 정보, 재화, 사람의 이동을 의미할 때 초국가적이란 용어가 등장하여, 1990년대 초반부터 국경을 가로지르는 이주를 설명할 때 초국가적 이주라는 용어가 본격적으로 사용되었다. 초국가적 이주 연구를 수행하기 위해서는 '초국가주의와 정체성'에 관심을 가져야 한다. 특히 개인의 소속감과 장소에 대한 애착에 관심을 갖고 이주자의 이중 또는 다중 정체성의 특성을 여기와 저기에 동시에 연결되는 탈중심화된 소속감의 맥락에서 접근할 필요가 있다. 이주자로 하여금 다중 정체성을 갖게 하는 것은 여기에 살면서 저기와 연결될 수 있다는 생각인데, 이주자가 처한 로컬과 글로벌 상황에서의 억압적 환경은 한 장소에 고착되어야 한다는 감정을 부정하면서 역사, 공동체, 자아에 대하여 다중성을 갖게 하고, 이는 결국 초국가적 연결을 실천하고 유지하게 하는 토대가 되기 때문이다.

초국가적 이주의 특징은 이주에 의한 장소 변화를 다루기보다 이주자의 삶의 관계를 강조하는 경향이 있다(이용균, 2017). 초국가주의가 확대되면서 국가 간의 자유로운 이주, 모국과 거주국 간에 형성된 다양한 네트워크, 다양한 문화와 정체성이 혼종하는 다문화가 증가하였으며, 세계의 문화에서 혼종성은 보편화로 자리매김하게 되었다. 즉, 초국가주의는 혼종성으로 연결지어 생각해 볼 수 있다.

현대사회의 혼종성의 보편화에 대한 대표 이론으로는 호미 바바(Homi Bhabha)의 이론을 꼽을 수 있다. 그는 대규모의 지리적 이동과 각기 다른 사람들 간의 섞임을 통해 새롭고 전환적이며, 혼성적인 정체성이 등장하게 된다고 주장한다. 호미 바바의 문화 혼종성의 이론에 따르면 '문화란 통일적이고 확정적인 것으로 전승되고 유지되는 것이 아니라 그 차이들 간의 교섭의 장으로 이해되어지는 것'이다. 그는 성찰의 출발점을 이루는 동질적 민족문화와 그 면면한 전통, 그리고 이와 결부된 종족적 집단 등의 개념은 점차 신빙성을 잃고 있으며, 인간 공동체와 그 문화의 개념이 철저하게 수정될 필요가 있다고 진단하였다.

따라서 문화란 결코 통일적이고 확정적인 경계와 함께 전승되고 유지되는 것이 아니며, '차이를 벌이는 교섭(negotiation)의 장(field)' 같은 것으로 이해될 필요가 있다. 문화적 혼종성의 과정은 어떤 것을 다르게 만들고, 어떤 것을 새롭게 만들고, 의미와 재현의 교섭지대를 만드는 것이다. 이에 문화는 이중적 정체성을 지니고 있어서 식민지배 담론과 비슷하다고 할 수 있다.

2) 제3의 문화정체성과 초문화정체성

초국가적 이주가 점점 늘어나면서 국가 간의 다양한 문화들은 서로 상호작용을 하게 되고, 그 사이에 놓여 있는 개인은 더 이상 정통성이나 진정성으로 특화되는 주체가 되지 않는다. 따라서 세계화 시대의 잦은 국가 간 이주로 제3의 공간이 창출되는 초국가적 시대에는 세계의 여러 지역에서 다양한 방식의 문화적 전유를 통해 혼종적 문화 요소, 즉 혼종성들이 생겨나고 있다.

이처럼 혼종성은 세계화, 그리고 디아스포라와 관련된 문화 현상의 핵심적 측면을 가리키는 것으로 종종 지역과 세계 사이의 초문화적 역동성의 결과물로 간주된다. 세계의 수많은 문화적 지류들이 만나 혼성화되는 제3의 공간에 위치한 국가 간 이주의 경험은 순수나 본질이 아닌, 이질성과 다양성, 혼종성으로 특징지어지며, 이러한 경험을 통해 끊임없이 자신을 생산한다. 이어 재생산하는 국가 간 이주의 문화정체성은 단절과 불연속, 그리고 계속되는 변화의 과정 속에 놓이게 된다. 다양성과 다원화주의라는 맥락의 포스트모더니즘[4)]적 관점에서 보면, 정체성 또는 문화정체성은 계속해서 변화하는 유동적인 것이며, 파편적 그리고 다원적인 것으로 인식된다. 따라서 전통적 관점과는 달리 문화정체성은 포스트모던적 주체(Post-modern subject)이며, 고정된 실체가 아니라 사회적인 관계에 의해 변화되고 재구성되는 것으로 본다. 즉, 고정되고 본질적이며 영구한 정체성이란 없다. 이러한 관점에서 보면 완전히 통합되고, 완성되어 있고, 확실하고 일관된 문화정체성이란 환상일 수밖에 없는 것이다(오성은, 2016).

우선 '새로운 문화정체성'이란 제3의 문화정체성을 의미한다. 해외이주자들은

4) 포스트모더니즘은 20세기 인문, 사회 과학 분야에서 등장한 사상적 경향으로 근대의 이성 중심주의에 대해 근본적인 회의를 내포하고 있다. 포스트모더니즘은 1960년에 일어난 문화 운동이면서 정치, 경제, 사회 영역과 관련되는 이념이다. 18세기 이후 계몽주의를 통해 이성 중심주의가 만연했는데, 두 차례의 세계대전 이후 이러한 이성 중심주의에 대한 회의감으로 탈중심적 다원적 사고, 탈이성적 사고 중심의 포스트모더니즘이 확산되었다. 포스트모더니즘에 대한 정의는 학자, 지식인, 역사가 등의 사이에서 많은 논쟁이 있는데, 일반적으로 모더니즘 후의(post: 뒤, 後) 서양의 사회, 문화, 예술 등의 총체적 상황을 의미한다. 탈중심적 다원적 사고, 탈이성적 사고가 포스트모더니즘의 가장 큰 특징이라고 할 수 있다. 포스트모더니즘은 1960년대 프랑스와 미국을 중심으로 일어났으며 철학, 예술, 문학, 역사해석 등 다방면에 걸쳐 영향을 미쳤다(출처: Daum 백과).

모국문화와 관련된 제1의 문화, 체제국의 문화와 관련된 제2의 문화를 경험하게 된다. 그 과정에서 이 두 문화가 만나 중간 지점에서 중간 문화가 형성되는 것이 아니라 그들만의 독특한 다른 형식의 또 다른 제3의 문화정체성을 형성하게 되는 것이다. 따라서 다양한 문화경험에도 불구하고 이들은 '각 문화의 주변인'이며, 어느 문화에도 속하지 않은 사람들을 의미한다. 사람들이 보통 두 개 이상의 문화적 틀을 받아들일 때는 항상 그들 안에 내부적 갈등이 존재하게 된다. 그리고 두 문화의 충돌적 과정에서 어느 한쪽 문화에 치우치기보다는 더 이상 진전하지 않고 양쪽 문화의 중간 지점에 머무려고 하는 심리적 저항선(psychological barrier)을 가지게 된다. 그리고 이 중간 지점의 문화가 양쪽 문화의 합과는 또 다른 새로운 문화인 제3의 문화를 형성하게 된다. 이들은 두 개의 언어와 문화 속에서 지속적인 분투를 통해 단순히 새로운 정체성을 더하거나 이전의 자신과 새로운 자신이 반반 존재하는 것이 아니라 제3의 위치에 이르게 되는 것이다.

뱅크스(Banks)의 문화정체성 형성단계는 6단계이며, 각 단계별 특징은 [그림 3-2], 〈표 3-3〉과 같다(천수연, 2017).

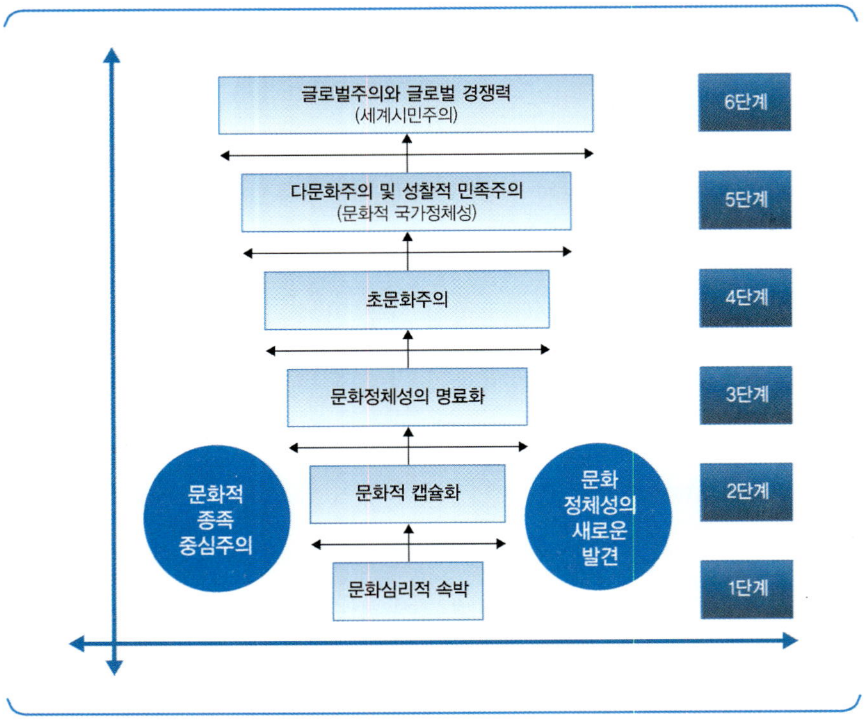

그림 3-2. 문화정체성 형성 단계

표 3-3. 문화정체성 형성 단계

단계	구분	내용
1단계	문화심리적 속박	개인은 자신의 문화집단에 대한 부정적인 고정관념과 신념을 내면화하며, 이 단계에서 문화적 자기부정이나 자존심 저하 등의 사례가 나타나게 된다.
2단계	문화캡슐화(encapsulation)와 문화적 배타성	자신의 종족집단이 타 집단보다 강하다는 신념 등이 나타나는 단계이다. 이 단계에서 개인은 자신의 문화적 의식에 대해 새로 발견하는 경우가 많으며, 자신의 문화집단에 대한 참여를 제한하려 한다. 그들은 자신의 문화집단에 상충적인 감정을 가지며 스스로 자신의 문화가 자랑스러운 것이라는 것을 확인하려고 한다.
3단계	문화정체성의 명료화	개인은 자신의 개인적 태도와 문화정체성을 명료화할 능력이 있으며, 자신이 문화집단에 대해 명료한 긍정적 태도를 개발한다. 이 단계에서 문화적 자부심은 인위적이라기보다는 진정한 것이다.

단계	구분	내용
4단계	초문화주의 (biculturalism: 두 문화의 공존)	개인은 건전한 문화정체성에 대한 감각을 가지고 있으며, 자신의 문화공동체는 물론이고 다른 문화공동체에 대해서도 성공적으로 참여할 수 있는 심리적 특성을 가진다. 또한 그들은 두 개의 문화 모두에서 영향력을 가지고 참여하려는 강한 열망을 가지고 있다.
5단계	다문화주의와 성찰적 민족주의	개인은 명료화된 성찰적이고 긍정적인 개인적 · 문화적 · 국가적 정체성을 가지고 있으며 다른 인종 문화종족 집단에 대해 긍정적인 태도를 가지고 있다.
6단계	글로벌주의와 글로벌 경쟁력	개인은 성찰적이고 명료화된 국가 및 글로벌 정체성을 갖고 있다. 그들은 자신의 문화공동체, 자신의 국가 내에 있는 타 문화, 자국의 시민문화, 글로벌 공동체에서 효과적으로 기능하기 위해 필요한 지식, 기능, 태도를 가지고 있다.

Chapter 04

한국 다문화사회의 이해

배울 내용

1. 한국의 다문화 현황
2. 한국 다문화사회의 문제점

학습목표

1. 한국 다문화사회의 현황과 특징을 설명할 수 있다.
2. 한국 다문화사회의 문제점을 설명할 수 있다.

Chapter 04

한국 다문화사회의 이해

1. 한국의 다문화 현황

2000년대 중반 본격적으로 추진된 한국의 다문화가족정책은 우리사회에서 다문화가족의 존재와 정책적 지원의 명분을 분명히 제시하고, 인도적 차원의 지원을 강화하는 등 사회적 이슈로 급속히 발전하여 우리나라 가족정책 및 외국인정책의 한 영역으로 자리매김하게 되었다. 그동안 다문화가족 관련 정책 환경은 빠른 속도로 변화하였고, 변화하는 정책만큼이나 우리사회에서 다문화가족의 규모 또한 지속적으로 증가하였다. 다문화가구란 귀화자가 있는 가구 또는 외국인이 한국인(귀화자 포함) 배우자와의 혼인으로 이루어진 가구 또는 그 자녀가 포함된 가구를 말하는데, 우리나라의 다문화 현황을 결혼이민자, 외국인근로자, 북한이탈주민 및 다문화가정의 자녀를 중심으로 살펴보면 다음과 같다.

1) 결혼이민자

우리나라에서 1980년대 전반까지의 국제결혼은 주로 외국인 남성과 한국인 여성 사이에서 이루어졌으나 1980년대 후반부터는 한국인 남성과 외국인 여성의 결혼 건수가 점차 증가하였다. 1990년대 초반까지는 국제결혼 건수가 전체 결혼 건수에 비해 1% 수준에 불과하였다. 당시 한국인 남성과 결혼한 외국인 여성은 대부분 미국과 일본 여성이었다. 그러나 1992년 중국과의 수교 이후에는 한국계 중국인 여성과 한국인 남성의 결혼이 증가했으며, 1997~1999년 사이에는 증가 추세를 보이던 국제결혼 건수가 IMF 경제체제로 인한 경제 사정의 악화로 현저히 퇴조하였다. 우리나라의 결혼이민자 현황은 〈표 4-1〉과 같다. 2024년 12월 기준, 결혼이민자는 181,436명으로 전년 대비 3.7% 증감한 것으로 나타났다.

표 4-1. 결혼이민자 연도별 증감 추이 (단위: 명)

연도	2019년	2020년	2021년	2022년	2023년	'23년 12월	'24년 12월
인원	166,025	168,594	168,611	169,633	174,895	174,895	181,436
전년대비 증감률	4.3%	1.5%	0.01%	0.6%	3.1%		3.7%

출처: 출입국, 외국인정책본부(2025). 2024년 12월 출입국 외국인정책 통계월보.

다문화 혼인 유형별로는 2023년 외국인 아내의 혼인이 69.8%로 가장 많았고, 외국인 남편(17.9%), 귀화자(12.3%) 순으로 나타났다. 외국인 아내의 혼인은 전년 대비 22.5%, 외국인 남편은 5.2%, 귀화자는 8.9% 증가하였다. 따라서 전체 국제결혼 중 한국 남성과 외국인 아내의 결혼이 대부분을 차지하고 있음을 알 수 있다(〈표 4-2〉, [그림 4-1]).

표 4-2. 다문화 혼인 유형별 규모 및 비중(2021~2023년)

(단위: 건, %)

	2021		2022		2023		전년대비	
		비중		비중		비중	증감	증감률
다문화	13,926	100.0	17,428	100.0	20,431	100.0	3,003	17.2
외국인 아내[1]	8,645	62.1	11,649	66.8	14,268	69.8	2,619	22.5
외국인 남편[2]	3,059	22.0	3,479	20.0	3,659	17.9	180	5.2
귀화자[3]	2,222	16.0	2,300	13.2	2,504	12.3	204	8.9

1) 외국인 아내: 출생기준 한국인 남자 + 외국인 여자의 혼인
2) 외국인 남편: 외국인 남자 + 출생기준 한국인 여자의 혼인
3) 귀화자: 남녀 모두 또는 어느 한쪽이라도 귀화자인 경우
출처: 통계청(2024). 2023년 다문화 인구동태 통계.

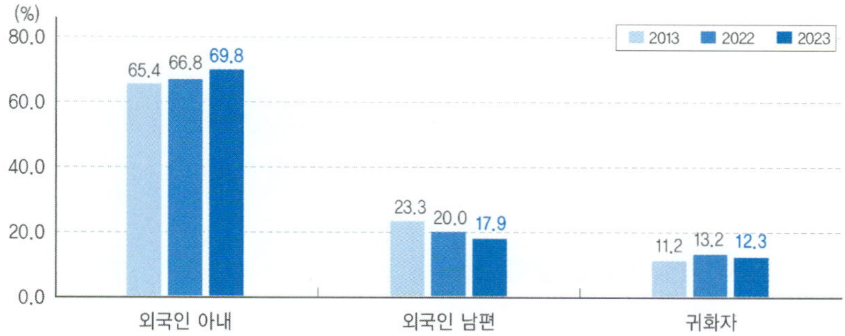

그림 4-1. 다문화 혼인 유형별 비중(2013년, 2022년, 2023년)

출처: 통계청(2024). 2023년 다문화 인구동태 통계.

2023년 다문화 혼인을 한 외국 출신의 남편 국적은 중국과 미국이 6.9%로 가장 많았고, 베트남 3.9% 순으로 나타났다. 최근에 이르러 그동안 절대 다수를 차지하던 중국 조선족 출신 여자 배우자의 비중이 점차 낮아지면서, 여자 배우자의 출신국가가 동남아시아와 미국 등 여러 국가로 다양해졌다. 중국인 여자 배우자와의 결혼 건수가 2005년 이후 감소 추세로 반전된 것은 중국 조선족이 친지 방문의 목적으로 입국하여 취업이 가능하도록 정부가 관련 법규를 개정함에 따라 한국인과의 결혼에 대한 수요가 감소하였기 때문이다. 다문화 혼인을 한 외국 출신의 아내 국적은 베트남이 27.9%로 가장 많았고, 중국 17.4%, 태국 9.9% 순으로 나타났다([그림 4-2]). 또한 지역별로 결혼이민자는 경기(56,099명)와 서울(28,488명)에 주로 거주하는 것으로 나타났다(〈표 4-3〉).

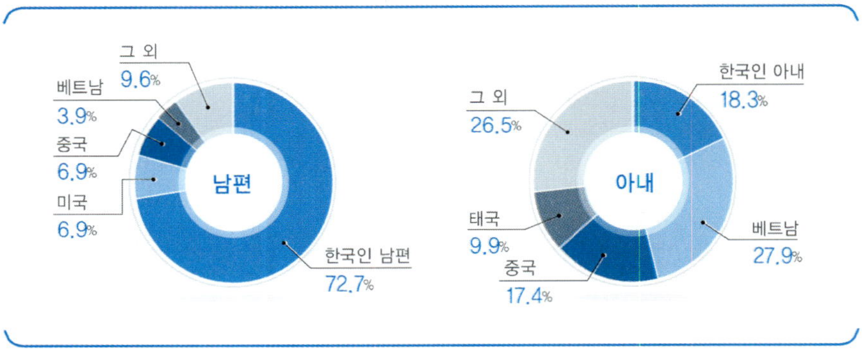

그림 4-2. 출신 국적별 혼인 비중(2023년)

출처: 통계청(2024). 2023년 다문화 인구동태 통계.

표 4-3. 결혼이민자 거주 지역별 현황 (단위: 명)

계	경기	서울	인천	경남	충남	경북	부산	전남
179,617	56,099	28,488	13,386	11,287	9,878	8,407	7,771	6,903
	전북	대구	충북	강원	광주	대전	울산	제주	세종
	6,154	6,017	5,996	4,109	3,910	3,593	3,535	3,167	917

출처: 출입국, 외국인정책본부(2025). 2024년 12월 출입국 외국인정책 통계월보.

혼인에서는 남편이 연상인 부부가 76.1%로 가장 많았고, 아내가 연상인 경우 17.9%, 동갑인 경우 6.0%를 차지하였으며, 남편이 10세 이상 연상인 부부는 2023년 38.1%로 전년 대비 3.1% 증가하였다(〈표 4-4〉, [그림 4-3]). 다문화 혼인은 출생기준 한국인 간의 혼인에 비해 남편이 10세 이상 연상인 부부의 비중이 높았다.

표 4-4. 부부 연령차별 비중, 2022~2023년

(단위: 건, %)

		전 체		다문화 혼인[1)]		출생기준 한국인 간의 혼인[2)]	
		2022	2023	2022	2023	2022	2023
건수		191,690	193,657	17,428	20,431	174,262	173,226
계		100.0	100.0	100.0	100.0	100.0	100.0
남편연상	소 계	64.7	64.7	74.5	76.1	63.7	63.3
	1~2세	23.5	23.5	12.0	11.2	24.6	25.0
	3~5세	23.9	23.4	14.6	14.0	24.8	24.5
	6~9세	10.9	10.7	12.8	12.9	10.7	10.4
	10세 이상	6.4	7.1	35.0	38.1	3.6	3.4
동갑		14.8	14.9	6.4	6.0	15.7	15.9
아내연상	소 계	20.5	20.5	19.1	17.9	20.6	20.8
	1~2세	12.5	12.5	8.5	7.7	13.0	13.1
	3~5세	5.6	5.6	6.2	5.7	5.6	5.5
	6~9세	1.8	1.9	3.0	3.1	1.7	1.7
	10세 이상	0.5	0.5	1.4	1.4	0.4	0.4

1) 다문화 혼인: 남녀 어느 한쪽이 외국인 또는 귀화자인 경우, 또는 남녀 모두 귀화자인 경우

2) 출생기준 한국인 간의 혼인: 남녀 모두 출생기준 한국인인 경우

출처: 통계청(2024). 2023년 다문화 인구동태 통계.

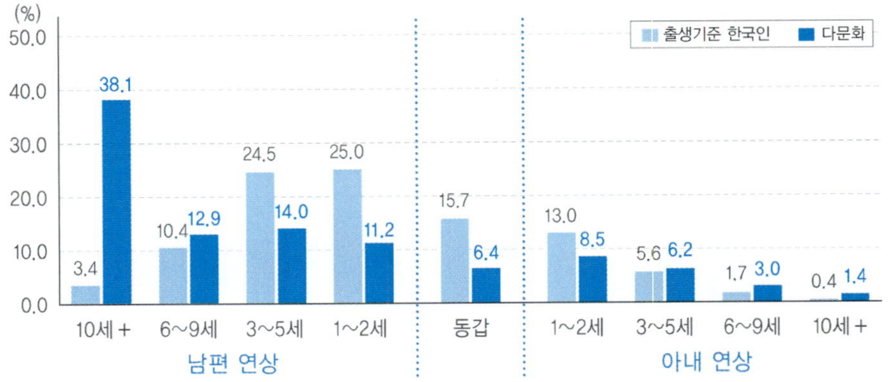

그림 4-3. 부부 연령차별 비중(2023년)

출처: 통계청(2024). 2023년 다문화 인구동태 통계.

2) 외국인근로자

체류외국인이란 「출입국관리법」 제31조의 규정과 「재외동포의 출입국과 법적지위에 관한 법률」 제6조의 규정에 따라 입국한 날부터 90일을 초과하여 체류할 목적으로 출입국 · 외국인 관서의 장에게 외국인등록이나 국내거소신고를 한 자 및 90일 미만 동안 체류할 목적의 단기체류외국인을 포함한 총 국내 체류외국인을 의미한다.

법무부 출입국 · 외국인정책본부의 2024년 12월 말 기준 통계자료에 의하면, 체류외국인은 전체 2,650,783명으로 나타났으며, 외국인등록자는 1,488,353명, 외국국적동포 국내거소신고자는 553,664명, 단기체류외국인은 608,766명으로 나타났다([그림 4-4], 〈표 4-5〉).

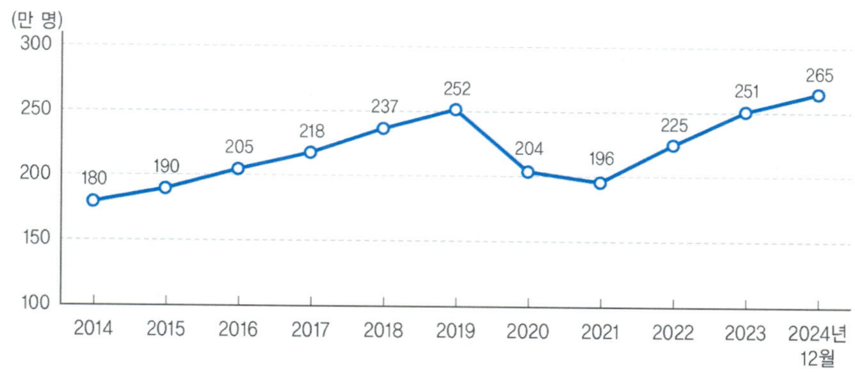

그림 4-4. 체류외국인 증감추이

출처: 출입국, 외국인정책본부(2025). 2024년 12월 출입국 외국인정책 통계월보.

표 4-5. 체류외국인 연도별 현황

연도	총계	장기체류			단기체류
		소계	등록	거소신고[1)]	
2014년	1,797,618	1,377,945	1,091,531	286,414	419,673
2015년	1,899,519	1,467,873	1,143,087	324,786	431,646
2016년	2,049,441	1,530,539	1,161,677	368,862	518,902
2017년	2,180,498	1,583,099	1,171,762	411,337	597,399
2018년	2,367,607	1,687,733	1,246,626	441,107	679,874
2019년	2,524,656	1,731,803	1,271,807	459,996	792,853
2020년	2,036,075	1,610,323	1,145,540	464,783	425,752
2021년	1,956,781	1,569,836	1,093,891	475,945	386,945
2022년	2,245,912	1,688,855	1,189,585	499,270	557,057
2023년	2,507,584	1,881,921	1,348,626	533,295	625,663
2024년 12월	2,650,783	2,042,017	1,488,353	553,664	608,766

출처: 출입국, 외국인정책본부(2025). 2024년 12월 출입국 외국인정책 통계월보.

1) 외국국적동포 거소신고 현황

국적별 체류외국인은 2024년 12월 기준 중국이 958,959명으로 가장 많았으며, 베트남 305,936명, 태국 188,770명, 미국 170,251명, 우즈베키스탄 94,893명 등의 순으로 나타났다(〈표 4-6〉).

표 4-6. 체류외국인 연도별 · 국적(지역)별 현황

구분	2020년	2021년	2022년	2023년	2024년 12월
총계	2,036,075	1,956,781	2,245,912	2,507,584	2,650,783
중국[2)]	894,906	840,193	849,804	942,395	958,959
한국계	(647,576)	(614,665)	(602,907)	(627,450)	(643,277)
베트남	211,243	208,740	235,007	271,712	305,936
태국	181,386	171,800	201,681	202,121	188,770
미국	145,580	140,672	156,562	161,895	170,251
우즈베키스탄	65,205	66,677	79,136	87,698	94,893
네팔	39,743	36,903	47,865	63,369	74,641
인도네시아	36,858	34,188	50,841	63,226	73,180
필리핀	49,800	46,871	57,452	64,055	70,392
러시아(연방)	50,410	48,680	56,995	68,075	69,252
일본	26,515	28,093	46,741	58,438	65,216
캄보디아	41,405	41,525	49,240	57,018	63,681
몽골	42,511	37,012	53,038	54,846	57,093
미얀마	26,412	26,096	33,275	42,438	53,914
카자흐스탄	29,278	29,616	41,840	45,764	44,549
(타이완)	19,444	18,554	25,417	33,225	35,838
스리랑카	22,466	20,291	24,912	30,370	35,792
방글라데시	16,823	16,426	21,928	26,636	31,220
캐나다	21,794	22,830	27,705	27,607	28,604
호주	7,913	7,591	17,819	18,326	19,430
파키스탄	12,842	12,410	14,460	16,295	18,355
인도	10,892	11,542	14,419	15,789	16,851
말레이시아	5,470	5,053	9,528	12,362	12,951
키르기즈	5,710	6,458	8,696	10,135	11,784
기타	71,469	78,560	121,551	133,789	149,231

출처: 출입국, 외국인정책본부(2025). 2024년 12월 출입국 외국인정책 통계월보.

3) 북한이탈주민

「북한이탈주민의 보호 및 정착지원에 관한 법률」(2024) 제2조 1항에 따르면, 북한이탈주민이란 군사분계선 이북지역에 주소, 직계가족, 배우자, 직장 등을 두고 있는 사람으로서 북한을 벗어난 후 외국 국적을 취득하지 아니한 사람을 말한다. 우리나라에서 북한이탈주민에 대한 용어는 여러 번 바뀌어 왔다. 즉, 1993년 이전에는 귀순자, 귀순용사로, 1994년부터 2004년까지는 탈북자로, 2005년에서 2008년까지는 새터민으로, 2008년 이후에는 북한이탈주민으로 불리고 있다.

북한이탈주민의 현황을 살펴보면, 1990년 중반부터 북한의 식량 사정의 악화를 계기로 꾸준히 증가하기 시작하였으며, 2001년 1,000명을 넘어선 이래 2011년에는 2,706명이 입국하는 등 해마다 증가추세를 보였으나, 2012년부터 점차 감소추세를 보이며, 2024년에는 236명이 입국하였다. 또한 북한이탈주민 여성의 입국비율이 높아지고 있음을 알 수 있다(〈표 4-7〉). 1998년 이전까지는 여성 비율이 12.2%로 남성에 비해 적었다. 하지만 2002년도에 들어와 여성 비율이 55.3%으로 남성을 앞서기 시작하여, 2024년도에는 97.4%로 가장 많은 여성 비율을 차지하고 있다.

연령대별 비율로는 30~39세가 가장 많았으며, 다음은 20~29세, 40~49세 순으로 나타났다(〈표 4-8〉). 거주 지역으로는 경기도에 가장 많이 거주하고 있으며, 서울, 인천 등으로 수도권 지역에 주로 거주하고 있는 것으로 나타났다(〈표 4-9〉).

2) 한국계 포함

표 4-7. 북한이탈주민 입국현황(2025년 3월 말 기준) (단위: 명)

구분	남(명)	여(명)	합계(명)	여성비율
~1998	831	116	947	12.2%
~2001	565	478	1,043	45.8%
2002	510	632	1,142	55.3%
2003	474	811	1,285	63.1%
2004	626	1,272	1,898	67.0%
2005	424	960	1,384	69.4%
2006	515	1,513	2,028	74.6%
2007	573	1,981	2,554	77.6%
2008	608	2,195	2,803	78.3%
2009	662	2,252	2,914	77.3%
2010	591	1,811	2,402	75.4%
2011	795	1,911	2,706	70.6%
2012	404	1,098	1,502	73.1%
2013	369	1,145	1,514	75.6%
2014	305	1,092	1,397	78.2%
2015	251	1,024	1,275	80.3%
2016	302	1,116	1,418	78.7%
2017	188	939	1,127	83.3%
2018	168	969	1,137	85.2%
2019	202	845	1,047	80.7%
2020	72	157	229	68.6%
2021	40	23	63	36.5%
2022	35	32	67	47.8%
2023	32	164	196	83.7%
2024	26	210	236	89.0%
2025.3(잠정)	1	37	38	97.4%
합계	9,569	24,783	34,352	72.1%

출처: 통일부(2025). 북한이탈주민정책.

표 4-8. 북한이탈주민 연령대별 입국현황(2025년 3월 말 기준) (단위: 명)

구분	남	여	합계(명)
0~9세	652	646	1,298
10~19세	1,709	2,113	3,822
20~29세	2,645	7,042	9,687
30~39세	2,177	7,694	9,871
40~49세	1,410	4,721	6,131
50~59세	609	1,510	2,119
60세 이상	359	1,006	1,365
계	9,561	24,732	34,293

*입국당시 연령기준이며, 최근 입국하여 보호시설 등에 있는 일부인원은 제외된 수치로 입국인원과 차이가 있음.
출처: 통일부(2025). 북한이탈주민정책.

표 4-9. 북한이탈주민 지역별 거주 현황 (단위: 명)

지역	남	여	합계
서울	1,981	4,391	6,372
경기	2,798	8,367	11,165
인천	786	2,206	2,992
부산	207	628	835
경북	234	891	1,125
경남	234	817	1,051
대구	124	484	608
충북	290	1,133	1,423
충남 · 세종	373	1,474	1,847
광주	108	402	510
강원	222	705	927
대전	119	459	578
전남	136	550	686
전북	106	420	526

지역	남	여	합계
울산	113	340	453
제주	65	275	340
계	7,896	23,542	31,438

*사망, 말소, 이민, 거주불명, 보호시설에 있는 인원 제외.
출처: 통일부(2025). 북한이탈주민정책.

4) 다문화가정의 자녀

2023년 다문화출생아는 12,150명으로 전년 12,526명보다 376명이 감소하였다. 그러나 전체 출생에서 다문화출생이 차지하는 비중은 5.3%로 전년보다 0.3% 증가하였다([그림 4-5]).

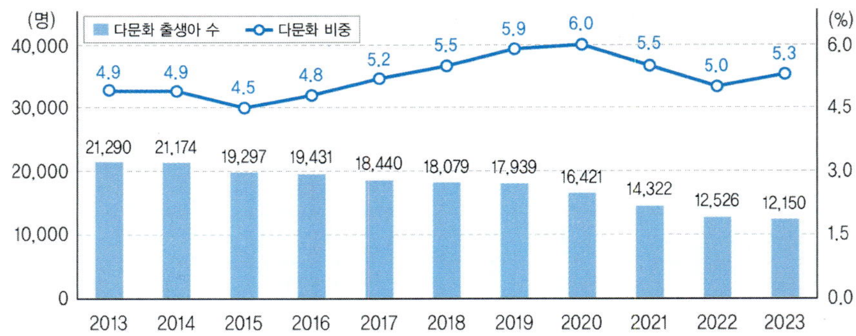

그림 4-5. 다문화 출생아 수 및 전체 출생 중 다문화 비중 추이(2013~2023년)
출처: 통계청(2024). 2023년 다문화 인구동태 통계.

다문화학생 현황을 살펴보면([그림 4-6]), 초·중등학교(각종학교 포함)의 다문화 학생 수는 193,814명으로 전년 대비 12,636명(7.0%) 증가하였다. 초등학교는 117,459명으로 전년 대비 1,820명(1.6%) 증가하였고, 중학교는 47,910명으로 전년 대비 4,212명(9.6%), 고등학교는 27,673명으로 전년 대비 6,483명(30.6%)이 증가한 것으로 나타났다.

그리고 다문화 학생 비율은 3.8%로 전년 대비 0.3% 상승하였으며, 학교급별 다문화 학생 비율은 초등학교가 4.7%로 전년 대비 0.3%, 중학교는 3.6%로 전년 대비 0.3%, 고등학교는 2.1%로 전년 대비 0.4% 상승한 것으로 나타났다.

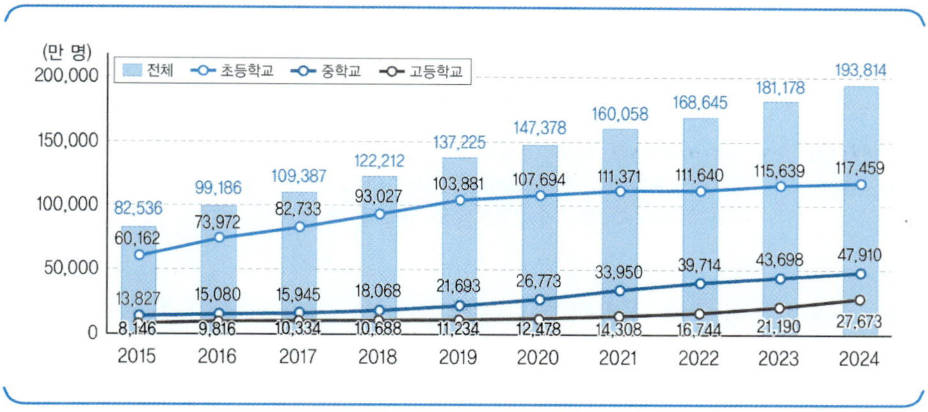

그림 4-6. 다문화 학생 현황

출처: 교육부(2024). 2024 교육통계.

5) 외국인유학생

외국인유학생은 [그림 4-7]에서 보는 것과 같이, 2003년 12,314명에서 해마다 증가하였고 2016년 104,262명으로 10만 명을 넘었으며, 2024년 4월 기준 208,962명으로 나타났다.

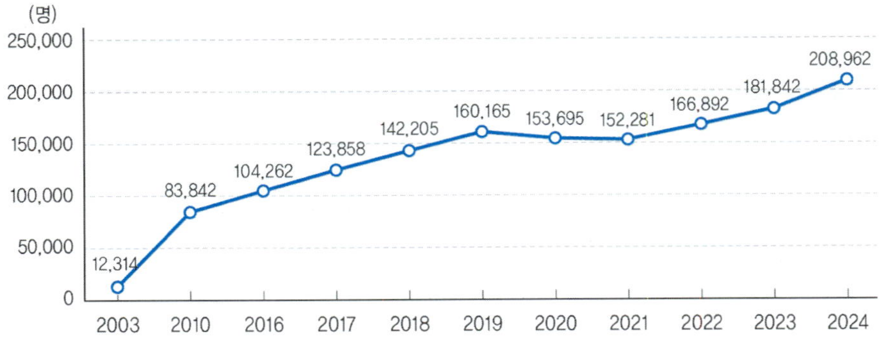

연도	2003년	2010년	2016년	2017년	2018년	2019년	2020년	2021년	2022년	2023년	2024년
유학생수	12,314	83,842	104,262	123,858	142,205	160,165	153,695	152,281	166,892	181,842	208,962

그림 4-7. 국내 고등교육기관 외국인유학생 현황

※ '03년도까지는 전문대학, 4년제대학, 대학원대학에 재학 중인 외국인유학생을 조사하였고, '04년도부터 전문대학, 4년제대학, 대학원대학, 원격대학, 각종 학교에 재학 중인 외국인유학생을 모두 조사

출처: 한국교육개발원(2025). 2024년 국내 고등교육기관 내 외국인 유학생 현황.

외국인유학생의 주요 국가별 현황에서는([그림 4-8]), 2024년 중국이 72,020명(34.5%)으로 가장 많았으며, 베트남 56,003명(26.8%), 몽골 12,317명(5.9%), 우즈백 12,025명(5.8%), 일본 5,250명(2.5%), 미국 3,179명(1.5%) 순으로 나타났다.

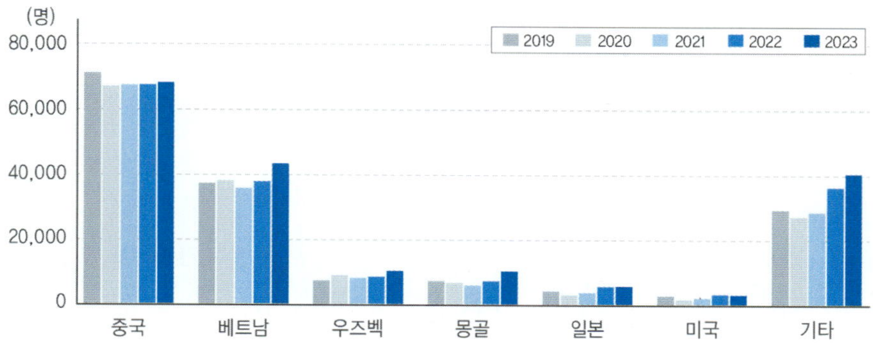

국가	중국	베트남	우즈벡	몽골	일본	미국	기타	계
2018	68,537	27,061	5,496	6,768	3,977	2,746	27,620	142,205
비율(%)	**48.2%**	**19.0%**	**3.9%**	**4.8%**	**2.8%**	**1.9%**	**19.4%**	100.0%
2019	71,067	37,426	7,492	7,381	4,392	2,915	29,492	160,165
비율(%)	**44.4%**	23.4%	4.7%	4.6%	2.7%	1.8%	18.4%	100.0%
2020	67,030	38,337	9,104	6,842	3,174	1,827	27,381	153,695
비율(%)	**43.6%**	**24.9%**	**5.9%**	**4.5%**	**2.1%**	**1.2%**	**17.8%**	100.0%
2021	67,348	35,843	8,242	6,028	3,818	2,218	28,784	152,281
비율(%)	**44.2%**	**23.5%**	**5.4%**	**4.0%**	**2.5%**	**1.5%**	**18.9%**	100.0%
2022	67,439	37,940	8,608	7,348	5,733	3,369	36,455	**166,892**
비율(%)	40.4%	22.7%	5.2%	4.4%	3.4%	2.0%	21.8%	**100.0%**
2023	68,065	43,361	10,409	10,375	5,850	3,214	40,568	181,842
비율(%)	**37.4%**	23.8%	5.7%	5.7%	3.2%	1.8%	22.3%	100.0%
2024	72,020	56,003	12,025	12,317	5,250	3,179	48,168	**208,962**
비율(%)	34.5%	26.8%	5.8%	5.9%	2.5%	1.5%	23.1%	100.0%

그림 4-8. **주요 국가별 외국인유학생 현황**

출처: 한국교육개발원(2025). 2024년 국내 고등교육기관 내 외국인유학생 현황.

2. 한국 다문화사회의 문제점

우리나라의 다문화사회의 문제점을 결혼이민자, 외국인근로자 및 북한이탈주민을 중심으로 살펴보면 다음과 같다(박혜숙 외, 2021).

1) 결혼이민자

(1) 사회적 편견

우리나라는 다문화주의 전통이 없으며 단일민족이라는 문화적 자부심과 순혈주의를 중요시 여기는 풍토로 인해 결혼이민자에 대한 편견 및 차별이 존재하며, 결혼이민자를 비정상적인 가족 등 사회문제의 원천으로 보는 시각이 잔존하고 있다. 또한 불쌍하다고 보는 시각, 불행한 삶을 살고 있다고 판단하는 시각, 위장결혼자가 대다수라고 보는 시각 등 선입견도 팽배하다. 이러한 편견은 결혼이민자의 국적이 선진국인지, 후진국인지에 따라 사회적 시각에 차이가 있을 뿐 아니라 결혼이민자의 한국사회로의 문화적 흡수를 더디게 하는 요인으로 작용하고 있다. 이러한 사회적 분위기는 결혼이민자가 지역사회에서 소외감과 정신적 긴장감을 느끼게 할 뿐 아니라 한국사회의 적응과정에서도 문제를 야기할 수 있다.

(2) 언어문제

결혼이민자는 서로 다른 언어를 사용하며 서로 다른 문화적 배경을 가지고 있기 때문에 한국사회 생활에서의 적응에 있어 신체적으로나 정신적으로 갈등이 발생하게 된다. 특히 여성결혼이민자의 언어소통 문제에 따른 가족갈등과 자녀양육 문제가 많이 발생하고 있다. 그리고 의사소통의 어려움뿐만 아니라 한국의 가부장적 문화, 유교사상, 남성 중심의 한국문화는 한국사회에서의 적응에 가장 큰 어려움으로 나타나고 있다.

2021년 "전국다문화가족실태조사" 연구에 의하면, 결혼이민자의 한국어 능력을 말하기, 듣기, 읽기, 쓰기 등 네 영역으로 구분하여 조사한 결과, 한국어 말하기 능력은 매우 잘한다가 40.8%로 가장 높았고, 보통이다 24.8%, 약간 잘한다 24.2%로 나타났다. 한국어 듣기 능력은 매우 잘한다가 42.9%로 가장 높았고, 약간 잘한다 26.0%, 보통이다 23.4%로 나타났다. 한국어 읽기 능력은 매우 잘한다가 39.1%로 가장 높았고, 보통이다 24.5%, 약간 잘한다 23.6%로 나타났다. 통상적으로 언어를 읽기와 듣기, 말하기보다 쓰기가 난해하기 때문에 결혼이민자의 한국어 쓰기 능력은 한국어 말하기와 듣기, 읽기에 비해 상대적으로 낮았다. 결혼이민자의 한국어 쓰기 능력은 매우 잘한다가 35.1%로 가장 높았고, 보통이다 25.9%, 약간 잘한다 19.8%로 나타났다.

(3) 부모역할의 어려움

우리나라의 경우 자녀양육과 교육의 역할은 어머니의 고유한 역할로 간주하고 있고 자녀와 관련된 모든 책임을 어머니의 책임으로 전가하는 문화이므로 결혼이주여성들의 경우 자녀양육의 문제는 가장 흔하게 경험하는 어려움 중의 하나이다.

[그림 4-9]의 결혼이민자 · 귀화자의 자녀양육에서의 어려움을 살펴보면, 5세 이하 자녀양육에서 어려운 점으로 자녀에게 한국어를 직접 가르치기 어렵다(26.8%)가 가장 많았고, 그 다음으로 바쁘거나 아플 때 자녀를 돌봐 줄 사람을 찾기 어렵다(20.5%), 자녀 양육에 대해 배우자나 가족과 의견 차이가 있어 어렵다(15.8%), 어린이집과 유치원, 학교 등 교육기관에 대해 잘 모른다(8.0%) 순이었다. 한편 자녀양육에서 어려움이 없다고 응답한 사람은 26.3%였다.

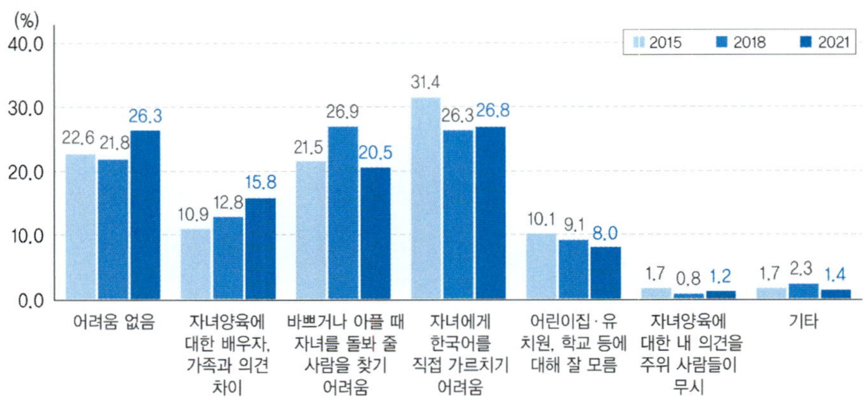

그림 4-9. 결혼이민자 · 귀화자의 만 5세 이하 자녀의 부모로서 어려운 점(2015, 2018, 2021)

출처: 여성가족부(2021). 2021년 전국다문화가족실태조사 연구.

6세~24세 자녀를 양육하는 부모들이 느끼는 어려움은 1순위와 2순위 응답율을 합산한 결과 자녀 학습지도와 학업관리가 어렵다는 응답이 50.4%로 가장 많았으며, 그 다음은 진학이나 진로에 관한 정보부족(37.6%), 교육비와 용돈 등 비용 부담(32.0%), 게임과 인터넷 · 스마트폰 이용에 대한 갈등(19.7%), 자녀와의 대화 부족(11.2%) 등의 순으로 조사되었다(복수 응답). 어려움이 전혀 없다는 응답은 11.9%에 불과하였다.

이처럼 결혼이주여성들은 한국 생활에서 가장 어려운 점으로 자녀양육의 문제를 보인다. 다문화가정의 자녀양육상의 어려움은 한국어 소통능력 미흡, 양육비, 교육비 지출, 자녀양육자 및 보육시설의 부재, 자녀양육 방식의 갈등으로 분류할 수 있다.

결혼이주여성들이 한국어 능력 부족은 자녀의 언어 수준 발달 차이뿐만 아니라 모자 관계에도 영향을 미치게 되는데, 한국어를 가르칠 수 없으며 자녀의 숙제를 돕지 못하고 언어로 타이르기보다는 행동적 체벌이 더 강화되는 것으로 나타나고 있다. 어머니의 한국어 능력 부족과 경제적 활동으로 자녀들을 조기에 어린이집에 위탁하게 되고, 그 결과 자녀들이 어머니보다 한국어를 더 빨리 습득하게 되어 어머니를 무시하거나 도움을 요청하지 않음으로써 모자 간의 부정적 상호작용을 보이고 있다.

한편 자녀들은 언어문제가 발생하여 언어치료 기관에서 검사와 치료를 받거나 전문 병원에서 장애 진단을 받는 경우도 있으며, 이로 인하여 학습부진과 정서적 문제가 유발되고 있다. 다문화가정의 자녀들은 어휘력이나 독해력, 언어 구사력 등이 낮고 학습이해도와 기초학습능력이 저하되는 것으로 보고되고 있다. 또한 정서적인 문제는 어머니에 대한 과도한 집착 및 중간 대상에 대한 과도한 집착, 학교 등교 거부 등의 문제로 이어지고 있다. 이처럼 결혼이민자여성은 주위의 도움이 지원되지 않는 상황에서 자녀양육에 관련된 어려움을 경험하고 있다.

그리고 다문화가족의 어머니인 결혼이민자여성의 언어능력 부족으로 가정의 자녀교육 기능이 취약하며, 이로 인해 한국어에 많이 노출되어야 하는 유아기에 한국어가 미숙한 외국인 어머니와 함께 생활하므로 자녀의 언어발달이 지체되고 있다. 또한 다문화가정 자녀는 언어발달지체 및 문화부적응으로 인하여 또래 아동에 비해 학교수업 이해도와 기초학습능력이 낮은 경우가 많다. 지나치게 소극적이거나 반대로 폭력성을 가지며, 주의력결핍 과잉행동장애(ADHD)를 보이는 등의 정서장애도 보이는 경우도 있다.

(4) 이혼문제

외국 여성과의 결혼이 증가한 반면, 그에 따른 부작용으로 인해 이혼도 상대적으로 증가하고 있다. 전체 이혼 중 국제결혼 부부의 이혼이 차지하는 비중 역시 2000년대 중반 이후 빠르게 증가하는 추세이다.

돈을 매개로 이루어진 상업화된 결혼, 시댁과 친지의 비우호적인 환경, 남편의 정서적 불안정 등의 이유로 인하여 가정폭력과 불화로 이어지는 경우가 적지 않다. 또한 알코올 중독, 성도착증, 습관적 폭력 등 결혼이 불가능한 상태인 사람이 국제결혼 시장에 유입되어, 이들이 결혼생활을 유지하기 위해 결혼이민자를 철저히 통제하고 성적 학대를 저지르는 등 심각한 수준인 경우가 많은 것으로 보고되고 있다.

여성결혼이민자와 결혼한 국내 남성들의 상당수가 빈곤, 저소득층, 장애인, 이혼자, 혼기를 넘긴 고령자임에도 국제결혼에서 많은 비용을 부담하였기 때문에 본인의 배우자를 평등관계로 인식하기보다는 소유물 성격을 지닌 대상으로 취급하는 경향이 있다. 이는 가정폭력과 인권침해를 일으키는 요인이 될 수 있다.

여성결혼이민자들은 가족 내에서 무시를 당하거나 학대를 받음으로 인하여 가정에서의 지위 기반이 약해지기도 한다. 면담대상자인 여성결혼이민자들은 한국인 배우자로부터 무시나 인격모독을 당하는 데 대한 어려움을 호소하였다. 특히 결혼 과정에서 많은 경제적 비용을 부담한 한국인 배우자는 여성결혼이민자를 평등관계의 배우자가 아닌 자신에게 종속된 관계로 생각하는 경우가 있기 때문이다. 이는 자녀양육에서도 갈등의 요인이 되고 있다. 여성 결혼이민자의 모국의 문화나 언어를 가르치지 못하게 하거나, 어머니로서의 역할을 보육에만 한정하는 경우도 있기 때문이다.

〈표 4-10〉에서 확인할 수 있듯이, 2023년 다문화 이혼 건수는 8,158건이며, 이 중에 외국인 아내와의 이혼이 3,960건, 귀화자 이혼 2,842건, 외국인 남편과의 이혼 1,356건으로 나타났다. 이혼·별거의 사유로는 성격 차이(52.0%)가 가장 많았고 경제적 문제(12.6%), 학대·폭력(8.6%), 외도 등 애정문제(8.4%) 등의 순서로 나타났다.

표 4-10. 다문화 이혼 유형별 규모 및 비중, 2021~2023년 (단위: 건, %)

	2021		2022		2023		전년대비	
		비중		비중		비중	증감	증감률
다문화	8,424	100.0	7,853	100.0	8,158	100.0	305	3.9
외국인 아내[1]	4,154	49.3	3,777	48.1	3,960	48.5	183	4.9
외국인 남편[2]	1,368	16.2	1,324	16.9	1,356	16.6	32	2.4
귀화자[3]	2,902	34.4	2,752	35.0	2,842	34.8	90	3.3

1) 외국인 아내: 출생기준 한국인 남자 + 외국인 여자의 이혼
2) 외국인 남편: 외국인 남자 + 출생기준 한국인 여자의 이혼
3) 귀화자: 남녀 모두 또는 어느 한쪽이라도 귀화자인 경우
출처: 통계청(2024). 2023년 다문화 인구동태 통계.

(5) 경제적 어려움

결혼이민자 여성이 한국 남성과 결혼을 선택하는 가장 큰 이유는 경제적으로 더 나은 삶에 대한 동경 및 자국의 열악한 경제적 사정으로 인하여 상대적으로 부유한 한국사회로의 유입을 희망하는 데 있다고 할 수 있다. 그러나 경제적으로 불안한 남성과 결혼한 결혼이민자 여성들은 심각한 수준의 생계문제로 어려

움을 겪고 있다. 다문화가구의 월평균 가구소득을 살펴보면, 200~300만 원 미만이 24.8%로 가장 많았고, 그 다음으로는 300~400만 원 미만(22.7%), 400~500만 원 미만(15.3%), 100~200만 원 미만(14.3%)의 순으로 나타났으며, 전체 다문화가구의 절반에 가까운 47.5%가 200~400만 원 구간에 있는 것으로 나타났다([그림 4-10]).

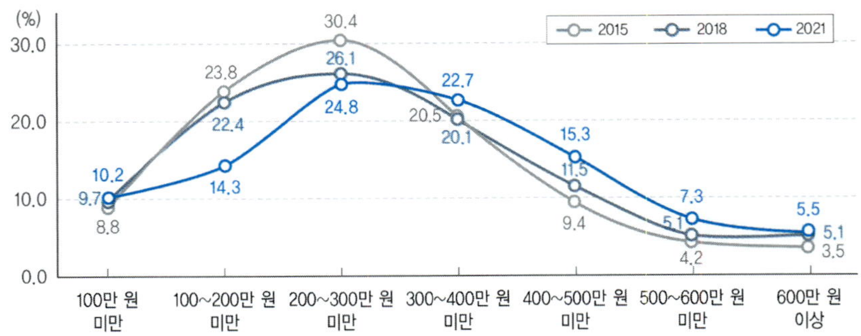

그림 4-10. 다문화가구의 월평균 가구소득(2015, 2018, 2021)

출처: 통계청(2022). 한국의 사회 동향.

2) 외국인근로자

(1) 언어문제

외국인근로자의 경우에도 입국 전에 준비되지 않은 한국어 수준으로 인해 유발되는 문제가 다양하게 나타나고 있다. 이들이 한국어 연수를 받는 기간이 너무 짧으므로 한국어를 이해할 수 있을 정도로 습득하기는 쉽지 않다. 한국어를 모르는 외국인근로자가 장비 조작법에 대한 설명을 이해하지 못하여 작업장에서 상해를 입거나 사고를 일으키는 경우가 종종 발생하고 있으며, 자신의 불합리한 근로 조건에 대하여 항의하거나 정당한 대우를 받기 위한 주장을 할 수 없는 경우도 있다. 이들을 위한 직장이나 단체에서의 한국어 교육이 절실한 형편이지만 체계화되어 있지 않고, 홍보도 제대로 되고 있지 않은 실정이다.

(2) 문화문제

종교적 혹은 문화적 요인으로 문화적 갈등을 낳을 수도 있다. 손으로 음식을 먹고 돼지고기를 먹지 못한다며 비웃고, 술을 억지로 먹이거나, 종교 활동을 강요하는 등 문화적 차이를 이해하지 못하는 사례도 있다.

더운 나라에서 온 근로자들의 경우 비교적 낙천적이고 여유로운 성격의 소유자들이라 할 수 있다. 그러나 빨리빨리 문화에 익숙한 한국인들은 그들이 게으른 것으로 오인하여 갈등을 빚거나 여유로움을 쉽게 받아들일 수 없는 부분으로 치부하기도 한다. 이처럼 서로 다른 문화에 대한 이해가 부족할 때 불필요한 마찰과 갈등이 유발되기 쉽다.

(3) 경제적 어려움

최저임금을 받으며 일하는 외국인근로자들이 임금을 제때 받지 못하거나 떼이는 것이 가장 큰 문제 중의 하나이다. 임금체불은 외국인근로자의 이직을 방지한다는 명분으로 남용되고 있다. 불법체류 외국인근로자의 임금체불 사례에서 가장 큰 문제점은 고용노동부 출석조사에 나오는 것을 매우 불안해한다는 것이다. 체불임금이 있는 미등록 외국인근로자가 건설현장에서 일을 하다가 사장이 잠적하여 고용노동부에 고소하는 경우도 있다. 이 경우 외국인근로자는 사실관계 조사를 위해 출석을 해야 되지만 미등록 외국인근로자들은 모두 출석할 수 없으며, 사업주도 연락이 되지 않는 등의 이유로 임금체불이 확정되지 않아 반려되는 경우도 있다. 또한 임금체불의 진정으로 고용노동부에서 사업주와 불법체류 외국인근로자가 함께 조사를 받은 경우, 사업주는 임금을 주지 않으면서 불법체류 외국인근로자에게 신고한다고 겁을 주며 협박을 하거나 미등록 외국인근로자가 조사를 받다가 뛰쳐나가는 사건 등 임금체불의 경우가 많이 발생하고 있다. 또한 경제적 이유로 좁은 공간에 많은 사람들이 기거하며 보온 · 냉방 · 샤워 · 세탁시설이 제대로 갖추어지지 않은 곳에서 집단 거주하는 경우도 많다.

3) 북한이탈주민

(1) 사회심리적 문제

북한이탈주민의 경우에는 한국인들의 무관심, 냉대, 멸시 속에서 힘겨운 삶을 살고 있다. 특히 북한이탈주민이 남한 생활에서 겪는 가장 큰 어려움은 외로움이다. 즉, 남한 사회에서 완전히 새로운 인간관계를 시작하는 데서 오는 외로움으로 고통받고 있다.

또한 단독으로 남한으로 온 북한이탈주민이 겪는 가장 큰 심리적 고통 중 하나는 북한에 두고 온 가족에 대한 죄책감이다. 이러한 죄책감이 직접적인 원인은 아닐지라도, 남한 사회에 대한 적응이 어려울수록 우울감이 커지고 그것은 다시 죄책감으로 연결되어 적응에 어려움을 증가시키는 악순환이 될 가능성이 높다. 더구나 최근 가족 단위 입국이 많아지고 있어 가족을 데리고 오지 못한 심리적 갈등은 더욱 커지고 있다.

그리고 북한이탈주민은 미래의 불확실성으로 인한 심리적 불안을 경험하고 있다. 이러한 불안감은 북한이탈주민의 결혼문제에서도 나타나고 있다. 북한이탈주민 신분으로서 남한 사회의 일원으로 확실하게 편입되고 인간관계를 형성하는 방법은 남한 사람과 결혼하는 것이다. 실제로 남한에서 결혼을 한 북한이탈주민은 외로움의 해소, 빠른 경제적 안정, 남한 사회에 대한 소속감 등에 결혼이 매우 도움이 되기 때문에 주변 북한이탈주민에게 결혼을 권하고 있다.

그러나 북한에서 결혼을 했던 북한이탈주민은 남한에서 재혼 후 북에 두고 온 가족에 대한 미안함, 남존여비 관념이 강한 북한에서 살다가 그런 개념이 상대적으로 적은 남한 여성과 결혼하는 경우 느끼는 어려움 등으로 심리적 갈등을 경험하고 있다.

(2) 언어문제

북한이탈주민은 남한 사회의 적응상의 어려움 중에서 '언어적 이질감'을 많이 이야기한다. 남한과 북한은 한국어를 사용하기 때문에 많은 사람들은 남북한의 언어적 특징이 유사하다고 생각한다. 그러나 남북한의 언어는 많은 부분에서 차이가 있다. 남한은 북한에 비해 개방된 문화를 가지고 있으며 외국과의 활발한 교류로 인해 외래어가 국어에 많이 유입되어 사용된다. 그러나 북한은 여전히 폐쇄적인 사회로서 우리말로 이루어진 표현이 더 많다. 예를 들어, 우리가 흔히 쓰고 있는 단어로 '아이스크림'을 북한에서는 '얼음 과자'라고 하며, '에스컬레이터'는 '계단 승강기'라고 한다.

남북한 언어 차이는 외래어가 가장 대표적이지만 다른 영역에서도 나타난다. 남한에서 사용하는 언어와 북한에서 사용되는 언어에는 많은 차이가 있다. 가족을 지칭하는 단어로 장인(장모)을 '가시아버지(어머니)'라고 하며, 의붓아버지(어머니)=계부(계모)를 '홋아버지(어머니)'라고 한다. 한편 북한사회에서 혁명투사로 대접받으며 출신성분이 좋은 사람을 '백두산 줄기', 1980년대 중산 신흥세력으로 등장한 일본에 친척을 둔 사람을 '후지산 줄기', 월남자나 탈북자 가족은 '한라산 줄기'라고 한다.

(3) 문화문제

북한이탈주민 역시 문화적 이질감을 느끼면서 여러 방면에서 심리적 스트레스를 경험하고 있다. 북한이탈주민은 남한 사회에 편입된 후 자본주의와 물질만능주의로 인한 무한 경쟁이 만연하고 학연 · 지연 · 인연을 중시하는 풍조에서 생존을 위해 고군분투하고 있다. 그들은 자본주의 경제 논리나 고용 원리에 익숙하지 않아 혼란을 겪기도 하고, 가치관이 다르고 도덕성을 평가하는 잣대가 달라 혼란을 겪기도 한다.

또한 북한 사회가 주민에게 배급하는 식량, 진학, 대학 전공, 직장 배정 등은 위로부터 일률적이어서 남한 사회에서의 민주주의, 다양성과 자유의지에 의한 선택과 결정은 이들의 혼란을 더욱 가중시킨다.

또한 북한 출신 근로자들이 직장문화와 노동문화에 적응하는 데에도 많은 어려움이 따른다. 집단주의적 문화에서 살아온 그들은 개인주의적 성향이 강한 우리사회의 분위기에 쉽게 적응하지 못하며, 공산주의 체제 아래 '느릿느릿 일하기'가 일반화되어 대충대충 일하는 것이 체질화되어 있는 그들을 용납하지 않는 우리 문화에서 심한 스트레스를 경험하기도 한다.

(4) 경제적 어려움

북한이탈주민이 남한 사회에 적응하기 위해서는 무엇보다도 경제적 자립이 중요하다. 사회주의 체제에서 생활했던 북한이탈주민은 남한 사회에 들어와 자본주의 세계에서 살아남기 위해서는 돈을 벌어야 한다는 강박관념을 가지고 있다. 따라서 북한이탈주민은 경제적으로 자립할 수 있는 능력을 가지지 못하기 때문에 남한 사회 정착에 어려움을 겪는다.

북한이탈주민이 겪는 경제적 어려움의 일차적 원인은 이들을 원하는 직장이 없다는 것이다. 이들은 안정된 직장을 원하지만 전문성과 업무능력 부족 등으로 인해 대부분 일용직이며 불안정한 고용조건하에서 일하고 있어 장래가 불안한 상황에 놓여 있다. 이에 정부는 북한이탈주민이 정착 초기에 기초생계를 해결할 수 있도록 기본금과 가산금, 주거지원금과 각종 장려금 등 일정 금액의 정착지원금을 지급하고 있다. 또한 북한이탈주민의 경제활동 현황을 살펴보면, 우리나라 전체 국민의 실업률이 4.0%인 반면에 북한이탈주민은 6.3%, 경제활동 참가율도 64.1%로 낮은 것을 알 수 있다(〈표 4-11〉).

표 4-11. 북한이탈주민 경제활동 현황 (단위: %)

구분	생계급여수급률	초 · 중 · 고 학업중단율	경제활동참가율	고용률	실업률
2008	54.8	10.8	49.6	44.9	9.5
2009	54.9	6.1	48.6	41.9	13.7
2010	51.3	4.9	42.6	38.7	9.2
2011	46.7	4.7	56.5	49.7	12.1
2012	40.8	3.3	54.1	50	7.5
2013	35	3.46	56.9	51.4	9.7
2014	32.3	2.5	55.3	51.7	6.4

구분	생계급여수급률	초 · 중 · 고 학업중단율	경제활동참가율	고용률	실업률
2015	25.3	2.2	59.4	54.6	4.8
2016	24.4	2.1	57.9	55	5.1
2017	24.4	2.0.	61.2	56.9	7.0
2018	23.8	2.5	64.8	60.4	6.9
2019	23.8	3.0	62.1	58.2	6.3
2020	23.8	2.9	60.1	54.4	9.4
2021	22.8	1.2	61.3	56.7	7.5
2022	22.6	1.6	63.0	59.2	6.1
2023	22.7	1.9	63.4	60.5	4.5
2024	22.9	2.7	64.1	60.1	6.3

출처: 통일부(2025). 북한이탈주민정책.

4) 외국인유학생

(1) 의사소통과 문화적 차이

우선, 많은 비중으로 외국인유학생들은 언어 소통 문제, 그리고 문화적인 차이를 이해하는 것이 한국에서 공부하면서 가장 어려운 부분이라고 보고하고 있다. 또한 한국의 학비와 비싼 물가를 감당하기 어려워 대부분 아르바이트를 하며 생활을 유지하고 있다고 하였다. 이처럼 외국인유학생들도 우리나라 대학생들이 겪고 있는 것과 비슷한 문제를 경험하고 있는 것으로 나타났다.

일단, 학비, 생활비 등은 한국 대학생들도 어려움을 느끼고 있는 부분이지만, 여기에 더불어 언어적인 부분, 문화적인 차이까지 느끼고 있어, 유학생들은 한국 대학생들보다 상대적으로 한국에서 생활하는 데 많은 어려움을 겪고 있다고 할 수 있다.

(2) 정보취득의 어려움

한국 생활에 많은 어려움을 겪고 있음에도 불구하고, 한국에 거주하고 있는 외국인유학생들은 한국 생활에 적응하기 위한 정보들을 알기가 어렵다고 주장한다. 특히 언어와 관련된 장벽이 있어, 한국에서 학업과 취업에 관련하여 많은 어려움을 겪고 있는 것으로 나타났다. 미국의 경우 이민자, 유학생을 위해 Writing Center를 대학교에서 운영함으로써, 영어가 모국어가 아닌 사람들을 위한 첨삭지도를 편하게 이용할 수 있게 되어 있으나 우리나라에서는 그러한 첨삭지도 프로그램을 대학교에서 운영하는 경우가 거의 없으며, 이러한 한국의 상황이 외국인유학생들에게는 국내 생활에 적응하기 힘들게 하는 환경임을 확인할 수 있다.

(3) 한국어 교육 프로그램의 부족

한국에 거주하는 외국인유학생들 중 한국어를 배우고 싶다는 인원은 많으나, 이들을 위한 한국어 교육 프로그램도 매우 부족한 상황이라고 할 수 있다. 또한 타국에서 온 유학생들은 한국의 전통문화, 한국어, 경제 등 다양한 분야에 관심을 보여 주고 있는데, 이에 비해 한국어, 한국문화에 대해 경험하고 배울 수 있는 기회가 많이 없어 유학생들에게 배움의 장이 별로 없다는 것도 하나의 고충으로 작용하고 있다.

Chapter 05

외국 다문화사회의 형성배경과 통합정책

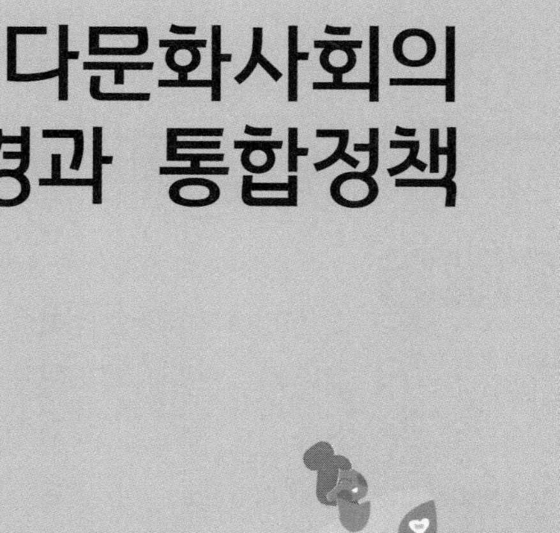

배울 내용

1. 다문화사회 통합정책 개념 및 유형
2. 국가별 사회통합 정책
3. 외국 다문화사회의 문제

학습목표

1. 다문화사회 통합정책 개념 및 유형을 이해한다.
2. 국가별 사회통합 정책의 특징과 장단점을 파악한다.
3. 외국 다문화사회의 문제점들을 파악하고 해결방안을 모색해 본다.

Chapter 05

외국 다문화사회의 형성배경과 통합정책

한 국가 내에 다양한 문화가 공존하는 다문화사회 현상은 세계화 추세에 따른 국제적 인구이동과 함께 광범위하게 전개되고 있다. 지금도 이주민을 유입하는 많은 국가에서는 '이민과 통합(immigration and integration)'이 국가의 중요한 정책 이슈로 등장하고 있으며, 유럽의 경우 국가마다 이주민을 수용한 배경과 역사가 다르기 때문에 서로 다른 통합정책들이 존재하지만, 유럽연합(European Union: EU) 수준에서의 논의를 통해 이민정책이라는 큰 틀의 통합을 다루고 있다. 이러한 큰 틀을 가지고 있음에도 불구하고 다문화사회 통합에 대한 정책적 접근은 이주의 역사 및 배경, 정책대상과 이민자 인구의 특성에 따라 국가별로 매우 상이하게 나타나고 있다.

1. 다문화사회 통합정책의 개념 및 유형

1) 다문화사회의 통합정책

한 사회 내에 다양한 인종과 문화가 증가하면서 그에 따른 사회적 갈등과 충돌은 피할 수 없는 문제로 대두되고 있다. 특히 이주민을 수용하는 유입국에서는 이주민의 사회적 배제와 차별을 해소하고 사회적 응집력을 형성하기 위해 다문화사회의 통합을 위해 노력해 왔다. 주로 이주민의 통합은 이민자와 국민 모두에게 있어 사회, 경제, 문화, 정치, 법률 부분의 포용을 통해 이민자와 국민이 상호 간 다문화에 대한 이해 부족으로 인해 발생할 수 있는 충돌 등 사회위기를 최소화하도록 지원하는 것으로 정의된다. 그리고 이러한 다문화사회의 사회적 문제를 해결하기 위한 정책적 대안이 다문화사회의 통합정책으로 통칭된다. 즉, 의도적 체류를 동반한 장기적 체류 외국인을 대상으로 그 나라의 정착과 적응을 위한 언어, 문화, 노동, 정치, 경제, 의료 등 다양한 분야에 대한 이민자의 사회정착을 위한 지원 정책을 다문화사회의 통합정책이라고 정의할 수 있다.

2) 다문화사회 통합정책의 대상

우리나라보다 먼저 다문화 사회통합에 대한 논의를 진행하고 정책화하고 있는 유럽연합(European Union: EU)의 사회통합대상자 통합대상의 범위를 살펴보면([그림 5-1]), EU 회원국들은 EU 시민을 제외한 합법적 회원국 거주자를 제3국 국민(third-country nationals)이라고 부르며 통합의 주요 대상으로 간주하고 있다. 전체적으로는 '합법적으로 거주하는 비국민(legally-residentnon-nation)'과 '합법적으로 거주하는 이주자(legally-residentmigrants)'라는 두 개의 큰 범주가 존재하며 '비합법적 거주자인 미등록 이주자(non-legally-resident migrants, undocumented migrants)'는 따로 분리되어 있다. 합법적 거주자인 비국민은 시민권자는 아니지만 유입국에 거주하는 것을 허가받은 사람들로서 무국적자(stateless persons)와 EU 시민이 포함되고, 합법적으로 거주하는 이주자에는 역이민자(returned emigrants)가 포함된다. 두 범주에 공통으로 속하는 사람들은 '합법적으로 거주하는 제3국 국민들(legally-resident third countrynationals)'로, 노동이주(migration for employment), 가족재결합(family reunification), 인도주의적 이유, 연구 및 국제보호대상자가 이에 해당된다. 이 중에서도 노동이주와 가족재결합 혹은 인도주의적 이유로 입국한 장기 체류자만이 통합의 대상이 된다. 노동이주자의 경우, 처음 입국할 때에는 개인이 혼자 입국하지만 거주 기간이 1년 이상 되면 점차 본국에서 가족을 데리고 와서 함께 거주하고자 하기 때문에 유럽의 유입국들은 노동이주자들을 개인이 아닌 가족의 일원으로 본다. 따라서 EU 회원국들의 사회통합 대상은 합법적 거주를 하고 있는 이민자이며, 특히 정착을 목적으로 장기체류를 하거나 시민권 획득을 위해 체류하는 사람들이 주요 대상이 된다.

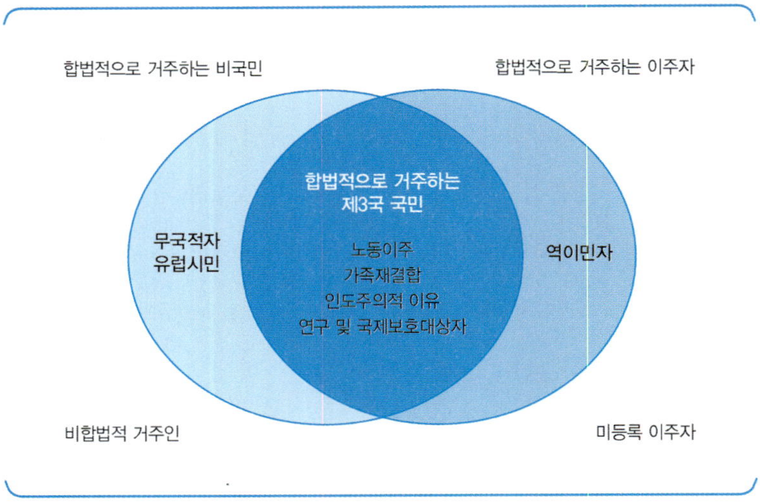

그림 5-1. **EU의 통합정책의 대상**

3) 다문화사회 통합정책의 유형

다문화사회 통합은 이민자 정착 정책과 지원 서비스 등으로 구체화된다. 이민자들은 수용국에서의 편견과 차별, 언어문제, 경제문제, 문화 차이 등으로 인해 주류사회통합에 어려움을 겪게 된다. 이러한 문제의 해결과 갈등의 양상은 국가의 정책과 긴밀히 연결되어 있는데, 이러한 국가의 정책은 통합을 어렵게 하는 장애물이자 통합을 촉진시키는 촉매제 역할이 되기도 한다. 국가별 다문화사회 통합정책은 시대와 상황에 맞게 다른 양상을 지니고 있다는 특징을 지닌다. 즉, 다문화사회 통합정책의 유형을 차별배제모델, 동화모델, 다문화모델로 구분하여 살펴보면 다음과 같다(김지윤, 2012; Castles & Mille, 2003).

표 5-1. 다문화사회 통합정책의 유형

구분	내용	예
차별배제 모형	차별배제모형은 '종족적 민주주의'에 입각한 민족 관념을 가지고 있는 국가들에서 주로 나타나는 현상이다. 지배적인 종족집단은 이민자와 그 후손들을 자국의 구성원으로 받아들이기를 꺼려 한다. 이러한 태도는 가족재결합(family reunion)을 제한하고 안정적인 체류 조건을 부여하기를 꺼려 하는 것과 같은 배제적인(exclusionary) 이민정책, 엄격한 귀화조건, 자국은 이민의 나라가 아니라는 관념 등으로 표현된다. 1960년 독일에서 이주노동자를 받아들일 때 사용한 '손님 노동자 제도(guest worker system)'는 차별배제주의의 전형이라고 할 수 있다. 한국사회의 생산기능직 외국인력 제도인 고용허가제와 산업연수제 역시 이러한 원리에 기반을 두고 있다. 반면 엄격한 조건을 통과해 공식적인 권한을 부여받은 이민자들이 자국의 제도와 문화에 적응, 동화되어 가는 것을 당연한 과정으로 받아들임으로써 문화 단일성을 유지해 나가는 데 초점을 두게 된다. 일본, 독일, 스위스, 오스트리아 등이 이 유형의 전형적 사례라고 할 수 있다.	독일 일본
동화모형	동화주의는 이민자를 일방적으로 유입국 사회에 통합시키는 정책이다. 이 유형은 이민자가 출신국의 언어 · 문화 · 사회 특성을 완전히 포기하고 주류사회의 일원이 되는 것을 목표로 하는데, 즉 주류사회가 자국 사회의 일원이 되기를 원하는 이민자에게 문화적 동화를 대가로 사회의 일원으로 인정하는 정책이다. 이 경우 국가의 역할은 이민자의 적응과정을 보다 손쉽게 하는 조건들을 만들어 주는 것이다. 동화주의를 채택한 사회에서는 이민자의 문화, 언어, 생활습관을 보호하고, 또 직업이나 교육의 기회에서 인종차별 금지 등 정책적으로 이민자를 지원하며 사회참여를 유도한다. 1960년대까지 미국사회가 표방하였던 용광로(melting pot) 모형, 프랑스 사회가 지속적으로 견지해 온 동화주의(공화주의) 등이 대표적이다.	프랑스 영국
다문화모형	다문화모형은 이민자가 그들만의 문화를 지켜 나가는 것을 인정하고 장려하며, 정책목표를 소수민족의 주류사회로의 동화가 아닌 공존(symbiosis)에 둔다. 다문화모형은 다양한 문화나 가치, 다양한 민족 집단과 그들의 개별적인 언어와 습관들을 한 나라 속에 공존시키는 정책이다. 다문화모형은 타 문화, 타 언어, 이교도 집단의 정체성을 인정함으로써 사회의 분열과 갈등을 예방할 수 있다는 점에서 다양성에 기반을 둔 국민통합정책으로 볼 수 있다. 다문화모형은 문화다원주의(cultural pluralism)와 다문화주의(multicul turalism)로 세분할 수 있는데, 이 두 개념은 다양성을 인정하고 사회통합을 추구한다는 점에서는 같지만 전제로 하는 조건과 실행 방법이 다르다. 구체적으로 문화다원주의는 문화의 다원성과 다양성을 인정하면서도 주류사회가 존재하는 것을 전제로 한다. 반면 다문화주의는 주류사회의 존재를 인정하지 않고 다양한 문화가 평등하게 인정되어야 함을 강조한다. 문화다원주의의 대표적 국가로는 미국이 있고, 캐나다나 호주는 다문화주의의 대표적 국가로 꼽히고 있다.	미국 캐나다 호주

2. 국가별 사회통합 정책

1) 독일

독일[1]은 제2차 세계대전 이후 부족한 노동력을 보충하기 위하여 외국인노동자를 유입하기 시작하였고, 1995년에는 이탈리아와 노동자 모집협약을 체결한 이후 유럽의 여러 국가와 고용협약을 통해 적극적인 노동이주정책을 펼쳐 노동력 부족문제를 해결하고자 하였다. 특히 베를린 장벽 설치 이후 외국인노동자의 유입은 더욱 증가하였고, 1970년 오일쇼크로 인한 외국 인력의 모집 중단조치가 이루어질 때까지 전체 인구의 10%에 이를 정도로 외국인노동자 유입이 적극적으로 이루어졌다.

그러나 1970년대 초 경제성장의 둔화로 독일에서의 외국인 노동인력의 유입 정책은 1973년 외국인노동자 모집 중지라는 결과에 이른다. 오일쇼크로 인한

1) 세계에서 가장 부유한 나라 가운데 하나로, 자동차와 철·강철 제품을 수출한다. 1871년 비스마르크가 통일 독일제국을 건설하였다. 제1차 세계대전 패배 후 많은 영토와 모든 식민지를 잃었다. 히틀러가 1939년 폴란드를 침공함으로써 제2차 세계대전이 유발되었다. 히틀러는 600만 명의 사람을 조직적으로 학살한 홀로코스트를 자행했다. 1949년 동서로 분할되었다가 1990년에 통일되었다. 현재 EU 회원국 간의 결속을 통해 서유럽과의 정치적·경제적 통합을 지향하고 있다. 독일의 인구는 저출산과 고령화 등의 영향으로 2002년 이후 줄곧 내리막을 걷다가 2011년부터 점차 증가하기 시작하여 2017년까지 많은 수의 인구가 증가했다. 인구는 2020년 기준 8,372만 884명이고 인구밀도는 235명/㎢이다. 이는 독일 정부에서 추진한 난민수용 정책으로 인해 약 100만 명이 넘는 외부 인구가 유입된 결과이기도 하다. 15세 이하 인구가 전체의 13%를 차지하고 있으며, 전체 인구의 75%가 도시 거주자이다(출처: Daum백과).

경기둔화로 인해 외국노동력의 유입이 제한되었음에도 불구하고 영구 정착하는 외국인은 증가하였고, 이와 함께 가족재결합이라는 새로운 형태의 이민이 전개됨에 따라 독일 사회의 통합문제는 정치쟁점화 되기 시작하였다. '독일은 이민국가가 아니다'라는 전통적인 독일 사회의 자의식에서 잘 나타나듯이 초기 외국인 정책은 다문화가 아닌 자문화 중심주의에 기초한 통합의 양상으로 추진되었다. 이러한 초기 외국인 정책은 문화적 다양성을 인정하지 않는 방향으로 흘러갔고, 이러한 정책은 이민자들을 주류사회와 분리, 배제시키는 결과를 초래하였다. 즉, 1980년대 말까지 대체로 독일의 외국인노동자 정책은 외국인을 제한하는 정책을 수행하였다고 평가할 수 있다(김지윤, 2012).

1990년 냉전종식 이후, 소련 및 동유럽에서의 외국인노동자의 유입으로 외국인노동자는 다시 증가하였고, 정치적 난민, 이주자 가족구성원의 이주, 유럽공동체 국가 시민들의 독일로의 이민, 구 유고지역의 전쟁으로 인한 피난민 등 새로운 형태의 외국인 유입이 증가하게 되었다. 따라서 독일에서는 이러한 이주 외국인의 증가로 인한 사회적 갈등과 욕구충돌 현상이 나타나게 되었다. 더구나 이들 이민자들은 오늘날 우리사회에서 보는 것처럼 대다수가 생활보호대상자였기 때문에 독일정부로서는 다문화사회 통합노력에 따른 사회적 · 재정적 부담을 가지게 되었다. 1990년대 초반 '이주국으로서 독일'에 대한 인정과 독일 사회내부에 급증하는 외국인에 대한 혐오감과 테러현상에 대한 자성의 목소리는 이민자의 통합문제에 대한 정책 전환의 필요성을 제기하게 되었다.

독일 내부의 이민자 통합에 대한 논란은 1998년 정권교체 이후 국적법 개정으로 이루어진다. 2000년 1월 1일 개정된 새로운 독일 국적법은 외국인노동자 및 그 가족에 대한 독일 국적 취득을 용이하게 하였고, 외국인노동자와 그 가족들은 새로운 법에 따라 법적 보호와 통합의 가능성을 확대하게 되었다. 이러한 배경에는 저출산 및 노동인구의 감소, 노령화 등으로 노동력을 확보하기 위한 이주가 필요하다는 측면에서 이주의 불가피성에 대한 새로운 인식이 확산되어 있었다고 볼 수 있다. 그러나 이러한 과정에서 독일에서는 개방적인 이주정책을 반대하는 입장과 지지하는 사회단체, 정당 간의 대립과 타협이 불가피하였으며, 오랜 정치적 논란 끝에 2005년 1월 1일에 새로운 이민법이 발효되어 이주와 관련된 새로운 법적 조치가 마련되었다. 2005년 이민법은 국적 및 난민, 이민, 망명문제를 체계적인 틀로 제도화하여 독일의 기준과 필요에 따라 이민자들을 선별하고 독일 문화와 가치에 수용적인 태도를 가지고 의식과 문화 면에서 독일인과 다름이 없는 독일 이민자들을 선택하여 이들을 독일 사회로 통합하려는 정책을 수행하고 있다.

독일의 신이민법은 이민자가 증가하고 있음에도 불구하고 이민국이라 인정하지 않던 입장에서, 최근 스스로를 이민국으로 규정하는 패러다임의 전환을 반영한다. 이러한 패러다임 전환의 가장 큰 이유는 독일 인구의 고령화에 따른 노동력 부족으로 경제에 부정적 영향을 미치므로, 이를 극복하기 위해 젊은 노동력을 제공할 수 있는 이민자들의 수용이 요구되었기 때문이다. 저숙련이나 미숙련의 노동력이 아닌 전문 인력 위주의 노동력을 수용함으로써 독일경제가 경쟁력을 가질 수 있도록 한 것이다.

기본적으로 이주민들의 사회통합을 진척시키기 위하여 '지원과 요구' 원칙에 따라 국가가 이주민들이 독일 사회에 가능한 빠른 시간 안에 적응할 수 있도록 언어강좌 등을 제공하면서 정착을 지원하는 반면, 이주민들은 언어습득의 의무를 요구받는데, 언어시험을 실시하여 그 성과를 평가하고 그 결과로 체류허가의 조건이 되게 하였다. 따라서 독일은 이 원칙에 따라 원하는 주민을 선발하고, 원하지 않는 이주민을 배제할 수 있는 근거를 갖추게 되었다.

현재 새로운 이민자 사회통합 정책은 의무적으로 추진되고 있으며, 정주를 목적으로 새롭게 유입되는 전문적이고 숙련된 노동력을 대상으로 하는 통합과정으로 진행되고 있다. 이미 독일에 거주하고 있는 이민자에 대한 통합의 경우, 독일 국적의 취득의 완화와 이중국적 허용을 통한 독일로의 통합을 목표로 하고 있다. 또한 독일은 사회통합과정에서 외국인노동자뿐만 아니라 그 가족에 대한 다차원적 접근을 시도하여 내국인과 이주자 사이의 괴리를 줄여 나가고 하나의 공동체를 형성하고자 노력하고 있는 것으로 평가되고 있다. 하지만 한편으로 독일은 다른 유럽 국가들에 비해 국적법이 여전히 배타적이란 평가도 동시에 받는다. 대표적인 예가 독일법상의 이중국적을 금지하는 조항이라고 할 수 있는데, 독일에 거주하는 외국인의 70% 이상이 독일 시민권을 신청할 수 있는 법적 조건을 갖추고 있음에도 불구하고 이중국적이 허용되지 않아 귀화를 꺼리고 있는 것으로 분석되고 있다.

현재 독일의 통합정책은 연방내무성이 중심이 되어 연방차원에서 결정되고, 산하 소속기관인 연방난민청이 주무부서로 집행을 담당한다. 그러나 실제적인 프로그램 실행과 통합의 노력은 각 주정부와 기초 지방정부들이 적극적으로 담당하고 있다. 독일의 구체적인 사회통합모형은 〈표 5-2〉와 같다(김지윤, 2012).

표 5-2. 독일의 사회통합모형

유형	• 차별배제모형
특징	• 1990년대 후반까지 혈통주의에 입각하여 독일계 정착민과 외국인노동자를 분리하는 구분 배제모델을 유지 • 외국인의 장기거주가 증가하자 2000년 「국적관련법」의 개정으로 속지주의(출생지주의) 수용 등 통합정책 변경 • 「신이민법」의 제정(2004)으로 이민자 통합교육 실시
개념	• 유입국 사회는 이민자에게 내국인과 동등하게 노동시장과 교육제도 등에 접근할 수 있는 기회를 제공 • 이민자가 유입국 사회의 시민권을 획득할 수 있는 기회를 제공하여 정치영역에서 참여할 수 있도록 함
대상	• 새 통합정책은 영주권을 획득하고자 하는 새로운 이민자와 함께 현재 독일에 거주하고 있는 이민 2, 3세대까지 포함

통합교육	• 총 645시간의 통합교육 중 600시간은 독일어 교육, 나머지 45시간은 독일의 역사, 문화, 법체계 습득 • 이민자, 장기 거주자, 독일계 정착민 EU 시민으로 독일 사회의 일부가 되고자 하는 사람들을 주요 대상으로 함
수용방향	• 이민자 수용을 통한 저출산 · 고령화 사회에 대응 • 저숙련이나 미숙련의 노동력이 아닌 전문 인력 위주의 노동력을 수용함으로써 경제적 경쟁력 강화
추진체계	• 내무부, 법무부 주무 부처 • 이민, 난민 및 통합 프로그램 국장(Commissioner for Migration, Refugees and Integration Programs)이 있음

2) 프랑스

프랑스[2]의 이민 역사는 크게 대혁명 이후 19세기 초반부터 이루어진 '정치이민' 이후 산업혁명의 개화에 따른 다른 유럽국가와 식민국으로부터의 '경제이민[3]'으로 나누어 볼 수 있다. 200여년이 넘는 세월 동안 끊임없이 이어진 프랑

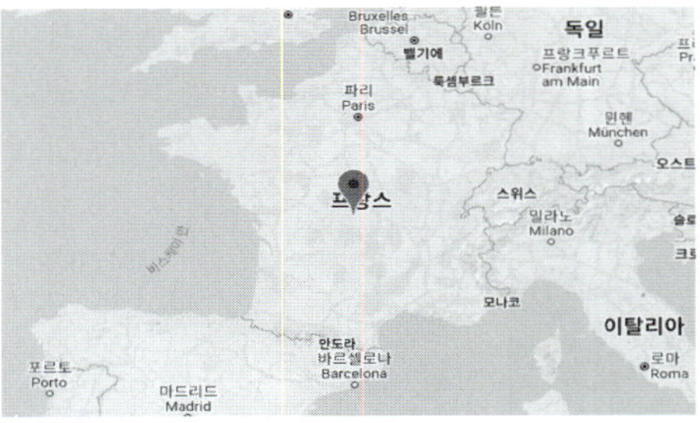

2) 수도는 파리이고 국민은 프랑스계이며 종교는 로마 가톨릭 신자가 압도적이다. 화폐단위는 유로를 사용한다. 국가수반은 대통령이고, 정부수반은 수상이다. 문화적, 정치적으로 세계사에 중요한 역할을 담당해 왔다. 1789년 프랑스 혁명은 '인권선언'을 통해 구체제를 무너뜨렸다. 혁명 후 나폴레옹 통치, 1, 2차 세계대전까지 다양한 정치적 변화를 겪었으며 1944년에 의회민주주의를 회복하였다. 육지의 반 이상이 농업에 적당하고, 자연 그대로의 상태를 간직한 넓은 삼림지역이 영토의 1/4가량을 덮고 있다. 1801년까지만 해도 프랑스는 유럽에서 가장 인구가 많은 나라로서 유럽 대륙 전체인구의 1/6을 차지하고 있었다. 그러나 그 이후로 인구증가율이 다른 나라에 비해 월등히 낮아졌으며, 1911년에 4,000만 명이던 인구가 1950년대까지도 늘지 않았다. 프랑스 혁명전쟁, 제1제국 전쟁, 프랑스-프로이센 전쟁(1870~71), 제1차 세계대전(1914~18), 제2차 세계대전(1939~45) 등 거듭된 전쟁으로 인구성장이 억제되었다. 1938년부터 프랑스는 인구감소를 막기 위한 조처를 취했다. 어린아이가 있는 가족에게 수당과 그밖의 물질적인 혜택을 주기 위한 계획들의 입법화가 추진되었다(출처: Daum 백과).

3) 정치이민은 '자유, 평등, 박애'의 가치로 일어난 세계최초의 시민 혁명인 프랑스 대혁명 이후, 유럽의 여러 국가에서 자유를 찾아 프랑스에 정치적 망명을 하는 사람들이 많아지면서 지금까지도 이어지는 이민의 형

스 이민사는 결국 프랑스가 다양한 민족과 문화로 구성된 사회임을 보여 준다. 현재 프랑스 국민 4분의 1은 부모나 조부모 중의 한 사람이 외국인이라는 통계는 프랑스라는 국가가 얼마나 다양한 민족으로 이루어져 있는지를 알 수 있게 한다.

제2차 세계대전 이후에 국가를 재건하기 위해 프랑스는 적극적으로 노동자를 받아들였다. 이민국을 창설해 알제리, 모로코, 튀니지 등에서 이주노동자를 선발했지만 대부분 프랑스인들은 이주노동자의 존재를 한시적인 것으로 보고 심각하게 받아들이지 않았다. 1970년대 오일쇼크로 경제성장이 둔화되면서 프랑스는 가족의 합류와 정치적 망명의 경우를 제외하고는 공식적으로 이민을 중단했다. 그리고 귀국보조금을 지원하며 이주노동자들의 귀국을 권장하였으나 대부분의 이주노동자들은 프랑스를 떠나지 않았다. 1974년에는 인도적 차원에서 이주노동자의 가족합류를 허용하고 가족재결합 정책을 실시하게 되었고 이를 계기로 기간계약 노동이주가 정착이주로 자리 잡게 되었다. 1981년 프랑스는 본격적인 이민자 통합정책을 추진하여 불법 이민자에게 합법적 지위를 부여하고 가족재결합의 제한을 해제하여 추가 이민자를 받아들이게 되었다.

이러한 역사 속에서 프랑스는 공화국 정신에 입각해 이민자들을 위한 정책을 펼쳤으며, 그러한 전통은 지금까지도 영미권 국가들과는 차이를 보이고 있다. 즉, 프랑스의 통합전략은 이민자를 완전한 프랑스인으로 '동화(assimilation)'시키는 데 초점이 맞추어져 있다. 즉, 프랑스의 공화주의적 가치를 인정하고 공동체로의 적극적인 귀속 의지를 밝히는 외국인에게는 '프랑스인'이 될 수 있는 기회를 열어 주고 있다. 이는 프랑스가 추진하는 이민자를 비롯한 다문화사회 통

태이다. 정치이민이 상징적인 역할을 한 것과 비교해 경제이민은 양적으로 큰 비중을 차지하고 있다. 19세기에는 산업혁명의 여파로 주로 인접국인 이탈리아와 벨기에 등으로부터의 이주자가 대다수를 차지했던 반면, 20세기 후반으로 갈수록 프랑스의 식민국이었던 북아프리카 국가들과 사하라이남 아프리카 국가들로부터의 경제이민이 대표적이다. 2차 세계대전 이후 1970년대 중반까지 프랑스에서 노동력 수요는 급증했음에도 불구하고, 출산율이 저하되면서 대규모 이민을 받아들였기 때문이다.

합정책의 기조이며, 민족, 문화, 종교 등이 지니는 특수성을 공적 영역에서는 고려하지 않는다는 뜻이다. 프랑스 통합정책의 핵심은 국적법으로, 이민자는 프랑스 국적을 취득해야 그 사회에 온전히 통합될 수 있다. 즉, 프랑스에서는 이민자 통합의 일차적 전제 조건은 귀화이다. 프랑스는 교육을 통해 사회·문화적 차이까지도 제거한다. 2004년부터 학교 등과 같은 공공장소에서 이슬람 여성의 히잡 사용에 대한 법적 금지가 대표적 사례로서, 이 역시 공화주의의 평등과 자유라는 보편적 가치하에서 통합을 이루고자 하는 목적에서 행해진 것이다. 프랑스는 공적 영역에서 문화적, 종교적 차이를 인정하지 않더라도 사적 영역에서는 차이와 다름을 받아들이고, 점차적으로 이슬람 종교지도자 등이 국가와 종교관련 회의에 참여하고 있다.

한편 프랑스는 2003년 유입통합계약[4]을 시행하면서 이민자 통합을 위해 프랑스어와 시민교육을 실시하였다. 2006년에는 EU의 이민과 통합정책의 변화를 반영하여 '이민과 통합법(law of immigration and integration)'을 시행하고 필요로 하는 고급인력의 이민은 장려하고 불법체류자 등에 대해서는 강력한 단속을 하며, 기이민자에 대해서는 프랑스 사회에 잘 적응할 수 있도록 동화주의 정책을 강화하는 특징을 보인다. 이민자의 통합에 관해 사회복지부와 노동부가 주무부처이며, 내무부와 법무부도 통합업무를 담당한다. 정부 부처 간 위원회(inter-ministerial committee)가 이민자의 교육, 고용 등 담당하는 부처들 간의 업무를 조정하거나 검토하는 역할을 한다. 프랑스의 구체적인 사회통합모형은 〈표 5-3〉과 같다(김지윤, 2012).

---

4) CASEDA(프랑스 영토의 입국과 체류조건, 가족결합조항, 노동권, 추방의 조건과 범위, 외국인 구류소에 관한 규정 등 외국인에 관련된 모든 법규를 총괄)에 의해 체결하는 계약으로 신규 이민자는 프랑스어 능력 배양과정과 시민성을 함양하기 위한 교육과정을 반드시 이수해야 한다.

표 5-3. 프랑스의 사회통합모형

구분	내용
유형	• 동화주의
특징	• 공화주의 평등과 자유의 원칙하에 개인 존중, 집단의 정체성과 차이는 인정하지 않음 • 통합의 일차적 조건은 귀화이며, 교육을 통해 사회문화적 차이를 제거함 • 법으로 공공장소에서 히잡 사용 금지(2004) • 2003년 유입통합계약 실시
개념	• 국적 획득으로 프랑스 사회에 온전히 통합
대상	• 프랑스에 정착하고자 하는 사람들
통합교육	• 유입통합계약의 실시로 통합교육 실행 • 최대 500시간의 프랑스어 교육과 하루 동안의 시민교육
수용방향	• 이민자 수용으로 저출산 · 고령화 사회에 대응 • 2006년 「신이민법」 통과로 미숙련, 저숙련 노동력보다는 고급 전문 인력 중심으로 이민자 수용
추진체계	• 부처 간의 업무를 조정하는 정부 부처 간 위원회가 있음 • 내무부, 법무부, 사회복지부, 노동부가 통합업무를 담당하고 사회복지부와 노동부가 통합정책의 주무부처가 됨

3) 미국

미국[5]은 그 어떤 나라보다도 인종 구성이 다양한 나라이다. 영국 식민지 시대부터 현대에 이르기까지, 북미 대륙은 전 세계 국가로부터 다양한 인종의 많

5) 수도는 워싱턴이며 캐나다, 멕시코와 국경이 닿아 있다. 국민은 다양한 인종으로 구성되며 대개 영어를 사용한다. 화폐단위는 미국달러다. 양원제를 채택한 연방공화국으로 대통령이 국가원수와 정부수반을 겸한다. 미국은 1991년 소련 붕괴 이후 단일한 세계 최강국으로 자리했다. 산업발달을 통해 경제적 부를 이루었으나 주요한 천연자원 생산국이기도 하며 세계의 주요 식량 수출국이기도 하다. 미국의 전체 출생률은 유럽보다 약간 높고 세계의 나머지 지역보다 훨씬 낮다. 일반적으로 가정소득과 교육수준이 높을수록 자녀수는 감소한다. 전체 인구는 2020년 기준 3억 3,043만 3,868명에 이르고 있으며, 인구밀도는 35명/㎢이다. 15세 이하의 인구가 약 20%를 차지한다. 도시거주자의 비율은 인구의 82%에 달하고 있다(출처: Daum백과).

은 사람들을 받아들여 왔다. 특히 유럽, 아시아 및 남미로부터 수백만의 '자발적'인 이민자들이 북미 대륙에 정착했다. 그들은 다양한 이유로 이주해 왔고 또한 계속해서 이주해 오고 있지만, 그들이 미국으로 이주해 오는 주된 이유는 미국에 오는 것이 자신들의 나라에 머무는 것보다 더 많은 경제적 기회를 누릴 수 있다고 생각하기 때문이다.

최대 이민국가인 미국은 1860년대부터 본격적인 이민이 시작되어 아직도 이민으로 인한 인구학적 변화와 문화적 변화가 계속 진행되고 있다. 이민의 형태로는 가족보증 이민, 취업기반 이민, 인도주의적 이민(난민 · 망명 등), 특별 이민 등으로 구분하고 비시민으로 미국에 체류하는 경우는 합법적인 영주권자(Lawful Permanent Residents: LPRs), 비이민자(non-immigrants), 무적 이주자(undocumented migrants) 등 세 가지로 구분할 수있다.

미국은 1850년부터 아시아계 이민을 받아들이긴 하였으나 아시아인의 규모가 커지는 것을 경계하여 1882년 중국인 금지법 등 인종주의 이민정책을 구사하였다. 그 후 1955년 이민개혁법을 통해 이민자 차별을 철폐함에 따라 전 세계의 인재를 모으는 창구 역할을 하게 되었다. 그러나 영어권 이민자들이 주로 유입되던 과거와는 달리 대부분의 이민자들이 라틴 아메리카나 아시아 대륙의 비영어권 국가출신이어서, 미국은 언어와 문화가 상이한 이민자들의 정착을 지원해야 하는 새로운 과제에 직면하게 되었다.

미국은 미국으로 이주한 사람들의 이유가 무엇이든 간에 미국을 자발적으로 선택한 것이라고 여기며, 미국 사회와 문화에 대한 적응이나 동화는 자발적이며 당연한 것으로 간주하는 경향이 있었다. 즉, 미국에서는 아무도 동화를 강요하지 않으며, 이민자들은 미국에서의 삶, 즉 미국적 삶을 선택하여 미국에 온 것이라고 여긴 것이다. 물론 이주자가 공적 영역에서 미국 사회의 법규와 정책을 받아들이면서 미국 사회의 삶에 참여하는 한, 사적인 영역에서 자신의 문화적 관습을 유지하는 것은 허용되었다. 이는 미국의 문화적 다원주의의 기본 태도이다. 이처럼 소수민족의 문화와 언어는 인정하되 자국의 강력한 주류사회가 존재한다는 것을 명시하는 다문화수용 방향이 미국의 다문화사회 통합의 기본 방향이라 할 수 있다(김지윤, 2012).

미국은 공식적 사회통합 방안은 없지만, 미국은 연방 정부 차원에서 이민자의 정착(settlement)을 '이민자들을 받아들이는 지역사회 구성원들의 변화를 포함하는 상호적인 과정'이라고 정의 내리고, 이민자들이 잘 정착할 수 있도록 돕는 것이 국가 및 지역사회의 사명이라고 명시하고 있다.

그러나 실제로 미국의 이민자 정착 정책은 연방정부의 개입이 적은 '자유방임형(laissez-faire)'으로 간주된다. 미국연방정부는 미국 사회가 원하는 이민자들이라면 처음부터 별다른 도움을 필요로 하지 않는, 즉 '자족한 사람들(self-sufficient)'일 것이라고 가정하고 이민자들이 스스로 미국 사회에 성공적으로 통합될 수 있는 길을 찾도록 장려하면서 경제 · 문화 · 사회 · 정치적 통합에 필요한 제한적인 도움만을 제공하고 있다.

긴급하게 교육이 필요한 이민 학생을 위해 긴급 이민 교육(Emergency Immigrant Education) 프로그램을 제공하며, 연방정부가 주정부에 재정을 제공하고 주정부는 지역교육기관에 예산을 분배한다. 그리고 학생들과 성인들이 미국 시민으로서 갖추어야 할 시민적 소양의 내용과 기준은 정부와 협조하고 있는 NGO들, 예를 들어 Center for Civic Education이 개발한다. 성인들은 지역사회에 있는 성인학교, 지역대학, 자원봉사기관에서 정착에 필요한 영어, 시민적 소양, 정보 등을 얻는다. 이민국 홈페이지에서는 시민권 취득을 준비하는 사람들을 위해 예상문제들을 제공하고 개별적으로 온라인을 통해 시험을 치러 볼 수 있도록 프로그램을 제시한다. 미국의 구체적인 사회통합모형은 〈표 5-4〉와 같다(김지윤, 2012).

표 5-4. 미국의 사회통합모형

유형	• 다문화모형, 문화다원주의(자유방임주의)
특징	• 다양한 소수 민족의 문화와 언어를 인정하면서도 분명한 주류사회가 존재함 • 소수집단 우대정책과 문화에 대한 차이를 인정함
개념	• 이민자들을 받아들이는 지역사회 구성원들의 변화를 포함하는 상호적인 과정
대상	• 미국사회에 일원이 되고자 하는 자
통합교육	• 공식적인 사회통합교육 정책이 없으며, 이민을 통해 정착을 준비하거나 정착한 후 당사자들의 노력에 의해 영어학습 및 적응에 필요한 능력을 개발해야 함 • 최근에 적극적 통합을 지향하는 이민개혁의 방향이 제시되었으며, 긴급하게 교육이 필요한 이민학생을 위한 Emergency Immigrant Education 프로그램이 제공됨 • Center for Civic Education과 같은 NGO 단체가 미국시민으로 갖추어야 할 시민적 소양 교육을 정부와 협조해 개발하기도 함 • 성인은 지역사회의 자원봉사기관에서 영어 및 시민적 소양, 정보를 얻음 • 이민국 홈페이지에서 언어 및 정착에 필요한 개별적 독학자료 제공
수용방향	• 자격요건에 따라 우선순위가 주어지는 '선호체제(Preference system)' • 이민할당제
추진체계	• 이민과 귀화 주무부서인 국토안보부(Department of Homeland Security) 산하 U. S. Citizenship and Immigration Services(USCIS)

4) 캐나다

캐나다[6]는 500만 명 이상의 이민자가 거주하는 이민 국가이며, 200개 이상의 민족으로 구성된 다문화사회이다. 캐나다는 이민자에 대해 상대적으로 개방적

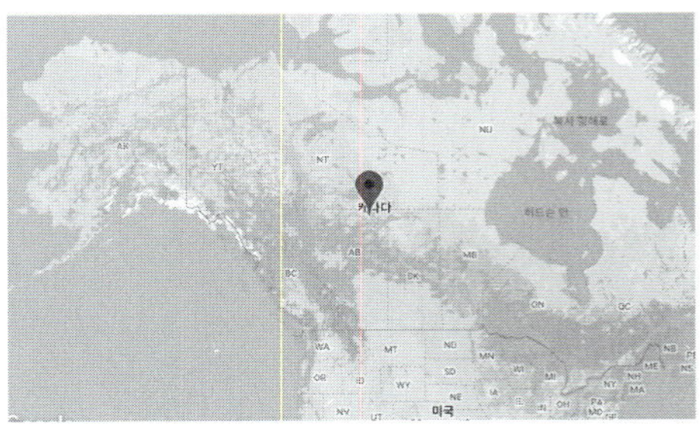

6) 아메리카대륙 북부에 위치한 국가로 수도는 오타와이다. 영국·프랑스계가 국민의 반수 이상이며 공용어는 영어와 프랑스어이다. 종교는 로마 가톨릭교도가 가장 많다. 미국과 접한 국경의 길이가 8,890km로 세계에서 가장 길지만 국경 순찰이 없고 내륙분지가 국토의 80%가량을 차지하며 고지대로 둘러싸여 있다. 캐나다의 인구는 2020년 기준 3,741만 1,047명이며, 이 중 15세 이하의 인구는 14%이고 전체 인구의 82%가 도시지역에 거주하고 있다(2016). 캐나다의 수도이자 가장 큰 도시 중의 하나인 오타와에는 2017년 기준 99만 4,800여 명이 거주하고 있으며, 토론토에는 293만 명, 벤쿠버에는 67만 5,200여 명이 거주하고 있다(출처: Daum백과).

이고, 관대하며, 평등적인 정책을 적극 추진하고 있는 나라 중의 하나이다. 또한 테러, 이민자 폭동 등으로 여타 서구 국가에서는 기존의 이민정책과 이민자 통합정책에 대한 근본적인 조정이 이루어지고 있는 가운데, 캐나다는 세계에서 거의 유일하게 대량 이민이 경제발전 전략의 중심에 위치하고 있다.

1871년 캐나다에는 350만의 사람들밖에 없었다. 산림을 비롯해 광산, 농작물 등의 자원이 풍족한 국토에는 이를 발전시킬 인력이 턱없이 부족했고 제대로 된 국가의 형태를 갖추기 위해 이민유입은 피할 수 없게 되어 있었다. 따라서 캐나다 정부는 이민 대모집 캠페인을 시작했다. 1871년부터 1971년까지 100년간에 국민은 당초 350만에서 2,150만으로 증가되었다(Stoffman, 2002). 하지만 이때까지만 해도 캐나다의 이민 수급은 주로 유럽계 백인들을 최우선적으로 배려하였으며, 인종과 문화에 대한 편견은 이민 선호 대상국에 대해서도 서열이 매겨져 있었다. 비록 캐나다에서 태어났다고 해도 유색인종은 이방인 취급을 받았으며 백인과 다르다는 의미뿐만 아니라 열등하다는 의미로 통용되었다. 그리고 제2차 세계대전 이후 신속한 경제성장으로 인해 노동력 부족에 심각한 문제가 있음을 파악한 캐나다 정부는 그 동안의 폐쇄적 이민정책을 개혁하고 대외적으로 인종차별에 대한 우려를 불식시킬 수 있는 다문화주의 정책을 표방함으로써 전 세계로부터 이민을 받아들이게 되었다.

현재 캐나다 이민정책의 핵심은 민족 · 인종이나 출신지역에 관계없이 일정 자격만 갖추면 이민이 가능한 점수제(point system)로 운영되고 있다. 1967년 도입된 이 제도를 계기로 캐나다에는 1970년대 이후 대부분 비유럽인, 특히 아시아와 카리브 지역 등 개도국 출신 유색인종(visible minorities)이 이민자로 유입되었다. 이민자 선발 제도와 함께 캐나다 이민 체제의 또 다른 중요한 축이 되고 있는 것은 이민자 정착 · 통합을 위한 정책과 프로그램이다. 캐나다 정부는 프랑스계 · 영국계 주민의 전통적인 갈등 해소와 다문화 · 다민족화의 현실을 반영하는 정치적인 노력의 일환으로 1971년 다문화주의를 국가의 공식 정책으로 채택하여, 인종, 민족, 언어, 종교에 관계없이 모든 캐나다인은 법 앞의 평등과 기회의 평등이 보장되며, 그들의 가치관과 존엄성이 인정된다고 받아들이고 동등하게 캐나다 사회에 참여하도록 촉구하였다.

또한 캐나다 의회는 1977년에 '인권법(Canadian Human Rights Act)'을 제정하여 인종, 성별, 연령, 출신 국가, 민족, 피부색, 종교에 근거한 차별을 금지하였고, 1982년에는 헌법의 일부로, '인권과 자유 헌장(The Charter of Rightsand Freedoms)'을 제정하여 제7장에 다문화주의를 캐나다가 국가로서 지향하는 가치로 선언하였다. 이어서 1985년에는 「다문화법(The Multicultural Act)」을 제정하여 영어와 불어 이외의 언어를 사용하는 공동체의 존재를 인정하고, 모든 국민에게 자신의 문화유산을 유지하고 고양할 수 있는 자유가 인정됨을 법제화하였다. 오늘날 다문화주의와 다양성은 캐나다인들이 가장 중요시하는 가치 중의 하나이며, 그들은 이민자의 경제 · 사회 · 문화적 기여를 긍정적으로 평가하고 있다.

지난 수년 간 캐나다에는 매년 약 25만 명의 신규 이민자가 이주해 왔다. 이처럼 많은 이민자를 받아들임에도 불구하고 캐나다는 여타 서구 국가들과 달리 심각한 민족갈등을 경험하지 않고 안정적인 사회를 유지하고 있으며, 이민자의 사회통합에 상당히 성공적이라고 인식되고 있다. 그러한 성공의 주된 요인으로 정부의 포괄적인 이민자 통합정책과, 현장에서 통합서비스를 전달하는 비정부 행위자들과의 유기적인 연계관계가 지적된다. 즉, 캐나다의 이민자 통합의 중요한 특징 중 하나는 정책의 입안과 프로그램의 설정은 연방정부를 중심으로 이루어지는 반면, 그 프로그램을 기반으로 한 이민자 대상 서비스의 전달은 거의 대부분 지역공동체나 시민단체, 비영리 단체, 비정부 단체 등 제3섹터 주체에 의해 이루어진다는 점이다. 이러한 체제는 효율적 · 포용적이고 이민자에 친근한(immigrant-friendly) 모델로서 이민자 통합이 성공적으로 이루어지고 있는 배경 요인으로 높이 평가되기도 한다.

캐나다의 이민, 이민자 사회통합, 시민권 사회통합, 시민권 관련 제반 정책을 총괄하는 것은 연방정부의 이민부(Department of Citizenship and Immigration Canada: CIC)이다. 이민부는 이민정책 수립 및 집행, 외국인 출입국 관리 정책 수립 및 관리, 연간 이민자 수의 설정, 이민 자격요건 설정 및 이민 허가, 신규 이민자 통합, 시민권 부여 등을 주요 기능으로 한다. 그러나 이민이라는 현상의 속성상 이민부가 단독으로 이민정책이나 이민자 통합정책을 수립하고, 프로그램 및 서비스를 운영할 수는 없다. 이민부는 연방 정부 각 부처, 주정부, 지방자치제, 국제기구, 민간부문, 자원봉사 단체, 비영리 단체, 기타 비정부 부문 등과의 협력체계(multi-jurisdictional partnership)를 통해 정책을 수립 · 집행한다. 특히 캐나다 헌법상 이민은 주정부와 연방정부가 관할권을 공유하는 분야로 연방 이민부는 다수의 주정부와 양자 협정을 체결하고 있다. 연방과 주정부의 공식 협정을 통해 온타리오 주, 퀘벡 주, 브리티시컬럼비아 주, 마니토바 주는 연방 교부금을 받아 정착 프로그램과 서비스를 설계 · 운영하는 책임을 진다. 특히 불어권인 퀘벡 주는 이민자나 난민의 선별 및 사회통합 서비스를 독자적으로 운영한다. 연방정부 내에서도 이민부는 외교통상부, 보건부, 관세 · 국세청 법무부연방법원, 검찰, 안보정보국, 연방경찰, 문화부, 인적자원부, 산업부, 통계청 등과 긴밀히 협력하여 이민정책 및 이민자 통합정책을 수립하고 집행한다(김지윤, 2012).

캐나다 이민자 통합정책의 목표는 이민자의 사회, 문화, 경제, 정치적 통합을 촉진하여 그들이 단시일 내에 적응 · 정착하여 자기실현을 통해 캐나다에 기여하고, 궁극적으로 시민권을 취득하여 캐나다 사회의 모든 영역에서 적극적으로 참여할 수 있는 완전한 시민의 일원이 되도록 하는 것이다. 따라서 연방정부는 이민자의 원활한 사회통합을 위한 노력은 공동체 사회자본에의 중요한 투자라는 인식하에 막대한 예산을 투입하여 다양한 이민자 통합프로그램을 운영하고 있다.

연방정부의 이민자 통합프로그램은 기본적으로 이민자 정착 및 적응 프로그램(Immigrant Settlement and Adaptation Program: ISAP), 신규이민자 언어교육(Language Instruction for Newcomers to Canada: LINC), 호스트 프로그램(HOST Program)을 주축으로 구성되어 있다. 이들 프로그램은 신규 이민자의 의사소통 능력을 신장하고, 그들이 정부·단체 등이 제공하는 각종 서비스에 접근할 수 있도록 지원하며, 사회적 네트워크의 구축을 지원하는 등 다양한 방법을 통해 이민자 각자가 교육·취업·소득 등에 있어서 자신의 목표를 달성할 수 있도록 지원하는 것이 기본 목표이다. 캐나다의 구체적인 사회통합모형은 〈표 5-5〉와 같다(김지윤, 2012).

표 5-5. 캐나다의 사회통합모형

유형	• 다문화주의
특징	• 언어, 민족/인종, 종교, 문화 등의 다양성을 인정하면서 통합과 결속 추구
개념	• 유입국 사회에 참여하고 시민권을 획득하는 과정
대상	• 장기거주자와 시민권을 획득하고자 하는 사람
통합교육	• 이민자 정착 적응프로그램(ISAP)은 오리엔테이션, 생활정보, 취업지원 관련 서비스 등을 제공 • 이민자를 위한 언어교습 프로그램(Language Instruction for Newcomers to Canada: LILC)과 언어교습 심화과정(Enhanced Language Training: ELT)으로 구분하여 언어통합교육 실시 • LILC(1992)는 기본적인 영어 및 프랑스어 의사소통능력 배양을 위해 무료로 제공 • ELT(2003)는 노동시장 이해 및 취업을 위한 높은 단계의 언어 개발 및 구사를 목적으로 이민자가 구직활동과 직장생활을 보다 원활히 할 수 있도록 지원
수용방향	• 경제적 경쟁력 강화를 위해 이민자 수용
추진체계	• 캐나다 시민권 및 이민부가 주무부처 • 캐나다 이민 및 난민국과 캐나다 인적자원 및 기술부도 통합 업무 담당

3. 외국 다문화사회의 문제

다문화사회로 이행하면서 국가마다 긍정적인 효과와 부작용을 동시에 경험하고 있는 것이 사실이다. 즉, 노동력의 유입으로 인한 경제 성장 효과와 함께 이질적인 문화와의 공존이라는 새로운 과제도 부상하고 있는 것이다. 특히 인력 수급난이 해소되면서 경제적 편익이 먼저 발생하고, 다문화가 진전되면서 일자리 경제, 사회 갈등 등의 비용이 증가하고 있다. 외국에서 나타난 다문화사회에서의 경제적 비용, 문화적 갈등, 사회적 분열 등의 부작용에 대해 살펴보면 〈표 5-6〉과 같다(김성혁 외, 2019).

표 5-6. **외국 다문화사회의 문제점**

구분	내용
경제적 비용	• 신규 이주민이 자국의 저소득층과 일자리를 경쟁하게 된다. 신규 이주민은 주로 저소득층, 비숙련 노동자로 이들이 기존 저소득층 노동자의 임금을 감소시키게 되며, 이에 저소득층 노동자가 중심이 되어 이민을 반대하는 정치적 갈등이 대두되고 있다. • 공공 재정에 부담을 주는 이주민에 대한 복지 혜택 부여를 거부하려는 움직임이 반(反)이주 정서로 발전하게 된다. 이주민이 적응에 실패하고 빈곤층으로 전락할 경우 사회복지서비스에 의존할 확률이 높으므로, 재정 지출 증가를 이유로 이주민에 대한 사회복지지출을 제한하는 정치적 압력이 표출되고 있다. • 이민으로 국가 내 인종 분포가 다양해져 교육 등 경제 성장에 필수적인 공공재 공급에 대한 합의 도출이 어려워질 경우 성장이 둔화된다. 각종 인종 그룹이 서로 다른 양과 질의 공공재를 요구하면 공공재 공급에 대한 합의가 곤란해지며, 인종이 다양하고 집단 간 견해 차이를 조정하는 제도가 취약한 국가일수록 1970년대 오일쇼크 이후 성장률의 하락이 심해진 것이 그 예이다.

구분	내용
문화적 갈등	• 다양한 인종의 유입에 따른 언어적 · 문화적 · 종교적 갈등으로 사회통합 비용이 증가한다. 이질적인 언어, 문화, 종교를 가진 구성원이 공존할 경우 가치관의 갈등이 생겨나고 문화적 차이를 인정받기 위한 정치적 경쟁이 발생한다. 사회는 새로 유입된 문화의 위험을 인식하고, 동화시켜야 할 대상으로 간주하며, 서로 같은 종교나 이념을 가진 사람끼리 모이기를 원하기 때문에 사회적 네트워크가 분열되게 된다. • 종교 · 문화의 차이를 사회질서와 생활규범을 위협하는 것으로 인식한다. 기존과 다른 종교가 유입되면서 특정 종교의 교리나 행동규범이 사회의 정서나 법 질서와 충돌할 때 갈등이 발생할 소지가 있다. 최근 유럽에서는 '부르카(전신을 가리는 이슬람 여성의 전통 의상)' 착용, 이슬람 사원의 첨탑 건설을 금지하면서 종교갈등을 경험하는 것이 그 예이다.
사회적 분열	• 교육 및 취업기회 제한 등으로 이민 2세의 사회적 상향 이동이 제약을 받으면서 실업률과 범죄율이 증가한다. 또한 외국인 인구의 주거지 부족과 실업 문제가 사회적 비용을 초래한다. 프랑스는 1973년 오일 쇼크 이후 노동 수요가 감소하면서 이주노동자 유입을 차단하였으나 가족 합류와 장기 불법체류자 거주권 부여 등으로 매년 이주노동자가 증가하고 있다. • 민족 · 문화 · 종교의 차이를 인정하지 않는 동화주의 정책이 사회분열을 심화시킨다. 동화주의 통합모형은 이민자 문제를 특정 출신 국가 또는 종교의 차이가 아닌 개인의 문제로 판단하여 차이를 공식적으로 인정하지 않고 있으며 이로 인하여 '이주'나 '이민' 자체가 문제가 아니라 '이민 정책의 부재'라는 문제가 발생하고 있다.

PART 2

다문화사회와 정책

Chapter 06

다문화 관련 법과 제도

배울 내용

1. 다문화 관련 법
2. 다문화 관련 제도
3. 이민정책

학습목표

1. 다문화 관련 법들을 이해한다.
2. 다문화 관련 제도를 이해하고 적용 방법을 모색해 본다.
3. 이민정책을 이해한다.

Chapter 06

다문화 관련 법과 제도

1. 다문화 관련 법

1) 국적법

국적에 관해서는 「민법」·「헌법」 또는 단행법(單行法)으로 규정하고 있는데, 우리나라의 경우 「국적법」에서 규정하고 있다(「헌법」 제2조). 즉, 「국적법」은 "대한민국의 국민이 되는 요건을 정함"을 목적으로 하고 있으며, 1948년 12월 20일 법률 제16호로 제정되어, 3차례의 일부 개정을 거친 후 1997년 12월 13일 전문개정되어 현재까지 시행되고 있다. 현행 「국적법」은 국적의 취득에 관하여, 부모의 국적에 따라 결정하는 속인주의를 채택하고 있으며(「국적법」 제2

조), 출생이라는 선천적 국적취득 외에 혼인, 인지(認知) · 귀화 · 수반취득(隋伴取得) · 국적회복과 같은 후천적 취득도 포함된다(제3조 이하). 「국적법」과 관련된 용어는 〈표 6-1〉, 국적법의 국적 취득 내용은 〈표 6-2〉, 귀화 요건은 〈표 6-3〉, 수반 취득과 국적회복은 〈표 6-4〉, 국적 상실은 〈표 6-5〉와 같다.

표 6-1. 「국적법」과 관련된 용어

구분	내용
국적선택	대한민국 국적과 외국 국적 중 하나를 선택하는 것을 말하며 실무적으로 국적을 선택한다는 것은 외국 국적을 포기하고 대한민국 국적을 보유하겠다는 것을 신고하는 것이다.
귀화	우리 국적을 취득한 사실이 없는 외국인이 법무부장관의 허가를 받아 국적을 취득하는 절차로, 혈연 등 우리 국민과 일정한 관계 여부에 따라 귀화요건에 차이가 있으며, 신원 조회, 적격심사(필기, 면접) 후 귀화 여부가 결정된다.
국적이탈	복수 국적자가 국적 선택기간 내에 외국 국적을 선택하기 위하여 우리 국적을 포기하는 것을 말한다. 국적 선택명령이라는 최고절차를 거친 후에도 국적 선택을 하지 아니하면 우리 국적이 상실된다.
국적상실	우리 국민이 자진하여 외국 국적을 취득하는 등 국적법에 규정된 국적상실 사유에 해당하는 사실이 있을 때 우리 국적이 상실된다.

표 6-2. 국적법의 국적 취득 내용

제2조(출생에 의한 국적 취득)

① 다음 각 호의 어느 하나에 해당하는 자는 출생과 동시에 대한민국 국적(國籍)을 취득한다.

1. 출생 당시에 부(父) 또는 모(母)가 대한민국의 국민인 자
2. 출생하기 전에 부가 사망한 경우에는 그 사망 당시에 부가 대한민국의 국민이었던 자
3. 부모가 모두 분명하지 아니한 경우나 국적이 없는 경우에는 대한민국에서 출생한 자

② 대한민국에서 발견된 기아(棄兒)는 대한민국에서 출생한 것으로 추정한다.

제3조(인지에 의한 국적 취득)

① 대한민국의 국민이 아닌 자(이하 "외국인"이라 한다)로서 대한민국의 국민인 부 또는 모에 의하여 인지(認知)된 자가 다음 각 호의 요건을 모두 갖추면 법무부장관에게 신고함으로써 대한민국 국적을 취득할 수 있다.

1. 대한민국의 「민법」상 미성년일 것

2. 출생 당시에 부 또는 모가 대한민국의 국민이었을 것
② 제1항에 따라 신고한 자는 그 신고를 한 때에 대한민국 국적을 취득한다.
③ 제1항에 따른 신고 절차와 그 밖에 필요한 사항은 대통령령으로 정한다.

제4조(귀화에 의한 국적 취득)
① 대한민국 국적을 취득한 사실이 없는 외국인은 법무부장관의 귀화허가(歸化許可)를 받아 대한민국 국적을 취득할 수 있다.
② 법무부장관은 귀화허가 신청을 받으면 제5조부터 제7조까지의 귀화 요건을 갖추었는지를 심사한 후 그 요건을 갖춘 사람에게만 귀화를 허가한다.
③ 제1항에 따라 귀화허가를 받은 사람은 법무부장관 앞에서 국민선서를 하고 귀화증서를 수여받은 때에 대한민국 국적을 취득한다. 다만, 법무부장관은 연령, 신체적 · 정신적 장애 등으로 국민선서의 의미를 이해할 수 없거나 이해한 것을 표현할 수 없다고 인정되는 사람에게는 국민선서를 면제할 수 있다.
④ 법무부장관은 제3항 본문에 따른 국민선서를 받고 귀화증서를 수여하는 업무와 같은 항 단서에 따른 국민선서의 면제 업무를 대통령령으로 정하는 바에 따라 지방출입국 · 외국인관서의 장에게 대행하게 할 수 있다.
⑤ 제1항부터 제4항까지에 따른 신청절차, 심사, 국민선서 및 귀화증서 수여와 그 대행 등에 관하여 필요한 사항은 대통령령으로 정한다.

표 6-3. 국제법의 귀화 요건

제5조(일반귀화 요건)
외국인이 귀화허가를 받기 위해서는 제6조나 제7조에 해당하는 경우 외에는 다음 각 호의 요건을 갖추어야 한다.
1. 5년 이상 계속하여 대한민국에 주소가 있을 것
1의 2. 대한민국에서 영주할 수 있는 체류자격을 가지고 있을 것
2. 대한민국의 「민법」상 성년일 것
3. 법령을 준수하는 등 법무부령으로 정하는 품행 단정의 요건을 갖출 것
4. 자신의 자산(資産)이나 기능(技能)에 의하거나 생계를 같이하는 가족에 의존하여 생계를 유지할 능력이 있을 것
5. 국어능력과 대한민국의 풍습에 대한 이해 등 대한민국 국민으로서의 기본 소양(素養)을 갖추고 있을 것
6. 귀화를 허가하는 것이 국가안전보장 · 질서유지 또는 공공복리를 해치지 아니한다고 법무부장관이 인정할 것

제6조(간이귀화 요건)
① 다음 각 호의 어느 하나에 해당하는 외국인으로서 대한민국에 3년 이상 계속하여 주소가 있는

사람은 제5조제1호 및 제1호의2의 요건을 갖추지 아니하여도 귀화허가를 받을 수 있다.
1. 부 또는 모가 대한민국의 국민이었던 사람
2. 대한민국에서 출생한 사람으로서 부 또는 모가 대한민국에서 출생한 사람
3. 대한민국 국민의 양자(養子)로서 입양 당시 대한민국의 「민법」상 성년이었던 사람

② 배우자가 대한민국의 국민인 외국인으로서 다음 각 호의 어느 하나에 해당하는 사람은 제5조제1호 및 제1호의2의 요건을 갖추지 아니하여도 귀화허가를 받을 수 있다.
1. 그 배우자와 혼인한 상태로 대한민국에 2년 이상 계속하여 주소가 있는 사람
2. 그 배우자와 혼인한 후 3년이 지나고 혼인한 상태로 대한민국에 1년 이상 계속하여 주소가 있는 사람
3. 제1호나 제2호의 기간을 채우지 못하였으나, 그 배우자와 혼인한 상태로 대한민국에 주소를 두고 있던 중 그 배우자의 사망이나 실종 또는 그 밖에 자신에게 책임이 없는 사유로 정상적인 혼인 생활을 할 수 없었던 사람으로서 제1호나 제2호의 잔여기간을 채웠고 법무부장관이 상당(相當)하다고 인정하는 사람
4. 제1호나 제2호의 요건을 충족하지 못하였으나, 그 배우자와의 혼인에 따라 출생한 미성년의 자(子)를 양육하고 있거나 양육하여야 할 사람으로서 제1호나 제2호의 기간을 채웠고 법무부장관이 상당하다고 인정하는 사람

제7조(특별귀화 요건)

① 다음 각 호의 어느 하나에 해당하는 외국인으로서 대한민국에 주소가 있는 사람은 제5조제1호·제1호의2·제2호 또는 제4호의 요건을 갖추지 아니하여도 귀화허가를 받을 수 있다.
1. 부 또는 모가 대한민국의 국민인 사람. 다만, 양자로서 대한민국의 「민법」상 성년이 된 후에 입양된 사람은 제외한다.
2. 대한민국에 특별한 공로가 있는 사람
3. 과학·경제·문화·체육 등 특정 분야에서 매우 우수한 능력을 보유한 사람으로서 대한민국의 국익에 기여할 것으로 인정되는 사람

② 제1항제2호 및 제3호에 해당하는 사람을 정하는 기준 및 절차는 대통령령으로 정한다.

표 6-4. 국제법의 수반 취득과 국적회복

제8조(수반 취득)

① 외국인의 자(子)로서 대한민국의 「민법」상 미성년인 사람은 부 또는 모가 귀화허가를 신청할 때 함께 국적 취득을 신청할 수 있다.

② 제1항에 따라 국적 취득을 신청한 사람은 부 또는 모가 대한민국 국적을 취득한 때에 함께 대한민국 국적을 취득한다.

③ 제1항에 따른 신청절차와 그 밖에 필요한 사항은 대통령령으로 정한다.

제10조(국적 취득자의 외국 국적 포기 의무)

① 대한민국 국적을 취득한 외국인으로서 외국 국적을 가지고 있는 자는 대한민국 국적을 취득한

날부터 1년 내에 그 외국 국적을 포기하여야 한다. ② 제1항에도 불구하고 다음 각 호의 어느 하나에 해당하는 자는 대한민국 국적을 취득한 날부터 1년 내에 외국 국적을 포기하거나 법무부장관이 정하는 바에 따라 대한민국에서 외국 국적을 행사하지 아니하겠다는 뜻을 법무부장관에게 서약하여야 한다. 1. 귀화허가를 받은 때에 제6조제2항제1호 · 제2호 또는 제7조제1항제2호 · 제3호의 어느 하나에 해당하는 사유가 있는 자 2. 제9조에 따라 국적회복허가를 받은 자로서 제7조제1항제2호 또는 제3호에 해당한다고 법무부장관이 인정하는 자 3. 대한민국의 「민법」상 성년이 되기 전에 외국인에게 입양된 후 외국 국적을 취득하고 외국에서 계속 거주하다가 제9조에 따라 국적회복허가를 받은 자 4. 외국에서 거주하다가 영주할 목적으로 만 65세 이후에 입국하여 제9조에 따라 국적회복허가를 받은 자 5. 본인의 뜻에도 불구하고 외국의 법률 및 제도로 인하여 제1항을 이행하기 어려운 자로서 대통령령으로 정하는 자 ③ 제1항 또는 제2항을 이행하지 아니한 자는 그 기간이 지난 때에 대한민국 국적을 상실(喪失)한다.

국적은 이중국적자의 국적선택과 국적이탈, 외국 국적의 취득 등 여러 가지 이유로 상실되며(제12, 14, 15조), 국적을 상실한 자는 대한민국 국민이어야만 누릴 수 있는 권리를 국적을 상실한 때부터 누릴 수 없으며, 그 권리와 관련된 법령에 별도로 정한 바가 없는 한 3년 이내에 대한민국의 국민에게 양도해야 한다(제18조).

표 6-5. 국적의 상실

제12조(복수국적자의 국적선택의무) ① 만 20세가 되기 전에 복수국적자가 된 자는 만 22세가 되기 전까지, 만 20세가 된 후에 복수국적자가 된 자는 그때부터 2년 내에 제13조와 제14조에 따라 하나의 국적을 선택하여야 한다. 다만, 제10조제2항에 따라 법무부장관에게 대한민국에서 외국 국적을 행사하지 아니하겠다는 뜻을 서약한 복수국적자는 제외한다. ② 제1항 본문에도 불구하고 「병역법」 제8조에 따라 병역준비역에 편입된 자는 편입된 때부터 3개월 이내에 하나의 국적을 선택하거나 제3항 각 호의 어느 하나에 해당하는 때부터 2년 이내에 하나의 국적을 선택하여야 한다. 다만, 제13조에 따라 대한민국 국적을 선택하려는 경우에는 제3

항 각 호의 어느 하나에 해당하기 전에도 할 수 있다.

③ 직계존속(直系尊屬)이 외국에서 영주(永住)할 목적 없이 체류한 상태에서 출생한 자는 병역의무의 이행과 관련하여 다음 각 호의 어느 하나에 해당하는 경우에만 제14조에 따른 국적이탈신고를 할 수 있다.

1. 현역 · 상근예비역 · 보충역 또는 대체역으로 복무를 마치거나 마친 것으로 보게 되는 경우
2. 전시근로역에 편입된 경우
3. 병역면제처분을 받은 경우

제14조(대한민국 국적의 이탈 요건 및 절차)

① 복수국적자로서 외국 국적을 선택하려는 자는 외국에 주소가 있는 경우에만 주소지 관할 재외공관의 장을 거쳐 법무부장관에게 대한민국 국적을 이탈한다는 뜻을 신고할 수 있다. 다만, 제12조제2항 본문 또는 같은 조 제3항에 해당하는 자는 그 기간 이내에 또는 해당 사유가 발생한 때부터만 신고할 수 있다.

② 제1항에 따라 국적 이탈의 신고를 한 자는 법무부장관이 신고를 수리한 때에 대한민국 국적을 상실한다.

③ 제1항에 따른 신고 및 수리의 요건, 절차와 그 밖에 필요한 사항은 대통령령으로 정한다.

제15조(외국 국적 취득에 따른 국적 상실)

① 대한민국의 국민으로서 자진하여 외국 국적을 취득한 자는 그 외국 국적을 취득한 때에 대한민국 국적을 상실한다.

② 대한민국의 국민으로서 다음 각 호의 어느 하나에 해당하는 자는 그 외국 국적을 취득한 때부터 6개월 내에 법무부장관에게 대한민국 국적을 보유할 의사가 있다는 뜻을 신고하지 아니하면 그 외국 국적을 취득한 때로 소급(遡及)하여 대한민국 국적을 상실한 것으로 본다.

1. 외국인과의 혼인으로 그 배우자의 국적을 취득하게 된 자
2. 외국인에게 입양되어 그 양부 또는 양모의 국적을 취득하게 된 자
3. 외국인인 부 또는 모에게 인지되어 그 부 또는 모의 국적을 취득하게 된 자
4. 외국 국적을 취득하여 대한민국 국적을 상실하게 된 자의 배우자나 미성년의 자(子)로서 그 외국의 법률에 따라 함께 그 외국 국적을 취득하게 된 자

③ 외국 국적을 취득함으로써 대한민국 국적을 상실하게 된 자에 대하여 그 외국 국적의 취득일을 알 수 없으면 그가 사용하는 외국 여권의 최초 발급일에 그 외국 국적을 취득한 것으로 추정한다.

④ 제2항에 따른 신고 절차와 그 밖에 필요한 사항은 대통령령으로 정한다.

제18조(국적상실자의 권리 변동)

① 대한민국 국적을 상실한 자는 국적을 상실한 때부터 대한민국의 국민만이 누릴 수 있는 권리를 누릴 수 없다.

② 제1항에 해당하는 권리 중 대한민국의 국민이었을 때 취득한 것으로서 양도(讓渡)할 수 있는 것은 그 권리와 관련된 법령에서 따로 정한 바가 없으면 3년 내에 대한민국의 국민에게 양도하여야 한다.

우리나라 개정 전의 「국적법」은 부계혈통주의를 채택하고 있었지만 이는 「헌법」상 남녀평등의 원칙에 위배된다는 주장으로 헌법재판소에 위헌심판이 제청되었다. 그리고 대한민국 정부가 1984년 국제연합(UN)의 '여성에 대한 모든 형태의 차별철폐에 관한 협약'에 가입할 당시 유보한 바 있는 국적취득에 있어서의 남녀평등조항에 대한 유보를 철회해 국제조류에 따를 필요성에 따라 현행 「국적법」은 부모양계혈통주의로 전환하게 되었다(제2조 1항 1호). 이런 변화는 그동안 현실에 맞지 않거나 입법상 미비된 점을 개선·보완한 것이다. 즉, 종전에는 대한민국 국민의 처가 된 외국인에게 대한민국 국적을 부여하던 제도를 폐지하고 대한민국 국민과 혼인한 외국인은 남녀 모두 혼인 후 국내에 2년 이상 거주하는 등 일정 요건을 갖추고 법무부장관의 귀화허가를 받도록 하였고, 남편이 대한민국 국적을 취득하면 그 처도 자동으로 대한민국 국민이 되는 수반취득조항과 처의 단독귀화를 금지하는 조항을 삭제해 혼인한 여성에게 독자적인 국적선택권을 보장했으며(종전 제4조 2호 및 제8조 1항 삭제), 국적선택제도를 신설해 이중국적자가 일정한 기간 내에 대한민국 국적을 선택하지 않은 경우에는 우리 국적을 상실하도록 하였다.

이와 함께 부모양계혈통주의를 채택함에 따라 외국인 아버지와 한국인 어머니 사이에 출생한 자녀는 어머니의 성과 본을 따를 수 있으며, 이 경우 어머니의 호적에 입적하도록 「민법」을 개정하였다(법 부칙 제8조). 연도별 국적취득자(귀화+회복) 현황은 〈표 6-6〉과 같다.

표 6-6. 연도별 국적취득자(귀화+회복) 현황 (단위: 명)

구분	2020	2021	2022	2023	2024
귀화	13,885	10,895	10,248	10,346	11,009
국적회복	1,764	2,742	3,043	4,203	3,607

출처: 법무부(2024). 출입국통계.

연도별 국적취득자 증감 추이(2020~2024년) 현황을 살펴보면, 2024년 귀화자 및 국적회복자는 총 14,616명(귀화 11,009명, 국적회복 3,607명)으로 전년 대비 0.5% 증가한 것으로 나타났다. 연도별 혼인귀화자 현황은 〈표 6-7〉과 같다.

표 6-7. 연도별 혼인귀화자 현황 (단위: 명)

구분	2020	2021	2022	2023	2024
혼인귀화자	6,717	6,345	6,809	6,431	5,584

출처: 법무부(2024). 출입국통계.

연도별 혼인귀화자 현황(2020~2024년)에서 2024년 전체 귀화자 11,009명 중 한국인과의 혼인을 통한 간이귀화자(혼인귀화자)는 50.7%(5,584명)를 차지하고 있는 것으로 나타났다. 연도별 국적이탈 · 상실 현황은 〈표 6-8〉과 같다.

표 6-8. 연도별 국적이탈 · 상실 현황 (단위: 명)

구분	2020	2021	2022	2023	2024
국적상실	25,034	21,271	25,425	25,399	22,891
국적이탈	3,651	4,308	3,261	3,903	3,607

출처: 법무부(2024). 출입국통계.

연도별 국적이탈 · 상실자 현황(2020~2024년)에서 2024년 국적이탈 · 상실자는 26,498명(국적상실 22,891명, 국적이탈 3,607명)으로 전년 대비 9.6% 감소한 것으로 나타났다.

2) 출입국관리법

역사적으로 국가가 탄생하고 국가와 국가 사이에 사신을 파견하는 등 교류가 진행됐을 때부터 제한적으로나마 출입국관리가 존재했다고 볼 수 있다. 대한민국은 지정학적인 위치에서 봤을 때 오랜 세월 동안 중국, 러시아, 일본 등 주변국들과 활발한 교류를 해 왔다.

현대적 의미의 출입국관리는 1880년대로 거슬러 올라갈 수 있는데, 1882년 미국과의 조약체결을 시작으로 서방국가와 처음으로 외교관계를 수립하면서 급변하는 세계의 정치, 문화, 역사의 흐름 아래 부산, 인천 등 항만에 출입하는 내국인과 외국인에 대해 출입국관리를 하기 시작한 것이 시초라고 볼 수 있다. 출입국관리와 관련되는 법령은 미군정시대로 거슬러 올라갈 수 있는데, 1946년 2월 19일 제정된 군정법령 제49호 '조선에 입국 또는 출국자 이동의 관리 및 기록 건'은 처음으로 현대적인 출국과 입국 사항에 관한 모태를 찾아볼 수 있는 법령이라고 할 수 있다. 이 법령은 1948년 7월 30일에 전부개정되어 군정법령 제214조 '조선에 입국 또는 출국자 이동의 관리급 기록에 관한 건'으로 제정된 후 동년 8월 1일부터 효력이 발생하였다. 과도기 정부 때 시행되던 이 출입국에 관련한 법령은 1949년 11월 17일에 「외국인의 입국 · 출국과 등록에 관한 법률」이 제정되면서 폐지되었고 1950년 1월 7일부터는 「외국인의 입국 · 출국과 등록에 관한 법률」로 출입국에 대한 관리를 진행하였다. 「외국인의 입국 · 출국과 등록에 관한 법률」은 비록 외국인에게만 적용되는 출입국 관련 사항을 규정했지만 외국인의 입국, 출국에 관한 사항은 물론 외국인의 입국금지, 대한민국을 통과하는 외국인의 통과 기간 연장, 외국인의 거주허가, 법을 어긴 외국인에 대한 출국명령, 관련 규정을 위반한 외국인에 대한 벌칙 등의 내용도 규정함으로써 오늘날 「출입국관리법」 체계의 기본적인 양상을 보여 주어 1963년에 현대적 의미의 「출입국관리법」이 제정되는 데 기반이 되었다.

현대적 의미의 「출입국관리법」은 1963년 3월 5일에 제정되고 시행되었다. 이는 대한민국의 현행 「출입국관리법」의 근간이라고 할 수 있다. 「출입국관리법」이 시행된 후 종전의 「외국인의 입국·출국과 등록에 관한 법률」은 폐지되었다. 이후 「출입국관리법」은 각각 1967년, 1977년, 1983년, 1992년에 전부개정되었으며, 오늘날에 이르기까지 35차례의 일부개정과 타법개정으로 수정·보완이 되어 왔다. 「출입국관리법」과 관련된 용어는 〈표 6-9〉, 연도별 출입국자(국민+외국인) 현황은 〈표 6-10〉과 같다.

표 6-9. 「출입국관리법」과 관련된 용어

구분	내용
국민	대한민국의 국민이다.
외국인	대한민국의 국적을 가지지 아니한 사람이다.
난민	「난민법」 제2조 제1호에 따른 난민을 말한다. 인종, 종교, 국적, 특정 사회집단의 구성원인 신분 또는 정치적 견해를 이유로 박해를 받을 수 있다고 인정할 충분한 근거가 있는 공포로 인하여 국적국의 보호를 받을 수 없거나 보호받기를 원하지 아니하는 외국인 또는 그러한 공포로 인하여 대한민국에 입국하기 전에 거주한 국가(이하 상주국)로 돌아갈 수 없거나 돌아가기를 원하지 아니하는 무국적인 외국인이다.
여권	대한민국 정부·외국 정부 또는 권한 있는 국제기구에서 발급한 여권 또는 난민여행증명서나 그 밖에 여권을 갈음하는 증명서로서 대한민국 정부가 유효하다고 인정하는 것을 말한다.
선원신분증명서	대한민국 정부나 외국 정부가 발급한 문서로서 선원임을 증명하는 것을 말한다.
출입국항	출국하거나 입국할 수 있는 대한민국의 항구·공항과 그 밖의 장소로서 대통령령으로 정하는 곳을 말한다.
재외공관의 장	외국에 주재하는 대한민국의 대사(大使), 공사(公使), 총영사(總領事), 영사(領事) 또는 영사업무를 수행하는 기관의 장을 말한다.
선박 등	대한민국과 대한민국 밖의 지역 사이에서 사람이나 물건을 수송하는 선박, 항공기, 기차, 자동차, 그 밖의 교통기관을 말한다.
승무원	선박 등에서 그 업무를 수행하는 사람을 말한다.

구분	내용
운수업자	선박 등을 이용하여 사업을 운영하는 자와 그를 위하여 통상 그 사업에 속하는 거래를 대리하는 자를 말한다.
지방출입국 · 외국인관서	출입국 및 외국인의 체류 관리업무를 수행하기 위하여 법령에 따라 각 지역별로 설치된 관서와 외국인보호소를 말한다.
보호	출입국관리공무원이 제46조 제1항 각 호에 따른 강제퇴거 대상에 해당된다고 의심할 만한 상당한 이유가 있는 사람을 출국시키기 위하여 외국인보호실, 외국인보호소 또는 그 밖에 법무부장관이 지정하는 장소에 인치(引致)하고 수용하는 집행활동을 말한다.
외국인보호실	외국인을 보호할 목적으로 지방출입국 · 외국인 관서에 설치한 장소를 말한다.
외국인보호소	지방출입국 · 외국인 관서 중 이 법에 따라 외국인을 보호할 목적으로 설치한 시설로서 대통령령으로 정하는 곳을 말한다.
출입국사범	제93조의2, 제93조의3, 제94조부터 제99조까지, 제99조의2, 제99조의3 및 제100조에 규정된 죄를 범하였다고 인정되는 자를 말한다.

표 6-10. 연도별 출입국자(국민+외국인) 현황 (단위: 명)

구분	2020	2021	2022	2023	2024
외국인	5,530,350	2,127,176	6,525,062	22,698,344	33,655,351
국민	9,171,481	2,432,517	12,889,166	45,423,313	57,567,576

출처: 법무부(2024). 출입국통계.

연도별 내 · 외국인 출입국자 추이(2020~2024년)를 살펴보면, 2024년도 총 출입국자는 91,222,927명(외국인 33,655,351명, 국민 57,567,576명)으로 전년대비 33.9% 증가한 것으로 나타났다. 연도별 국민 출국자 현황은 〈표 6-11〉과 같다.

표 6-11. 연도별 국민 출국자 현황 (단위: 명)

구분	2020	2021	2022	2023	2024
인원	4,301,903	1,234,697	6,580,145	22,756,008	28,720,773

출처: 법무부(2024). 출입국통계.

연도별 국민 출국자 증감 추이(2020~2024년)를 살펴보면, 2024년 국민 출국자수는 28,720,773명으로 전년 대비 26.2% 증가한 것으로 나타났다. 연도별 외국인 입국자 현황은 〈표 6-12〉와 같다.

표 6-12. 연도별 외국인 입국자 현황

(단위: 명)

구분	2020	2021	2022	2023	2024
인원	2,659,845	1,044,545	3,390,009	11,500,883	16,968,203

출처: 법무부(2024). 출입국통계.

연도별 외국인 입국자 증감 추이(2020~2024년)를 살펴보면, 2024년 외국인 입국자는 16,968,203명으로 전년 대비 47.5% 증가한 것으로 나타났다. 연도별 출·입항 항공기 및 선박 현황은 〈표 6-13〉과 같다.

표 6-13. 연도별 출·입항 항공기 및 선박 현황

(단위: 대/척)

구분	2020	2021	2022	2023	2024
항공기	186,370	156,381	207,098	455,278	586,282
선박	153,589	148,841	148,253	153,643	147,080

출처: 법무부(2024). 출입국통계.

연도별 출·입항 항공기 및 선박 증감 추이(2020~2024년)를 살펴보면, 2024년 출·입항 항공기 수는 586,262대로 전년대비 28.8% 증가하였으며, 출·입항 선박 수는 147,080척으로 전년 대비 4.3% 감소한 것으로 나타났다.

3) 재한외국인 처우 기본법

「재한외국인 처우 기본법」은 재한외국인을 대우하는 일에 관한 기본적인 사항을 정한 법률로, 재한외국인이 대한민국 사회에 적응하여 개인의 능력을 충분히 발휘할 수 있도록 하고, 대한민국 국민과 재한외국인이 서로를 이해하고 존중하는 사회 환경을 만들어 대한민국의 발전과 사회 통합에 이바지하는 것을 목적으로 하는 법이다. 「재한외국인 처우 기본법」과 관련된 용어는 〈표 6-14〉, 「재한외국인 처우 기본법」의 내용은 〈표 6-15〉, 연도별 인구대비 체류외국인 현황은 〈표 6-16〉과 같다.

표 6-14. 「재한외국인 처우 기본법」의 관련 용어

구분	내용
재한외국인	대한민국 국적을 가지지 아니한 자로서 대한민국에 거주할 목적을 가지고 합법적으로 체류하고 있는 자이다.
재한외국인에 대한 처우	국가 및 지방자치단체가 재한외국인을 그 법적 지위에 따라 적정하게 대우하는 것이다.
결혼이민자	대한민국 국민과 혼인한 적이 있거나 혼인관계에 있는 재한외국인이다.

표 6-15. 「재한외국인 처우 기본법」

제10조(재한외국인 등의 인권옹호)
국가 및 지방자치단체는 재한외국인 또는 그 자녀에 대한 불합리한 차별 방지 및 인권옹호를 위한 교육·홍보, 그 밖에 필요한 조치를 하기 위하여 노력하여야 한다.

제11조(재한외국인의 사회적응 지원)
국가 및 지방자치단체는 재한외국인이 대한민국에서 생활하는 데 필요한 기본적 소양과 지식에 관한 교육·정보제공 및 상담 등의 지원을 할 수 있다.

제12조(결혼이민자 및 그 자녀의 처우)

① 국가 및 지방자치단체는 결혼이민자에 대한 국어교육, 대한민국의 제도 · 문화에 대한 교육, 결혼이민자의 자녀에 대한 보육 및 교육 지원, 의료 지원 등을 통하여 결혼이민자 및 그 자녀가 대한민국 사회에 빨리 적응하도록 지원할 수 있다.

② 제1항은 대한민국 국민과 사실혼 관계에서 출생한 자녀를 양육하고 있는 재한외국인 및 그 자녀에 대하여 준용한다.

③ 국가와 지방자치단체는 제1항의 결혼이민자 및 그 자녀와 제2항의 재한외국인 및 그 자녀에 대하여 건강검진을 실시할 수 있다.

제13조(영주권자의 처우)

① 국가 및 지방자치단체는 대한민국에 영구적으로 거주할 수 있는 법적 지위를 가진 외국인(이하 "영주권자"라 한다)에 대하여 대한민국의 안전보장 · 질서유지 · 공공복리, 그 밖에 대한민국의 이익을 해치지 아니하는 범위 안에서 대한민국으로의 입국 · 체류 또는 대한민국 안에서의 경제활동 등을 보장할 수 있다.

② 제12조 제1항은 영주권자에 대하여 준용한다.

제14조(난민의 처우)

① 「난민법」에 따른 난민인정자가 대한민국에서 거주하기를 원하는 경우에는 제12조제1항을 준용하여 지원할 수 있다.

② 국가는 난민의 인정을 받은 재한외국인이 외국에서 거주할 목적으로 출국하려는 경우에는 출국에 필요한 정보제공 및 상담과 그 밖에 필요한 지원을 할 수 있다.

제15조(국적취득 후 사회적응)

재한외국인이 대한민국의 국적을 취득한 경우에는 국적을 취득한 날부터 3년이 경과하는 날까지 제12조 제1항에 따른 시책의 혜택을 받을 수 있다.

제16조(전문외국인력의 처우 개선)

국가 및 지방자치단체는 전문적인 지식 · 기술 또는 기능을 가진 외국인력의 유치를 촉진할 수 있도록 그 법적 지위 및 처우의 개선에 필요한 제도와 시책을 마련하기 위하여 노력하여야 한다.

제17조(과거 대한민국국적을 보유하였던 자 등의 처우)

국가 및 지방자치단체는 과거 대한민국의 국적을 보유하였던 자 또는 그의 직계 비속(대한민국의 국적을 보유한 자를 제외한다)으로서 대통령령으로 정하는 자에 대하여 대한민국의 안전보장 · 질서유지 · 공공복리, 그 밖에 대한민국의 이익을 해치지 아니하는 범위 안에서 대한민국으로의 입국 · 체류 또는 대한민국 안에서의 경제활동 등을 보장할 수 있다.

표 6-16. 연도별 인구대비 체류외국인 현황 (단위: 명)

구분	2020	2021	2022	2023	2024
전체 인구	51,829,023	51,638,809	51,439,038	51,325,329	51,217,221
체류외국인	2,036,075	1,956,781	2,245,912	2,507,584	2,650,783

출처: 법무부(2024). 출입국통계.

연도별 인구대비 체류외국인 현황(2020~2024년)을 살펴보면, 전체 인구대비 체류외국인 비율은 코로나 19의 영향으로 2019년 4.87%에서 2021년 3.79% 감소하였다가 2023년 8.9%, 2024년 5.2%로 증가한 것으로 나타났다. 연도별 장·단기 체류외국인 현황은 〈표 6-17〉과 같다.

표 6-17. 연도별 장단기 체류외국인 현황 (단위: 명)

구분	2020	2021	2022	2023	2024
장기 체류외국인	1,610,323	1,569,836	1,688,855	1,881,921	2,042,017
단기 체류외국인	425,752	386,945	557,057	625,663	608,766

출처: 법무부(2024). 출입국통계.

연도별 장단기 체류외국인 현황(2020~2024년)을 살펴보면, 2024년 말 기준 국내 체류외국인은 2,650,783명(장기 체류외국인 2,042,017명, 단기 체류외국인 608,766명)으로 전년 대비 5.7% 증가한 것으로 나타났다. 연도별 주요 국적별 외국인 현황은 〈표 6-18〉과 같다.

표 6-18. 연도별 주요 국적별 외국인 현황

구분	2020	2021	2022	2023	2024
중국	894,906	840,193	849,804	942,395	958,959
베트남	211,243	208,740	235,007	271,712	305,936

구분	2020	2021	2022	2023	2024
태국	181,386	171,800	201,681	202,121	188,770
미국	145,580	140,672	156,562	161,895	170,251
우즈베키스탄	65,205	66,677	79,136	87,698	94,893
필리핀	49,800	46,871	57,452	64,055	70,392
일본	26,515	28,093	46,741	58,438	65,216
기타	461,440	453,735	619,529	719,270	796,366

출처: 법무부(2024). 출입국통계.

연도별 · 주요 국적별 체류외국인 현황(2020~2024년)을 살펴보면, 한국계 중국인을 포함한 중국이 36.2%(958,959명)를 차지하고 있으며, 베트남 11.5%(305,936명), 태국 7.1%(188,770명), 미국 6.4%(170,251명), 우즈베키스탄 3.6%(94,893명) 순이었다. 연도별 유학생 현황은 〈표 6-19〉와 같다.

표 6-19. 연도별 유학생 현황 (단위: 명)

구분	2020	2021	2022	2023	2024
국내 유학생	153,361	163,699	197,234	226,507	263,775

출처: 법무부(2024). 출입국통계.

연도별 유학생 현황(2020~2024년)을 살펴보면, 2024년 말 기준 국내 유학생은 263,775명으로 전년 대비 16.5% 증가한 것으로 나타났다. 연도별 취업자격 외국인(전문인력+단순기능인력) 현황은 〈표 6-20〉과 같다.

표 6-20. 연도별 취업자격 외국인(전문인력+단순기능인력) 현황 (단위: 명)

구분	2020	2021	2022	2023	2024
전문인력	43,258	45,143	50,781	72,146	89,928
단순기능인력	409,039	361,526	398,621	450,425	477,033

출처: 법무부(2024). 출입국통계.

연도별 취업자격 체류외국인 현황(2020~2024년)을 살펴보면, 2024년 말 기준 취업자격 체류외국인은 566,961명(전문인력 89,928명, 단순기능인력 477,033명)으로 전년 대비 8.5% 증가한 것으로 나타났다. 연도별 결혼이민자 현황은 〈표 6-21〉과 같다.

표 6-21. 연도별 결혼이민자 현황

구분	2020	2021	2022	2023	2024
결혼 이민자	168,594	168,611	169,633	174,895	181,436

출처: 법무부(2024). 출입국통계.

연도별 · 결혼이민자 현황(2020~2024년)을 살펴보면, 2024년 말 기준 결혼이민자는 181,436명으로 전년 대비 3.7% 증가한 것으로 나타났다. 연도별 영주자격(F-5) 외국인 현황은 〈표 6-22〉와 같다.

표 6-22. 연도별 영주자격(F-5) 외국인 현황

(단위: 명)

구분	2020	2021	2022	2023	2024
영주자격자 (F-5)	160,947	168,118	176,107	185,441	202,968

출처: 법무부(2024). 출입국통계.

연도별 영주자격(F-5)자 추이(2020~2024년)를 살펴보면, 2024년 말 기준 영주자격(F-5) 체류외국인은 202,968명으로 전년 대비 9.5% 증가한 것으로 나타났다. 연도별 난민신청 현황은 〈표 6-23〉과 같다.

표 6-23. **연도별 난민신청 현황** (단위: 건)

구분	2020	2021	2022	2023	2024
난민신청	6,684	2,341	11,539	18,838	18,336

출처: 법무부(2024). 출입국통계.

연도별 난민신청자 현황(2020~2024년)을 살펴보면, 난민신청자는 2010년 이후 꾸준히 증가하였고, 특히 2013년 「난민법」 시행 이후로 2023년 난민인정신청 건수는 역대 최고치를 기록(18,838건)하였으나, 2024년은 전년 대비 약 2.7%(18,336건) 감소한 것으로 나타났다. 연도별 난민인정자 현황은 〈표 6-24〉와 같다.

표 6-24. **연도별 난민인정자 현황** (단위: 건)

구분	2020	2021	2022	2023	2024
난민인정	69	72	175	101	105

출처: 법무부(2024). 출입국통계.

연도별 난민인정자 현황(2020~2024년)을 살펴보면, 1994년부터 2024년까지 총 1,544명이 난민인정을 받았으며, 2024년 한 해 동안은 105명이 난민인정을 받은 것으로 나타났다. 연도별 인도적 체류허가자 현황은 〈표 6-25〉와 같다.

표 6-25. **연도별 인도적 체류허가자 현황** (단위: 건)

구분	2020	2021	2022	2023	2024
인도적 체류	154	51	67	129	101

출처: 법무부(2024). 출입국통계.

연도별 인도적 체류허가자 현황(2020~2024년)을 살펴보면, 1994년부터 2024

년까지 총 2,696명이 인도적 체류허가를 받았으며, 2024년 한 해 동안 101명이 인도적 체류허가를 받은 것으로 나타났다. 연도별 출입국사범 현황은 〈표 6-26〉과 같다.

표 6-26. 연도별 출입국사범 현황 (단위: 명)

구분	2020	2021	2022	2023	2024
출입국사범	118,829	121,225	98,350	134,083	139,727

출처: 법무부(2024). 출입국통계.

연도별 · 출입국사범 증감 추이(2020~2024년)를 살펴보면, 2024년 출입국사범 처리 건수는 139,727건으로 전년 대비 4.2% 증가한 것으로 나타났다.

4) 다문화가족지원법

「다문화가족지원법」은 다문화가족구성원이 안정적인 가족생활을 영위하고 사회구성원으로서의 역할과 책임을 다할 수 있도록 함으로써 이들의 삶의 질 향상과 사회통합에 이바지함을 목적으로 한다. 「다문화가족지원법」은 국가와 지방자치단체의 책무(제3조), 생활정보 제공 및 교육 지원(제6조), 가정폭력 피해자에 대한 보호 · 지원(제8조), 다국어에 의한 서비스 제공(제11조) 등 전문 16조와 부칙으로 이루어져 있다. 2008년 3월 21일 법률 제8937호로 제정된 이후 2011년 4월 4일 법률 제10534호까지 2차에 걸쳐 내용이 일부 개정되었다.

이 법에서 사용하는 '다문화가족'이란 대한민국 국민과 혼인한 적이 있거나 혼인관계에 있는 재한외국인과 「국적법」에 의해 대한민국 국적을 취득한 자로 이루어진 가족을 말한다(제2조). 국가와 지방자치단체는 다문화가족구성원이 안정적인 가족생활을 영위할 수 있도록 필요한 제도와 여건을 조성하고 이를 위한 시책을 수립·시행해야 한다(제3조). 여성가족부장관은 다문화가족 지원을 위해 5년마다 다문화가족정책에 관한 기본계획을 수립해야 하며(제3조의 2), 다문화가족의 현황 및 실태를 파악하고 다문화가족 지원을 위한 정책수립에 활용하기 위해 3년마다 다문화가족에 대한 실태조사를 실시하고 그 결과를 공표해야 한다(제4조). 「다문화가족지원법」과 관련된 용어는 〈표 6-27〉, 「다문화가족지원법」 3조, 4조는 〈표 6-28〉과 같다.

표 6-27. 「다문화가족지원법」과 관련된 용어

구분	내용
다문화가족	다음의 어느 하나에 해당하는 가족이다. 가. 「재한외국인 처우 기본법」 제2조 제3호의 결혼이민자와 「국적법」 제2조부터 제4조까지의 규정에 따라 대한민국 국적을 취득한 자로 이루어진 가족 나. 「국적법」 제3조 및 제4조에 따라 대한민국 국적을 취득한 자와 같은 법 제2조부터 제4조까지의 규정에 따라 대한민국 국적을 취득한 자로 이루어진 가족
결혼이민자등	다문화가족의 구성원으로서 다음 각 목의 어느 하나에 해당하는 자를 말한다. 가. 「재한외국인 처우 기본법」 제2조 제3호의 결혼이민자 나. 「국적법」 제4조에 따라 귀화허가를 받은 자
아동 · 청소년	24세 이하인 사람을 말한다.

표 6-28. 다문화가족지원법 3조, 4조

제3조(국가와 지방자치단체의 책무)

① 국가와 지방자치단체는 다문화가족구성원이 안정적인 가족생활을 영위하고 경제 · 사회 · 문화 등 각 분야에서 사회구성원으로서의 역할과 책임을 다할 수 있도록 필요한 제도와 여건을 조성하고 이를 위한 시책을 수립 · 시행하여야 한다.

② 특별시 · 광역시 · 특별자치시 · 도 · 특별자치도 및 시 · 군 · 구(자치구를 말한다. 이하 같다)에는 다문화가족 지원을 담당할 기구와 공무원을 두어야 한다.

③ 국가와 지방자치단체는 이 법에 따른 시책 중 외국인정책 관련 사항에 대하여는 「재한외국인 처우 기본법」 제5조부터 제9조까지의 규정에 따른다.

제3조의2(다문화가족 지원을 위한 기본계획의 수립)

① 여성가족부장관은 다문화가족 지원을 위하여 5년마다 다문화가족정책에 관한 기본계획(이하 "기본계획"이라 한다)을 수립하여야 한다.

② 기본계획에는 다음 각 호의 사항을 포함하여야 한다.

1. 다문화가족 지원 정책의 기본 방향
2. 다문화가족 지원을 위한 분야별 발전시책과 평가에 관한 사항
3. 다문화가족 지원을 위한 제도 개선에 관한 사항

3의2. 다문화가족구성원의 경제 · 사회 · 문화 등 각 분야에서 활동 증진에 관한 사항

4. 다문화가족 지원을 위한 재원 확보 및 배분에 관한 사항
5. 그 밖에 다문화가족 지원을 위하여 필요한 사항

③ 여성가족부장관은 기본계획을 수립할 때에는 미리 관계 중앙행정기관의 장과 협의하여야 한다.

④ 기본계획은 제3조의4에 따른 다문화가족정책위원회의 심의를 거쳐 확정한다. 이 경우 여성가족부장관은 확정된 기본계획을 지체 없이 국회 소관 상임위원회에 보고하고, 관계 중앙행정기관의 장과 특별시장 · 광역시장 · 특별자치시장 · 도지사 · 특별자치도지사(이하 "시 · 도지사"라 한다)에게 알려야 한다.

⑤ 여성가족부장관은 기본계획을 수립하기 위하여 필요하다고 인정하는 경우 관계 기관의 장에게 기본계획의 수립에 필요한 자료의 제출을 요구할 수 있다.

⑥ 제5항에 따라 자료의 제출을 요구받은 관계 기관의 장은 정당한 사유가 없으면 이에 따라야 한다.

제4조(실태조사 등)

① 여성가족부장관은 다문화가족의 현황 및 실태를 파악하고 다문화가족 지원을 위한 정책수립에 활용하기 위하여 3년마다 다문화가족에 대한 실태조사를 실시하고 그 결과를 공표하여야 한다.

② 여성가족부장관은 제1항에 따른 실태조사를 위하여 관계 공공기관 또는 관련 법인 · 단체에 대하여 필요한 자료의 제출 등 협조를 요청할 수 있다. 이 경우 자료의 제출 등 협조를 요청받은 관계 공공기관 또는 관련 법인 · 단체 등은 특별한 사유가 없는 한 이에 협조하여야 한다.

③ 여성가족부장관은 제1항에 따른 실태조사를 실시함에 있어서 외국인정책 관련 사항에 대하여는 법무부장관과, 다문화가족구성원인 아동 · 청소년의 교육현황 및 아동 · 청소년의 다문화가족에 대한 인식 등에 관한 사항에 대하여는 교육부장관과 협의를 거쳐 실시한다.

④ 제1항에 따른 실태조사의 대상 및 방법 등에 필요한 사항은 여성가족부령으로 정한다.

국가와 지방자치단체는 다문화가족에 대한 사회적 차별 및 편견을 예방하고 사회구성원이 문화적 다양성을 인정하고 존중할 수 있도록 다문화이해 교육과 홍보 등 필요한 조치를 해야 하며(제5조), 결혼이민자 등이 대한민국에서 생활하는 데 필요한 기본적 정보를 제공하고, 사회적응교육과 직업교육훈련 및 언

어소통능력 향상을 위한 한국어 교육 등을 받을 수 있도록 필요한 지원을 할 수 있다(제6조). 또한 다문화가족 내 가정폭력을 예방하기 위해 노력하며, 가정폭력으로 피해를 입은 결혼이민자 등을 보호 · 지원할 수 있다(제8조). 다문화가족지원법의 제5조, 제6조, 제8조는 〈표 6-29〉와 같다.

표 6-29. 「다문화가족지원법」의 제5조, 제6조, 제8조

제5조(다문화가족에 대한 이해증진)

① 국가와 지방자치단체는 다문화가족에 대한 사회적 차별 및 편견을 예방하고 사회구성원이 문화적 다양성을 인정하고 존중할 수 있도록 다문화 이해교육을 실시하고 홍보 등 필요한 조치를 하여야 한다.

② 여성가족부장관은 제1항에 따른 조치를 함에 있어 홍보영상을 제작하여 「방송법」 제2조제3호에 따른 방송사업자에게 배포하여야 한다.

③ 여성가족부장관은 「방송법」 제2조 제3호에 따른 방송사업자(이하 이 조에서 "방송사업자"라 한다)에게 같은 법 제73조 제4항에 따라 대통령령으로 정하는 비상업적 공익광고 편성비율의 범위에서 제2항의 홍보영상을 채널별로 송출하도록 요청할 수 있다.

④ 방송사업자는 제2항의 홍보영상 외에 독자적으로 홍보영상을 제작하여 송출할 수 있다. 이 경우 여성가족부장관에게 필요한 협조 및 지원을 요청할 수 있다.

⑤ 교육부장관과 특별시 · 광역시 · 특별자치시 · 도 · 특별자치도의 교육감은 「유아교육법」 제2조, 「초 · 중등교육법」 제2조 또는 「고등교육법」 제2조에 따른 학교에서 다문화가족에 대한 이해를 돕는 교육을 실시하기 위한 시책을 수립 · 시행하여야 한다. 이 경우 제4조에 따른 실태조사의 결과 중 다문화가족구성원인 아동 · 청소년의 교육현황 및 아동 · 청소년의 다문화가족에 대한 인식 등에 관한 사항을 반영하여야 한다.

⑥ 교육부장관과 특별시 · 광역시 · 특별자치시 · 도 · 특별자치도의 교육감은 「유아교육법」 제2조 및 「초 · 중등교육법」 제2조에 따른 학교의 교원에 대하여 대통령령으로 정하는 바에 따라 다문화 이해교육 관련 연수를 실시하여야 한다.

제8조(가정폭력 피해자에 대한 보호 · 지원)

① 국가와 지방자치단체는 「가정폭력방지 및 피해자보호 등에 관한 법률」에 따라 다문화가족 내 가정폭력을 예방하기 위하여 노력하여야 한다.

② 국가와 지방자치단체는 가정폭력으로 피해를 입은 결혼이민자등을 보호 · 지원할 수 있다.

③ 국가와 지방자치단체는 가정폭력의 피해를 입은 결혼이민자등에 대한 보호 및 지원을 위하여 외국어 통역 서비스를 갖춘 가정폭력 상담소 및 보호시설의 설치를 확대하도록 노력하여야 한다.

④ 국가와 지방자치단체는 결혼이민자등이 가정폭력으로 혼인관계를 종료하는 경우 의사소통의 어려움과 법률체계 등에 관한 정보의 부족 등으로 불리한 입장에 놓이지 아니하도록 의견진술 및 사실확인 등에 있어서 언어통역, 법률상담 및 행정지원 등 필요한 서비스를 제공할 수 있다.

국가와 지방자치단체는 아동 보육·교육을 실시함에 있어서 다문화가족구성원인 아동을 차별해서는 안 되며(제10조), 결혼이민자 등의 의사소통의 어려움을 해소하고 서비스 접근성을 제고하기 위해 다국어에 의한 서비스 제공이 이루어지도록 노력해야 한다(제11조). 국가와 지방자치단체는 다문화가족 지원사업을 수행하는 단체나 개인에 대해 필요한 비용의 전부 또는 일부를 보조하거나 그 업무수행에 필요한 행정적 지원을 할 수 있다(제16조). 다문화가족지원법의 제10조, 제11조, 제16조의 내용은 〈표 6-30〉과 같다.

표 6-30. 「다문화가족지원법」의 제10조, 제11조, 제16조

제10조(아동 · 청소년 보육 · 교육) ① 국가와 지방자치단체는 아동 · 청소년 보육 · 교육을 실시함에 있어서 다문화가족구성원인 아동 · 청소년을 차별하여서는 아니 된다. ② 국가와 지방자치단체는 다문화가족구성원인 아동 · 청소년이 학교생활에 신속히 적응할 수 있도록 교육지원대책을 마련하여야 하고, 특별시 · 광역시 · 특별자치시 · 도 · 특별자치도의 교육감은 다문화가족구성원인 아동 · 청소년에 대하여 학과 외 또는 방과 후 교육 프로그램 등을 지원할 수 있다. ③ 국가와 지방자치단체는 다문화가족구성원인 18세 미만인 사람의 초등학교 취학 전 보육 및 교육 지원을 위하여 노력하고, 그 구성원의 언어발달을 위하여 한국어 및 결혼이민자등인 부 또는 모의 모국어 교육을 위한 교재지원 및 학습지원 등 언어능력 제고를 위하여 필요한 지원을 할 수 있다. ④ 「영유아보육법」 제10조에 따른 어린이집의 원장, 「유아교육법」 제7조에 따른 유치원의 장, 「초 · 중등교육법」 제2조에 따른 각급 학교의 장, 그 밖에 대통령령으로 정하는 기관의 장은 아동 · 청소년 보육 · 교육을 실시함에 있어 다문화가족구성원인 아동 · 청소년이 차별을 받지 아니하도록 필요한 조치를 하여야 한다.
제11조(다국어에 의한 서비스 제공) 국가와 지방자치단체는 제5조부터 제10조까지의 규정에 따른 지원정책을 추진함에 있어서 결혼이민자등의 의사소통의 어려움을 해소하고 서비스 접근성을 제고하기 위하여 다국어에 의한 서비스 제공이 이루어지도록 노력하여야 한다.
제16조(민간단체 등의 지원) ① 국가와 지방자치단체는 다문화가족 지원 사업을 수행하는 단체나 개인에 대하여 필요한 비용의 전부 또는 일부를 보조하거나 그 업무수행에 필요한 행정적 지원을 할 수 있다. ② 국가와 지방자치단체는 결혼이민자 등이 상부상조하기 위한 단체의 구성 · 운영 등을 지원할 수 있다.

5) 결혼중개업의 관리에 관한 법률

「결혼중개업의 관리에 관한 법률」은 결혼중개업을 건전하게 지도 · 관리하고 결혼중개업 이용자의 피해를 예방하여 그 이용자를 보호함으로써 건전한 결혼 문화 형성에 이바지함을 목적으로 하는 법이다. 법의 내용으로는 실태조사, 국내결혼중개업의 신고, 국제결혼중개업의 등록, 국제결혼중개업체의 공시, 지도 점검, 휴업 · 폐업 및 재개의 신고, 결격사유, 겸업금지, 신고필증 등의 게시, 명의 대여의 금지, 결혼중개계약서의 작성, 신상정보 제공, 통역 · 번역서비스의 제공, 기록보존, 부정한 방법의 모집 · 알선 등의 금지, 외국 현지법령 준수, 홍보영상의 제작 · 배포 · 송출, 거짓 · 과장된 표시 · 광고의 금지, 미성년자 소개 금지, 개인정보의 보호, 장부 등의 비치, 국제결혼중개업자의 업무제휴, 보고 및 검사, 관계 기관의 협조, 시정 명령, 영업정지, 폐쇄조치, 청문, 행정처분의 승계, 수수료, 교육, 결혼중개업 이용자의 피해 예방을 위한 교육, 자본금, 손해배상책임의 보장, 벌칙, 양벌규정, 과태료 등을 규정하고 있다. 결혼중개업의 관리에 관한 법률과 관련된 용어는 〈표 6-31〉과 같다.

표 6-31. 「결혼중개업의 관리에 관한 법률」과 관련된 용어

구분	내용
결혼중개	결혼을 위한 상담 및 알선 등의 행위를 말한다.
결혼중개업	수수료 · 회비, 그 밖의 금품을 받고 결혼중개를 업으로 행하는 것을 말한다.
국내결혼중개업	대한민국의 국적을 가진 사람을 대상으로 하는 결혼중개업을 말한다.
국제결혼중개업	대한민국의 국적을 가진 사람과 외국인을 대상으로 하는 결혼중개업을 말한다.
결혼중개업자	제3조제1항에 따라 결혼중개업의 신고를 하거나 제4조 제1항에 따라 결혼중개업의 등록을 한 자를 말한다.

2. 다문화 관련 제도

1) 사회통합 정책

(1) 대상범위

「다문화가족지원법」에는 이민이라는 개념 대신 다문화가족이라는 개념을 사용하고 있으며, 이는 동법률에 있어서 주로 지적되고 있는 문제점으로 언급되고 있다. 왜냐하면 동법률상의 주체가 이민자이면서 대한민국 내에서 가족을 형성하고자 하는 또는 형성하고 있는 자로 제한하고 있기 때문이다. 이민사회에서 사회통합의 적용이 다른 부처의 정책에까지 간섭하고 통제하게 되어 외국인정책의 기능을 중첩하게 하는 문제가 발생하게 된다면 그 사회통합법제의 재고가 필요하다. 불법체류자(미등록이주민)도 임금청구권, 산업재해청구권을 가지며, 이 권리는 이들이 본국으로 돌려 보내져도 인정되는 것이므로 다문화가족 개념이 안고 있는 문제점을 고려하면 이주민의 개념 도입을 검토할 필요가 있다. 그리고 이주민의 개념에 불법체류자가 반드시 포함되어야 하는 것은 아니므로 이를 이유로 이주민의 개념 자체를 도입하지 않을 필요는 없다.

(2) 사회적응

「재한외국인 처우 기본법」 제1조의 목적은 재한외국인이 대한민국 사회에 적응하여 개인의 능력을 충분히 발휘할 수 있도록 하고, 대한민국 국민과 재한외국인이 서로를 이해하고 존중하는 사회환경을 만들어 대한민국의 발전과 사회통합에 이바지하는 것이다. 그리고 「다문화가족지원법」의 목적은 다문화가족 구성원이 안정적인 가족생활을 영위하고 사회구성원으로서의 역할과 책임을 다할 수 있도록 함으로써 이들의 삶의 질 향상과 사회통합에 이바지하는 것이다. 이들 두 가지 법률은 분명히 모두 "사회통합"을 목적으로 하고 있다.

그러나 동법률과 조례는 사회통합을 목적으로 하고 있지만 실제에 있어서는 동화에 많은 비중이 있으며, 국민과 이민자 간의 상호이해 및 소통 등의 진정한 의미의 내용은 부족하다고 할 수 있다. 이를 위해서는 지역주민과 이민자 모두가 함께할 수 있는 프로그램이나 제도적 뒷받침이 필요하다. 그리고 이민자들이 자기의 능력을 발휘하고 안정적으로 적응하기 위한 노력보다, 우리사회가 그들을 하나의 주체로 인정하지 않고 관리대상으로만 바라보며, 주로 지원하는 수준에 머물고 있다. 따라서 진정한 의미의 사회통합보다는 오히려 그들을 우리사회에 단순히 동화시키는 정책을 구현하고 있다는 비판도 있다. 즉, 이민자들의 사회적응에 대한 정확한 인식보다는 국익에 도움이 되는 외국인만을 우대하거나 다문화가족이 우리사회에 해악을 끼치지 않을 정도로만 관리하면 된다는 시각을 벗어나지 못하고 있기 때문이라고 주장한다.

또한 「재한외국인 처우 기본법」 제12조는 국가 및 지방자치단체는 결혼이민자에 대한 한국어 교육, 대한민국의 제도 및 문화에 대한 교육, 결혼이민자의 자녀에 대한 보육 및 교육지원 등을 통하여 결혼이민자 및 그 자녀가 대한민국 사회에 빨리 적응하도록 지원할 수 있다고 규정하고 있다. 물론 재한외국인에 대한 지원 측면에서는 긍정적일 수 있지만, 동법률의 근본적인 목적에 비추어 볼 때 적응을 통한 사회통합에 있음을 알 수 있다. 더욱이 결혼이민자 가족이 해체될 경우 영주권이나 국적부여가 쉽지 않다는 점은 이들의 사회적응의 걸림돌로 작용하고 있으므로 사회통합 측면에서도 결혼이민자의 불안정한 지위를 보장해 줄 필요가 있다.

(3) 교육지원

결혼이민자나 그 자녀로 이루어지는 다문화가족은 언어와 문화의 차이로 우리사회에 적응하지 못하거나 가족끼리의 갈등을 경험하고 있으며, 자녀교육에도 상당한 어려움에 처해 있는 있기 때문에 다문화가족에게 있어 교육지원은 매우 중요하다. 따라서 이들이 우리사회의 한 구성원으로서 잘 통합되어 안정적인 가족생활을 지속할 수 있도록 부부, 부모, 자식으로서 갖추어야 할 기본적인 소양 등 가족구성원으로서의 역할에 대한 교육과 필요한 상담을 지원하고, 통역, 법률상담, 각종 행정적 지원 등의 실생활에 필요한 서비스를 제공하는 등 다문화가족에 대한 구체적이고 체계적인 지원정책을 제도적으로 구현해야 한다. 특히 교육적인 문제에서 해결해야 하는 과제는 언어문제 및 자녀교육 등이다. 따라서 범정부적 차원의 종합대책을 추진함으로써 이민자가족구성원이 우리사회에서 안정적으로 정착하고 사회구성원으로서의 역할과 책임을 다할 수 있는 사회적 통합을 이루어야 한다.

2) 사회통합프로그램

이민자가 사회구성원으로서 사회통합에 가장 중요한 요소는 언어적, 사회적 소통이라고 할 수 있다. 이런 전제하에 도입된 법무부의 사회통합프로그램의 추진배경은 〈표 6-32〉와 같다.

표 6-32. 사회통합프로그램의 추진배경

- 이민자의 귀화허가 시 국민으로서 갖추어야 할 기본소양을 검증하는 데 한계를 지닌다. 일반귀화자의 경우 한국 국적을 취득하기 위해서는 귀화필기시험을 통해 최소한의 한국어능력과 기본소양을 평가받고 있지만 예상문제집을 단순 암기하여 응시하는 귀화신청자를 대상으로 국민으로서의 정체성과 자격 요건을 검증하는 데 한계가 있다. 특히 결혼이민자의 경우, 2003년부터 국적취득 시 귀화필기시험과 면접심사를 면제함에 따라 한국어와 한국사회의 이해 등 기본소양을 갖추지 못한 상태로 혼인기간이 2년만 넘으면 간이귀화를 통해 한국 국적을 취득할 수 있게 되어 결혼이민자의 한국어와 한국사회에 대한 학습노력의 필요성이 상실되었고, 일부 결혼이민자의 경우 '가만히 있으면 알아서 국적이 나오는데 뭐 하러 시간을 허비해 가며 한국어를 배워'라는 사고 때문에 학습에 노력을 기울이지 않거나, 가족들도 결혼이민자의 교육 참여를 반대하는 등의 문제로 결혼이민자의 한국어능력 부족과 한국사회의 이해 곤란이 심각한 수준이라는 결과를 보이고 있다. 이는 이민자 본인은 물론 2세까지도 사회적응에 어려움을 경험하게 하는 요인으로 작용하고 있다.
- 사회통합의 대상이 주로 결혼이민자에 한정되어 지원되고 있는 한계를 극복하기 위하여 외국 국적 동포, 외국인근로자, 유학생 등 모든 이민자를 대상으로 국가 통합차원에서 한국어와 한국사회의 이해에 대한 체계적이고 표준화된 사회통합 교육시스템을 필요로 하고 있다. 즉, 이민자의 정주화에 맞추어 모든 이민자를 대상으로 하여 한국사회 구성원으로서의 정체성 확립과 정착에 필요한 법과 제도, 생활, 문화 이해 등의 기본소양을 함양할 필요성이 높아졌기 때문이다.
- 중앙부처를 비롯하여 지방자치단체와 사회복지단체 및 NGO, 종교단체 등은 결혼이민자의 적응지원에 많은 노력과 예산을 투입하기 시작하였지만 지원 정책들이 체계적이지 못하여 이민자의 참여와 관심이 저조한 것으로 나타났다. 결과적으로 국가나 지자체 등 우리사회가 이민자의 우리사회 적응지원을 위해 노력하는 만큼 이민자 스스로도 자신의 책임과 노력을 바탕으로 미래 우리사회의 부담이 되지 않도록 우리사회와의 유대와 소통을 강화하고 자립력을 배양할 수 있게 정부정책의 방향을 선회할 필요를 느끼게 되었다.

이로써 법무부는 이민자의 사회부적응을 예방하고, 국민과의 마찰 등으로 인한 사회적 비용을 절감하고, 교육과 취업의 기회로부터 소외되어 사회적 · 경제적 취약 계층으로의 전락을 방지하고자 2007년 초부터 사회통합프로그램의 도입을 계획하여 시범적으로 전국의 20개 운영기관을 통해 사회통합프로그램 이수제를 실시하게 되었다. 정부에서 실시하고 있는 사회통합프로그램의 내용은 〈표 6-33〉, 사회통합프로그램의 구체적인 예는 〈표 6-34〉, 연도별 사회통합프로그램 운영기관 및 참여자 현황은 [그림 6-2]와 같다.

표 6-33. 사회통합프로그램의 내용

- 2009년부터 이민자가 우리 사회구성원으로 적응 · 자립하는 데 필수적인 한국어와 한국문화, 한국 사회의 이해 및 헌법적 가치 등의 기본소양을 함양할 수 있도록 사회통합프로그램을 운영하고 있다.
- 사회통합프로그램 교육이수 시 사증발급, 일반체류자격 변경, 영주자격 변경, 귀화심사 등에 혜택을 부여함으로써 사회통합프로그램 참여를 활성화하고 있다.
- 자라 온 환경이 다르고 우리나라와 다른 법령 체계 등으로 한국생활에 어려움을 겪는 이민자를 위하여 전국 사회통합프로그램 운영기관에서 이민자를 대상으로 범죄예방, 근로, 부동산 거래, 소비생활법령 등 생활법률특강과 금융 · 경제, 재난 · 안전 교육 등 다양한 프로그램을 운영하고 있다.
- 또한 이민자 교육환경에 따른 수요를 고려하여 임신, 출산, 장애, 취업, 거주 등으로 집합교육 참여가 어려운 이민자를 위하여 1명의 강사가 9명의 이민자와 컴퓨터 화상카메라를 통해 실시간으로 교육하는 '온라인 화상교육'을 운영하고 있으며, 외국인근로자, 회화강사 등 주간교육 참여가 어려운 이민자 특성을 반영하여 야간반, 주말반 등 특수반 운영을 활성화하고 있다.

그림 6-1. 사회통합프로그램의 운영

출처: 여성가족부(2020). 제3차 다문화가족정책 기본계획 2020년도 이행계획.

표 6-34. 사회통합프로그램의 구체적인 내용

구분	내용
목적	재한외국인이 우리사회 구성원으로서 살아가는 데 필요한 기본소양(한국어, 한국문화) 함양 기회 제공
참여대상	국적, 영주 등 체류자격을 취득하려는 재한외국인, 국적취득 후 3년 이내인 사람 이수혜택: 체류허가 및 영주 · 국적 신청 시 가점 부여 또는 귀화시험 면제 등
과정	• 한국어와 한국문화: 0~4단계로 구성, 사전평가(=레벨 테스트) 등을 거쳐 단계배정 • 한국사회 이해: 영주자격 취득 시 50시간, 국적취득 시 70시간

<table>
<tr><td>신청방법</td><td>• 사회통합정보망(www.socinet.go.kr)에 회원 가입
• '단계배정' 메뉴에서 단계배정방법을 선택
– 0단계부터 시작: 선택하여 신청
– 사전평가를 통한 단계배정: 신청을 누르면 자동 연결되는 평가 홈페이지 사회통합프로그램 평가(www.socinet.go.kr)에서 사전평가 신청하고 응시 수수료(3만 원)를 납부하고 접수
– 연계를 통한 단계배정: 홈페이지 매뉴얼 참조
• 사회통합정보망에서 배정받은 단계의 수업에 과정신청하여 참여: 단, 과정신청기간에만 신청 가능하며, 자세한 내용은 사회통합정보망(www.socinet.go.kr) 참조</td></tr>
<tr><td>교육체계</td><td>
<table>
<tr><th colspan="2">단계
구분</th><th>0단계</th><th>1단계</th><th>2단계</th><th>3단계</th><th>4단계</th><th>5단계</th></tr>
<tr><td colspan="2" rowspan="2">과정</td><td colspan="5">한국어</td><td rowspan="2">한국사회 이해</td></tr>
<tr><td>기초</td><td>초급1</td><td>초급2</td><td>중급1</td><td>중급2</td></tr>
<tr><td colspan="2">이수기간</td><td>15시간</td><td>100시간</td><td>100시간</td><td>100시간</td><td>100시간</td><td>50시간</td></tr>
<tr><td colspan="2">사전평가 점수</td><td>3점 미만
(구술 3점)</td><td>3~20점</td><td>21~35점</td><td>36~65점</td><td>66~80점</td><td>81~100점</td></tr>
<tr><td rowspan="2">2013년 이전</td><td>결혼이민자</td><td>0~10점</td><td>11~29점</td><td>30~49점</td><td colspan="2">면제</td><td>50~100점</td></tr>
<tr><td>일반이민자</td><td>0~10점</td><td>11~29점</td><td>30~49점</td><td>50~69점</td><td>70~89점</td><td>90~100점</td></tr>
</table>
</td></tr>
</table>

출처: 여성가족부(2020). 제3차 다문화가족정책 기본계획 2020년도 이행계획.

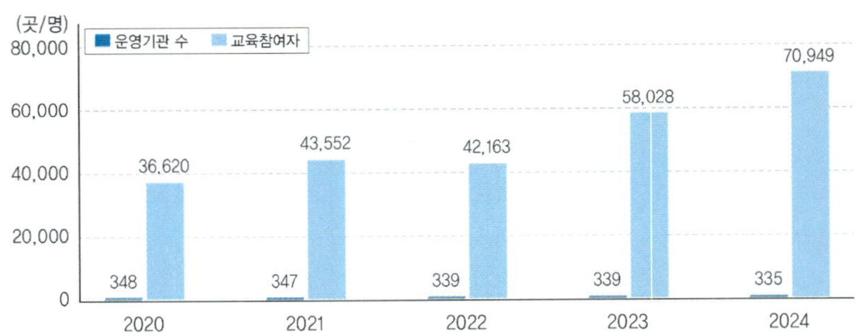

(단위: 명)

구분	2020	2021	2022	2023	2024
운영기관 수	348	347	339	339	335
교육참여자	36,620	43,552	42,163	58,028	70,949

그림 6-2. 연도별 사회통합프로그램 운영기관 및 참여자 현황

출처: 법무부(2024). 출입국통계.

연도별 사회통합프로그램 운영기관 및 참여자 현황(2020~2024년)을 살펴보면, 사회통합프로그램 도입 첫해인 2009년에는 사회통합프로그램 운영기관이 20개에 불과하였으나 2024년 335개로 증가하였으며, 참여자 수도 2009년 1,331명에서 2019년 56,535명까지 증가 추세를 이어 오다, 2024년에는 전년 대비 22.3% 증가한 70,949명이 교육에 참여한 것으로 나타났다.

3) 이민자 조기적응 프로그램

결혼이민자, 외국국적동포, 중도입국 외국인 자녀, 외국인유학생 등 장기체류를 하고자 하는 외국인의 조기적응을 지원하기 위하여 대한민국 기초법 · 제도 안내 및 사회적응정보를 제공하는 이민자 조기적응 프로그램을 2015년부터 본격 시행하고 있으며, 이민자의 다양한 체류유형에 맞게 일반적인 사회적응정보 외에 미래진로, 부부교육, 인권보호, 대한민국 구성원 되기 등 특화된 정보를 제공하고 있다. 정부에서 실시하고 있는 이민자 조기적응 프로그램의 예는 〈표 6-35〉, 연도별 이민자 조기적응 프로그램 이수 현황은 [그림 6-3]과 같다.

표 6-35. 이민자 조기적응 프로그램의 예

구분	내용
목적	최초 입국하는 외국인이 우리사회에 빨리 적응하는 데 필요한 생활정보, 기초법 습득 기회 제공
참여대상	최초 입국하는 외국인 • 의무참여: 방문취업 동포, 외국인 연예인(예술 · 흥행 E6-2 체류자격), 결혼이민자(고시 7개국: 중국, 베트남, 필리핀, 캄보디아, 몽골, 우즈베키스탄, 태국) • 자율참여: 고시 7개국 제외 결혼이민자 이하 상동 • 이수혜택: 결혼이민자 체류기간 2년 부여

구분	내용
과정	• 공통과목: 기초법 · 질서, 한국사회 적응정보, 출입국관련 제도 등 2시간 • 특수과목: 방문취업 동포(국내 정착), 결혼이민자(가족 간 상호이해), 외국인 연예인 〈예술 · 흥행 E6-2 체류자격〉(인권보호), 유학생(학교생활 정보), 중도입국 자녀(미래 진로) 등 1시간
신청방법	사회통합정보망(www.socinet.go.kr)에 접속하여 회원가입 후 조기적응 프로그램 참여 신청

출처: 여성가족부(2020). 제3차 다문화가족정책 기본계획 2020년도 이행계획.

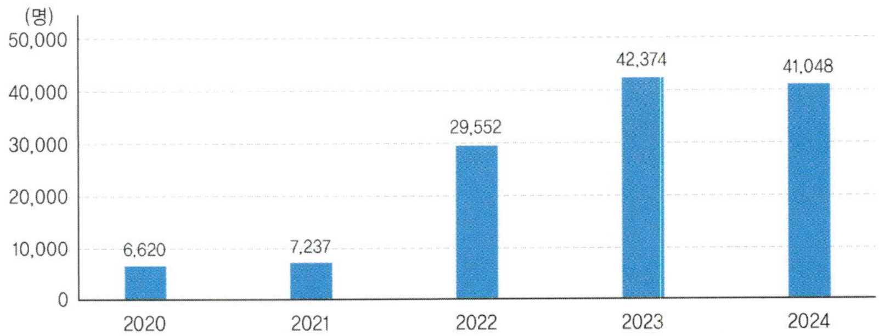

(단위: 명)

구분	2020	2021	2022	2023	2024
인원	6,620	7,237	29,552	42,374	41,048

그림 6-3. 연도별 이민자 조기적응 프로그램 이수 현황

출처: 법무부(2024). 출입국통계.

연도별 이민자 조기적응 프로그램 이수 현황(2020~2024년)을 살펴보면, 이민자 조기적응 프로그램은 법무부장관이 지정한 대학, 외국인 지원단체 등 전국 142개 기관에서 운영하고 있으며, 2024년에는 전년 대비 3.1% 소폭 감소한 41,048명이 교육에 참여한 것으로 나타났다.

4) 이민자 네트워크 운영

정부 주도의 일방적인 지원정책에서 벗어나 이민자들의 자발적인 사회관계망 형성을 통해 정서적 안정에 기여하고, 이민자 상호 간 한국생활 정보교류를 통해 건전한 사회구성원으로 성장할 수 있도록 지원하기 위하여 이민자 네트워크 활동을 지원하고 있다. 구체적으로 전국 출입국·외국인 관서에서 이민자 네트워크에 소속된 결혼이민자 등을 외국인 자원봉사자로 위촉하여 통·번역 및 민원안내 도우미로 활동하도록 함으로써 이민자의 사회참여활동 기회를 제공하고 있으며, 이민자의 체류·국적 등과 관련한 고충상담과 애로사항 해결 등에 활용하여 이민자의 권익을 보호하고 사회적응을 지원하고 있다.

5) 국제결혼 안내프로그램 운영

국제결혼에 대한 올바른 인식을 제고하고 국제결혼 과정에서 발생하는 피해를 최소화하기 위하여 2010년 10월부터 국제결혼 안내프로그램을 운영하고 있다. 국제결혼 안내프로그램은 현지 국가의 제도·문화·예절 등의 소개, 결혼사증 발급절차 및 심사기준 등 정부정책 소개, 시민단체의 결혼이민자 상담·피해사례 및 결혼이민자와 한국인 배우자의 경험담 소개 등으로 구성되어 있으며, 2018년 3월 결혼이민자의 인권증진과 성공적인 국내 정착을 지원하기 위해 국제결혼 안내프로그램에는 부부간 인권존중 및 갈등해소, 가정폭력 방지 등 내용의 인권교육 과정을 추가하였다. 법무부장관이 지정·고시한 7개 국가(중국·베트남·필리핀·캄보디아·몽골·우즈베키스탄·태국) 국민과 결혼을 희망하는 한국인 배우자는 국제결혼 안내프로그램을 이수해야만 배우자를 초청할 수 있다. 정부에서 실시하고 있는 국제결혼 안내프로그램의 내용은 〈표 6-36〉, 연도별 국제결혼 안내프로그램 이수 현황은 [그림 6-4]와 같다.

표 6-36. 국제결혼 안내프로그램의 내용

구분	내용
목적	국제결혼으로 외국인 배우자를 초청하려는 사람이 국제결혼에 대한 올바른 인식을 가지고 건전한 결혼생활을 할 수 있도록 지원하고자 함
참여대상	우리 국민 중 국제결혼을 희망하거나, 이미 국제결혼을 한 상태에서 외국인 배우자(대상 국가: 중국, 베트남, 필리핀, 캄보디아, 몽골, 우즈베키스탄, 태국)를 초청하려는 사람
과정	• 국제결혼 관련 현지 국가의 제도 · 문화 · 예절정보 등 소개 • 결혼이민(F-6)사증 발급절차 및 심사기준 등 정책 설명 • 결혼이민자 상담 및 피해사례 소개, 결혼이민자와 한국인 남편의 경험담 소개 등 • 인권교육(부부간 인권존중 및 갈등해소 노력, 가정폭력 방지 등)
신청방법	사회통합정보망(www.socinet.go.kr)에 회원 가입 후, 메뉴의 '국제결혼 안내프로그램' 신청란에서 참가 신청

출처: 여성가족부(2020). 제3차 다문화가족정책 기본계획 2020년도 이행계획.

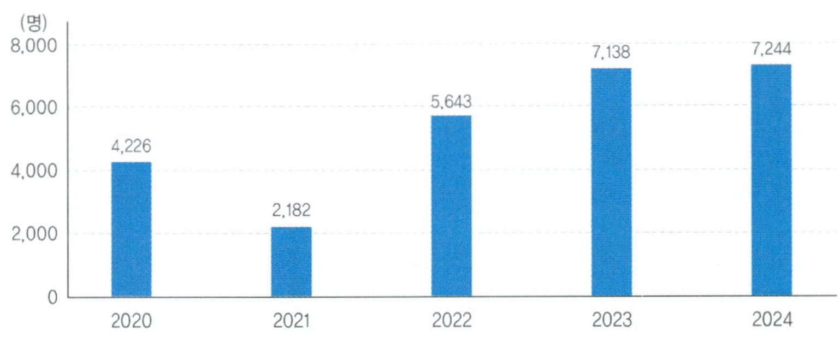

(단위: 명)

구분	2020	2021	2022	2023	2024
인원	4,226	2,182	5,643	7,138	7,244

그림 6-4. 연도별 국제결혼 안내프로그램 이수 현황

출처: 법무부(2024). 출입국통계.

연도별 국제결혼 안내프로그램 이수 현황(2020~2024년)을 살펴보면, 국제결혼 안내프로그램 이수 의무화 조치로 인해 2011년에 교육 참여자가 16,701명으로 급증하였으나, 2014년 4월 국제결혼 건전화를 위한 결혼이민 사증발급 심사 강화 및 국제결혼의 감소 추세로 인하여 교육참여자 수가 감소하다가 2018년 8,821명에서 2019년 9,667명으로 증가하였고, 코로나19로 인한 국제적 이동제한으로 인해 2020년 4,226명, 2021년 2,182명으로 대폭 감소하였으나, 점차 증가 추세를 보이고 있으며, 2024년에는 전년 대비 1.5% 증가한 7,244명이 교육에 참여한 것으로 나타났다.

6) 사회통합 자원봉사위원 제도 운영

법률 · 의료 등 사회 각 분야 전문가, 모범정착 이민자 등을 사회통합 자원봉사위원으로 위촉하여 이민자의 사회적응을 다각도로 지원하고 있으며, 사회통합 자원봉사위원은 외국인 · 고용주 등에 대한 법질서 준수 계도 및 홍보 지원, 국내체류 외국인을 위한 교육 · 상담, 기타 법률 · 의료 · 취업 등 지원활동을 수행하고 있다.

7) 세계인의 날 행사 개최

2007년 「재한외국인 처우 기본법」을 제정하면서 대한민국 국민과 재한외국인이 서로 문화와 전통을 존중하면서 더불어 살아갈 수 있는 사회 환경을 조성하기 위해 매년 5월 20일을 세계인의 날로 정하고, 세계인의 날로부터 1주간의 기간을 세계인 주간으로 지정하였다. 법무부는 매년 5월 20일 세계인의 날 기념식을 개최하고 있으며, 전국의 지방자치단체에서도 세계인 주간 동안 다양한 세계인의 날 기념 행사를 개최하여 이민자에 대한 이해 증진과 인식 개선 활동을 적극적으로 추진하고 있다.

그림 6-5. 세계인의 날 행사 개최

3. 이민정책

국가마다 이민현상에 대한 이민정책이나 법제도의 문제로 세계적 관심을 갖고 있으며, 우리나라 정부는 국가적 정체성을 훼손시키지 않는 전제하에서만 이질적인 소수자 집단을 수용하고자 하며, 소수자들에게 차별적으로 포섭하거나 배제하는 상반된 정책을 추진하고 있는 것이 현실이다. 즉, 한국 이민사회 현실은 외부적 행동으로는 이민사회를 인정하려는 태도를 가지고 그 필요성을 주장하고 있지만 내부적 관념으로는 이민사회를 쉽게 인정하지 못하는 이중적 문제에 직면해 있다고 할 수 있다. 또한 방송매체의 공익광고를 통해 이민사회를 인정하고 사랑하는 사회가 품격 있는 사회라고 칭송하면서 국민들로 하여금 이민사회에 친숙하도록 유도하고 있다. 더 나아가 대학의 다문화센터, 지방자치단체 및 민간에 의한 다문화교육센터, 복지센터 등을 설립하여 이민사회에 관한 지원과 상담활동, 학술연구 및 한국어 강좌 등의 서비스를 제공하고 있다.

이민사회정책은 이민자가 사회에 적응하지 못함으로써 발생하는 사회갈등을 최소화하기 위한 정책을 의미한다. 즉, 우리나라의 이민사회는 이민자가 태어난 국가에서 습득한 문화를 우리나라의 문화와 융합하여 보다 더 발전적인 문화를 창출할 수 있고, 자신의 능력을 충분하게 펼쳐 나가도록 지원하는 정부의 정책을 의미한다. 현행 「재한외국인 처우 기본법」, 「다문화가족지원법」의 각 제1조에서 사회통합에 이바지함을 목적으로 규정하고 있으며, 제52호에서도 사회통합프로그램에 관한 규정을 두고, 프로그램을 운영하거나 지원하고 있다. 사회통합프로그램의 내용으로는 기존 한국인들이 이민자 집단들의 사회문화적 배경과 전통을 이해, 존중하고 그것을 완전히 버리도록 강요하지 않아야 하며, 이민자 집단들은 자신들이 이주해 와서 살게 된 한국사회의 가치, 규범, 법률 등을 이해, 존중하고 자신들이 다른 문화적 배경에서 왔음을 내세워 이를 무시하거나 거스르지 않도록 하는 내용들이다. 이를 위해 한국사회가 양쪽 모두에게 '대한민국'이라는 사회 속에서 모두 함께 느낄 수 있는 소속감과 정체성의 원천을 제공하는 것이 중요한 과제이며, 그러한 원천을 찾아 기존 한국인과 이민자 집단들에게 내면화시킬 방안을 고려해야 한다.

1) 이민자사회

우리나라에서 이민자사회라고 함은 우리 국민과 함께 살아가고 있는 외국인의 증가에 따라 다양한 국적 및 민족이 각각 지니고 있던 문화가 본래의 우리 문화와 혼재하거나 융합되어 새로운 문화가 형성되는 등 다양한 문화의 존재를 인식하는 사회를 의미한다. 즉, 이민사회의 개념이 이민자의 존재로 나타나는 문화의 다양성 등의 사회현상만을 말하는 것이 아니라 사회공동체의 일정한 가치도 함께 담고 있다. 이러한 사회에서 이주민의 인권은 국적 · 인종에 관계없이 문화적으로나 인간의 본질적인 인권 전반을 누리게 되는 권리이다. 이는 법규범적 차원에서 사회공동체는 일정한 공감대의 형성이 필요하므로 서로의 문화적 차이를 어떻게 또는 어느 정도까지 인정할 것인지 법정책적 측면에 있어서 국민적 합의가 필요한 부분이 있다.

우리나라는 사회현상으로써 결혼이민이든 노동이민이든 외국인이 증가하는 사실이나 현상을 부정할 수는 없다. 우리나라의 경우 이민사회보다는 다문화가족이라는 표제가 활발하게 언급된 것은 결혼이민자를 한국사회와 문화에 신속하게 동화시키기 위한 국가의 정책목표와 정책대상의 우선순위이었기 때문이다. 또한 외국인의 입국과 체류, 출국, 영주와 국적취득, 그리고 사회통합에 이르는 사전 · 사후의 이민정책의 필요성이 당연히 높아진다. 이러한 현상으로 국내 법률제정 · 개정이 이루어지고 있으며, 우리나라의 이민정책 및 법제화는 세계 이민 국가들이 이주민의 증가현상을 경험한 후 공동체를 추구하는 통합의 목적에 초점을 맞추고 있다.

현재 시행 중인 외국인정책은 국제사회에서 통용되고 있는 국경 및 출입국관리, 국적부여 정책과 이민자 사회통합 정책을 포괄하는 개념으로 이민정책(Immigration Policy)을 의미하며, 대한민국으로 이주하고자 하는 외국인과 그 자녀 등에 대해 영구적 또는 일시적 사회구성원 자격을 부여하거나, 국내에서 살아가는 데 필요한 제반 환경조성에 관한 사항을 종합적인 관점에서 다루는 정책이다. 그럼에도 불구하고 이후 외국인정책, 다문화정책, 다문화가족정책 등의 용어 혼재로 정책의 중복과 혼선이 나타나고 있음이 현실이다.

2) 결혼이민자

현행 「다문화가족지원법」 제2조 제1호에 의하면, 다문화가족이라 함은 먼저 「재한외국인 처우 기본법」 제2조 제3호의 결혼이민자와 「국적법」 제2조부터 4조까지의 규정에 따른 대한민국 국적을 취득한 자로 이루어진 가족, 그리고 「국적법」 제3조 및 제4조에 따라 귀화허가를 받은 자와 동법 제2조부터 제4조까지의 규정에 따라 대한민국의 국적을 취득한 자로 이루어진 가족을 말한다. 따라서 일반적으로 다문화가족이라 함은 국제결혼가족 가운데 배우자 일방이 한국인인 경우를 말한다.

다문화가족이라는 개념과 구분하여 결혼이민자의 개념을 동법상에 명시적으로 규정하고 있는데, 결혼이민자 등(「다문화가족지원법」 제2조 제2호)이라 함은 다문화가족의 구성원으로서 「재한외국인 처우 기본법」 제2조와 제3호의 결혼이민자와 「국적법」 제4조에 따라 귀화허가를 받은 자를 말한다. 결혼이민자는 내국인과의 혼인을 통하여 유입되어 사회통합대상의 우선순위로써 조속한 정착과 안정에 집중되어 지원하고 있다. 그러나 일반적으로 결혼이민자라는 공통점만을 기준으로 획일화된 지원체계와 지원이 이루어질 경우, 많은 비용을 발생시키면서 그 효과는 충분히 얻지 못하는 결과를 가져온다.

동법은 다문화가족구성원이 안정적인 가족생활을 영위하여 사회구성원으로서의 역할과 책임을 다할 수 있도록 함으로써 이들의 삶의 질 향상과 사회통합에 이바지함을 목적으로 한다. 이러한 목적을 둔 이유는 외국인의 이주가 급증함에 따라 외국인정책의 중요성이 부각되고 있기 때문이다. 결혼이민자는 새로운 사회적 및 문화적 공간을 재구성하는 존재이며, 이들은 생활세계 속에서 능동적 가치변동의 주체로 한 사회의 가치, 제도, 규범과 윤리에 지대한 영향을 미치는 의도되지 않은 생산자이다. 특히 결혼이민자의 장기체류로 인한 어려움이 두드러지게 나타나고 있는데, 대표적인 것이 문화차이에 따른 부부갈등 및 폭행, 의사소통의 어려움, 그들의 자녀에 대한 교육 등이 있으며, 이에 맞춤형 종합서비스 개발과 지원이 필요하다.

3) 외국인정책 기본계획

우리나라에서 외국인과 관련된 정책들이 본격으로 다루어지기 시작한 것은 2006년부터이며, 이후 외국인정책위원회가 설치되면서 논의가 시작된 외국인정책은 「재한외국인 처우 기본법」 제5조에 따라 법무부장관이 5년마다 관계부처의 기본계획(안)을 종합하고, 외국인정책위원회(위원장: 국무총리)의 심의 · 의결을 거쳐 확정한다는 법적 근거 및 절차에 의해 시행되고 있다. 이와 같은 기본계획은 대한민국 외국인책에 관한 범정부차원의 국가계획이자, 정책지침서이며, 향후 5년간의 정책추진에 관한 기본설계도이다. 법무부가 간사로 주관하는 정책이라 하더라도 법무부만이 관여하는 것은 아니다. 외국인 정책에 관여하는 중앙행정기관은 외국인정책 기본계획에 소관부처를 명기하고 추진할 과제들도 제시하고 있다. 제4차(2023~2027년)에 명기되어 있는 외국인정책위원회 위원부처는 국무조정실, 기획재정부, 교육부, 과학기술정보통신부, 외교부, 법무부(간사), 행정안전부, 문화체육관광부, 농림축산식품부, 산업통상자원부, 보건복지부, 고용노동부, 여성가족부, 국토교통부, 해양수산부, 중소벤처기업부, 방송통신위원회, 통계청, 경찰청이다. 제4차(2023~2027년) 외국인 정책의 비전과 정책목표는 [그림 6-6]과 같다.

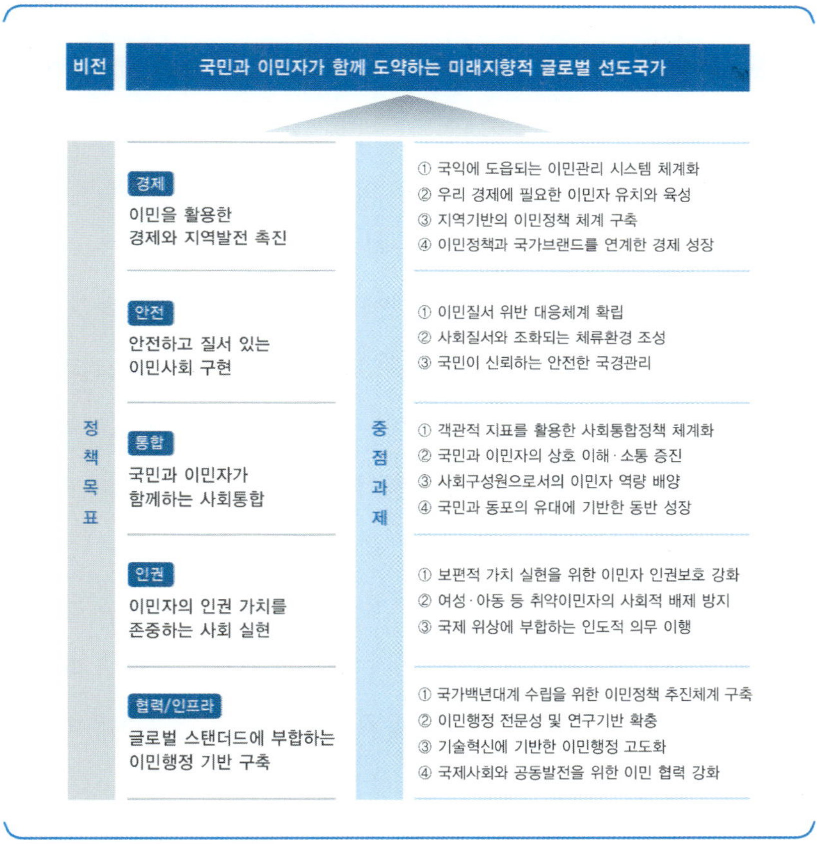

그림 6-6. 제4차(2023~2027년) 외국인 정책의 비전 및 정책목표

출처: 법무부 출입국, 외국인정책본부(2024). 제4차 외국인정책 기본계획.

「재한외국인 처우 기본법 시행령」에서 규정하고 있는 외국인정책위원회를 구성하는 중앙행정기관을 보면 기획재정부장관, 교육부장관, 과학기술정보통신부장관, 외교부장관, 법무부(간사)장관, 행정안전부장관, 문화체육관광부장관, 농림축산식품부장관, 산업통상자원부장관, 보건복지부장관, 고용노동부장관, 여성가족부장관, 국토교통부장관, 해양수산부장관, 중소벤처기업부장관, 방송통신위원회장, 통계청장, 경찰청장이 위원이다. 「재한외국인 처우 기본법」에서 규정하고 있는 외국인정책위원회 구성기관 역시 현재는 그 기관들이 외국인 정책에 관여한다는 것을 의미하는 것으로 파악할 수 있다.

그리고 현재 우리나라에서 이민정책을 관장하기 위해 외국인정책위원회, 다문화가족정책위원회, 외국인력정책위원회의 세 개의 위원회가 있다. 외국인정책위원회가 심의 · 조정하는 주요 사항은 외국인정책의 기본계획 수립, 외국인정책의 시행계획 수립 · 시행 및 평가, 국적취득 후의 사회적응, 기타 외국인정책에 관한 주요 사항 등이다. 외국인정책위원회는 재한외국인의 처우에 관한 정책을 총괄하고 있고, 영주권자와 난민을 포함한 전체 재한외국인과 결혼이민자 및 자녀 등을 정책대상으로 하고 있어 세 위원회 중 가장 포괄적인 위치에 있다. 다문화가족정책위원회는 주로 결혼이민자와 그 가족을, 외국인력정책위원회에서는 외국인근로자의 도입과 관리를 다루고 있다.

정부조직 주요 부처별 소관정책을 보면, 이민정책의 중심이 되는 법무부가 전체 외국인에 대한 정책총괄을 맡으며, 각 부처는 해당정책 수립과 집행을 위한 법적 근거를 갖고 있다. 예를 들어, 법무부는 「재한외국인 처우법」과 「출입국관리법」에, 여성가족부는 「다문화가족지원법」에 근거하며, 현실적으로 우리나라의 이민정책의 주요 대상자인 외국인근로자에 대한 정책을 다루고, 고용노동부는 「외국인고용법」과 「산재보험법」 등에 근거를 둔다. 외국인정책은 그 특성상 관련분야가 많고 정책환경이 빠르게 변화하므로 소관부처별 개별적인 정책추진보다는 국가차원에서 중장기정책 방향을 미리 설정하여 종합적 · 체계적으로 추진할 필요가 있다.

Chapter 07

한국의 다문화정책

배울 내용

1. 다문화가족정책의 이해
2. 다문화가족 주요 지원제도
3. 다문화가족 생애주기별 지원대책

학습목표

1. 다문화가족정책에 대해 이해한다.
2. 다문화가족 주요 지원제도에 대한 이해 및 대책방안을 모색해 본다.
3. 다문화가족 생애주기별 지원대책과 다양한 프로그램들을 이해한다.

Chapter 07

한국의 다문화정책

2000년대 중반부터 상업적 결혼중개를 통한 국제결혼이 급증하면서 결혼이민자의 한국사회 정착과 인권보호, 다문화가정 자녀의 사회적응 등이 사회문제로 부각되기 시작하였다. 이에 정부는 2008년 3월 「다문화가족지원법」을 제정하여 다문화가족의 안정적 생활지원을 위한 정책기반을 마련하였고, "제1차 다문화가족지원정책 기본계획"(2010~2012년)과 "제2차 다문화가족정책 기본계획"(2013~2017년) 및 "제3차 다문화가족정책 기본계획"(2018~2022년) 그리고 "제4차 다문화가족정책 기본계획"(2023~2027년)을 각각 수립 · 추진하는 등 지속적으로 다문화가족 지원사업을 추진하여 왔다. 다문화가족정책이 결혼이민자의 결혼준비부터 정착에 이르기까지 생애주기별 통합지원을 목표로 하고는 있지만 결혼이민자의 서비스 수요와 욕구 등을 고려하기보다는 결혼이민자 사망사건 등과 같은 다문화가족 문제가 사회적으로 부각될 때마다 정부부처별로 다양한 정책과제를 발굴 · 추진해 오고 있는 실정이다. 그로 인해 부처별 정책이 서로 중복되거나 연계가 미흡하여 사업추진상의 비효율성이 발생하거나 저소득층 등 취약계층에 대한 기초생활보장 등의 보편적 서비스가 충분히 제공되지 않고 있고, 가정폭력 예방 등 인권보호도 미흡하다는 지적이 꾸준히 제기되어 왔다.

1. 다문화가족정책의 이해

1) 다문화가족정책 추진 현황

2000년 이후 급증한 다문화가족의 안정적 정착과 인권침해 문제 등이 사회적 문제가 되었고, 이에 대한 대응방안으로 마련된 부처별 개별사업이 점차 통합되고 체계화되면서 우리나라 다문화가족정책은 가족정책 및 외국인정책의 한 영역으로 발전하게 되었다. 다문화가족정책에 대한 연혁을 살펴보면(〈표 7-1〉), 다문화가족정책은 2006년 4월 대통령 자문기구인 빈부격차 · 차별시정위원회와 여성가족부 등 12개 부처가 공동으로 여성결혼이민자 가족의 사회통합지원대책 마련으로 본격 추진되었고, 다문화가족지원 서비스 전달기구인 '다문화가족지원센터'가 2006년에 21개 시 · 군 · 구에 처음으로 설치되었다. 그 후 다문화가족의 수가 증가하고 결혼이민자에 대한 가정폭력 등이 사회적 문제로 대두되면서, 2007년 12월 「결혼중개업의 관리에 관한 법률」이 제정되어 국제결혼중개업에 대한 관리 · 감독이 강화되었고, 2008년 3월에는 「다문화가족지원법」이 제정되면서 '여성결혼이민자' 대신 '다문화가족'이라는 용어가 사용되었고, 정책의 대상 및 범위도 결혼이민자 위주에서 다문화가족 전체로 확대되었다.

2009년에는 다문화가족지원사업의 효율적 추진을 위하여 국무총리실 소속으로 다문화가족정책위원회가 설치되어 부처 간 유사 · 중복사업 조정 등 관련 정책을 총괄하고 있다. 또한 2010년, 2012년, 2018년 및 2023년에 각각 제1차, 제2차, 제3차 및 제4차 다문화가족정책 기본계획을 수립하여 다문화가족지원사업의 기본방향을 제시하고, 이에 따라 매년 시행계획을 마련하는 등 종합적이고 중 · 장기적인 다문화가족정책을 추진하고 있다(감사원, 2018).

표 7-1. 연도별 다문화가족 관련 정책 추진 경과

연도	주요 추진 경과
2006년	• 여성 결혼이민자 가족 및 혼혈인 · 이주자 사회통합 지원방안 발표 • 다문화가족지원센터 설치(21개)
2007년	• 「재한외국인 처우 기본법」 제정 및 시행 • 「결혼중개업의 관리에 관한 법률」 제정
2008년	• 「다문화가족지원법」 제정 및 시행 • 다문화가족 생애주기별 맞춤형 지원 강화 대책 발표(보건복지부)
2009년	• 「다문화가족지원 개선 종합대책」 발표 • 「다문화가족정책위원회규정」 시행 및 제1차 다문화가족정책위원회 개최
2010년	• 제1차 다문화가족지원정책기본계획(2010~2012년) 수립 및 추진
2011년	• 「다문화가족지원법」 개정으로 다문화가족 정의 확대
2012년	• 「결혼중개업의 관리에 관한 법률」 개정으로 인한 결혼중개업체 관리 · 감독 강화 • 제2차 다문화가족정책기본계획(2013~2017년) 수립 및 추진
2018년	• 다문화가족정책 '도입 및 성장기'에서 '정착기'로 패러다임이 변화하는 추세를 고려, 다문화가족 초기적응 지원 중심에서 장기정착화에 따른 정책의 강화 • 제3차 다문화가족정책 기본계획(2018~2022년) 수립 및 추진
2023년	• 다변화되는 다문화가족의 수요를 반영하고 증가하는 다문화 아동 · 청소년의 학교생활 부적응 및 학력격차 해소방안 마련 • 제4차 다문화가족정책 기본계획(2023~2027년) 수립 및 추진

2) 다문화가족정책 관련 법령

정부는 2008년 〈표 7-2〉와 같이 다문화가족정책에 대한 기본법으로 「다문화가족지원법」을 제정하였고, 이에 따라 다문화가족의 삶의 질 향상과 사회통합을 위한 기본계획 등을 수립하여 사회적응 교육, 가족상담 등의 지원사업을 추진하고 있다.

표 7-2. 「다문화가족지원법」의 주요내용

구분	주요내용
목적	• 다문화가족구성원의 삶의 질 향상과 사회통합에 이바지(제1조)
대상	• 다문화가족: 결혼이민자 등 가족 • 대한민국 국민과 사실혼 관계에서 출생한 자녀를 양육하고 있는 다문화가족구성원(제14조)
기본계획 등 수립	• 기본계획: 여성가족부장관은 매 5년마다 다문화가족정책 기본계획수립(제3조의 2) • 시행계획: 관계 중앙행정기관의 장, 시 · 도지사가 매년 다문화가족정책 시행계획 수립(제3조의 3) • 심의의결기구: 국무총리 소속으로 다문화가족정책위원회 구성(제3조의 4)
지원 내용	• 사회적응교육, 직업교육 · 훈련 및 한국어 교육 등(제6조), 가족상담, 부부 · 부모교육, 가족생활교육 등(제7조) • 가정폭력피해자에 대한 보호 · 지원(가정폭력상담소 및 보호시설 설치 등)(제8조) • 산전 · 산후 도우미 파견, 건강검진 등(제9조), 아동 · 청소년 보육 · 교육(제10조), 다국어서비스 제공(제11조)

출처: 여성가족부(2020). 제3차 다문화가족정책 기본계획 2020년도 이행계획.

또한 「국민기초생활 보장법」, 「가정폭력방지 및 피해자보호 등에 관한 법률」, 「결혼중개업의 관리에 관한 법률」 등에 근거하여 다문화가족에 대한 사회보장 서비스 지원, 가정폭력 피해보호, 국제결혼중개 건전화 등 다양한 정책을 추진하고 있다.

3) 다문화가족정책 추진체계

다문화가족정책의 추진체계는 [그림 7-1]과 같이 다문화가족정책위원회(위원장: 국무총리)에서 총괄 · 조정하고 관계 중앙부처 및 지방자치단체(다문화가족지원센터)에서 집행하는 구조로 되어 있다.

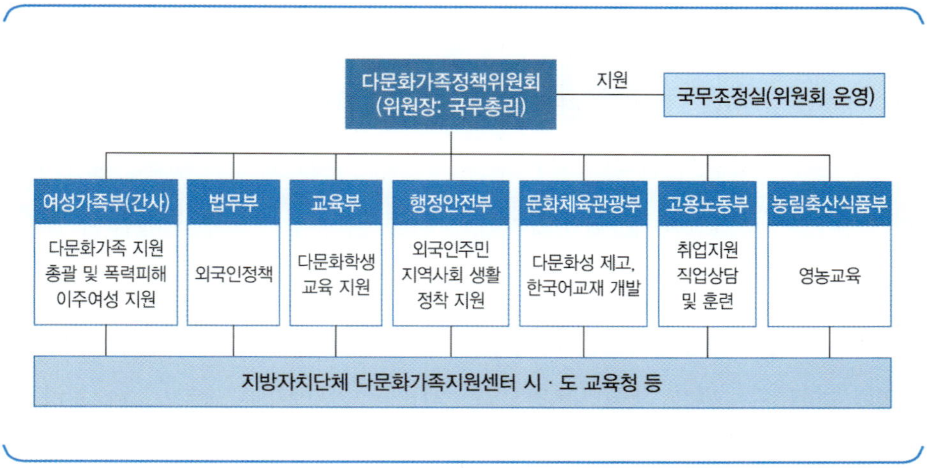

그림 7-1. 다문화가족정책 추진체계

출처: 감사원(2018). 다문화가족정책 추진실태 감사보고서.

(1) 다문화가족정책위원회

다문화가족정책위원회는 「다문화가족지원법」 제3조의 4의 규정에 따라 다문화가족의 삶의 질 향상과 사회통합에 관한 중요사항을 심의 · 조정하기 위하여 설치한 국무총리 소속 위원회로 관계 중앙행정기관의 장(12명)과 국무총리가 위촉하는 7명 이내의 민간인 등 위원장을 포함한 20명 이내의 위원으로 구성되며, 다문화가족 지원을 위한 기본계획 및 시행계획의 수립 · 시행, 추진실적 점검 및 평가 그리고 각종 다문화가족 지원사업의 조정 · 협력 등에 관한 사항을 심의 · 조정한다.

(2) 중앙행정기관 및 지방자치단체(다문화가족지원센터)

여성가족부는 다문화가족정책의 주관부처로서 법무부, 교육부 등 관계 중앙행정기관 및 시 · 도지사 등과 협의하여 기본계획 및 부처별 시행계획을 수립 · 시행하고, 매년 추진실적을 제출받아 평가하는 등 다문화가족정책을 실무적으로 총괄하고 있다. 그리고 전국의 다문화가족지원센터는 각 지방자치단체로부터 업무를 위탁받아 한국어 교육, 다문화사회 이해교육, 가족교육, 상담, 다문화가족 취업 · 창업교육 등 다문화가족 지원을 위하여 필요한 사업을 수행하고 있다.

그리고 다문화가족서비스는 다양한 부처에서 정책대상별 · 사업별로 다양한 업무를 집행하고 있다. 즉, 다문화 관련 서비스 전달체계도 매우 다양하다. 각 부처별 다문화가족서비스의 내용은 〈표 7-3〉과 같다(여성가족부, 2020).

표 7-3. 각 부처별 다문화가족서비스 내용

구분	내용
여성가족부	현재 다문화가족서비스를 지원하는 주무 부처의 역할을 담당하고 있는 곳은 여성가족부이다. 여성가족부는 다문화가족지원사업의 주무 부처로서 「다문화가족지원법」을 중심으로 다문화가족정책과 사업 등을 결정하고, 전국 시 · 도 및 시 · 군 · 구 다문화가족지원센터를 통해 다문화가족구성원에게 생애주기별 맞춤형 종합적인 서비스를 제공하고 있다. 다문화가족서비스는 정부의 여러 부처에서 다양하게 이루어지고 있지만, 중앙정부는 여성가족부를 중심으로 그리고 지역은 다문화가족지원센터를 중심으로 각 시 · 도 지방자치단체에 위임하여 종합적인 다문화가족서비스가 이루어지고 있다. 그리고 여성가족부는 「이주여성긴급지원센터」를 통해 가족폭력, 성폭력, 학대 등에 대한 긴급지원이 필요한 이주여성들에게 상담과 쉼터를 제공하고 있다. 또한 「다누리콜센터」를 운영하면서 고충 상담, 생활 정보제공 등을 하고 있다.

구분	내용
교육부	교육부는 다문화 시대 인재 육성의 목표로 다문화가정 자녀 교육지원에 중점을 두고 있으며, 한국어 교육, 다언어 교육, 문화 교육, 다문화 학생 기초학력 지원, 다문화 학생 정서 상담지원, 교원 역량 강화, 다문화가정 학부모 교육 강화 등을 담당하고 있다. 그리고 다문화교육센터 지정, 외국인학교의 운영지원 및 제도개선, 다문화대안학교 등 다문화가족 자녀들의 학교적응 및 문화이해에 초점을 두고 사업을 시행하고 있다.
외교부	외교부는 KOICA 드림봉사단 선발 시 다문화청소년 참여기회를 확대하고 KOICA 영프로페셔널(청년인턴) 선발 서류심사 시 다문화청년에게 가산점을 부여하고, 다문화가족 등 사회 취약계층의 참여 촉진을 위해 KOICA 코디네이터 선발 시 사회형평적 채용을 실시하고 있으며, 귀환여성 한국 국적 자녀 관련 체류 비자 연장 및 정규 교육 접근성 보장 여부의 지속적인 모니터링, 한베자녀 현지 한글캠프 운영 및 교육자료 지원을 담당하고 있다.
법무부	법무부는 산하에 출입국 · 외국인정책 본부를 두고 외국인의 출입국 관리 및 체류관리, 재외동포 관련 업무, 국적 업무, 미등록 이주민에 대한 관리 등을 담당하고 있다. 그리고 「재한외국인 처우 기본법」을 중심으로 이민자가 한국어와 한국문화를 빨리 익히도록 하여 지역사회에 쉽게 융화하도록 지원하는 사회통합프로그램, 국제결혼을 한 내국인이 다른 문화와 환경에서 성장한 외국인 배우자를 잘 이해하고 행복한 가정을 만들어 갈 수 있도록 지원하는 국제결혼 안내프로그램, 국내에 장기체류할 목적으로 합법적으로 체류하고 있는 외국인유학생, 외국인 연예인, 결혼이민자, 중도입국 자녀, 외국국적동포, 밀집지역 외국인 등을 지원하기 위하여 조기적응 프로그램 등의 서비스를 제공하고 있다.
국방부	군 내부 다문화 전문강사 양성(각 군 및 부대 소속 전문강사 선발 및 양성, 내부 다문화 강사 양성교육 프로그램 실시)하고 장병 대상 찾아가는 다문화 이해교육을 추진(한국건강가정진흥원 소속 민간 전문강사 교육, 군 내부 다문화 전문 강사의 소속 · 인근부대 강의)하고 있다.
행정안전부	행정안전부는 이주민의 지역사회에 대한 적응과 통합을 중심으로 생활정보제공, 민원상담, 응급구호, 다양한 다문화 행사 개최 등을 운영하고 있다.
문화체육관광부	다문화 구성원 역량 강화 및 사회 참여를 확대(다문화 배경 초 · 중 · 고등학생을 위한 한국어(KSL) 교재의 교사용 지도서 및 익힘책 개발, 사회통합프로그램 한국어 교재 개발, 지역 내 다양한 문화 간 소통 · 교류 활성화를 위한 무지개다리 사업 운영 지원, 문화다양성의 날, 문화다양성 주간(5. 21.~27.) 행사 운영 지원)하고 다문화수용성 제고 기반 조성(문화종사자 등 대상 문화다양성 교육, 유 · 초등 대상 문화다양성 연구학교 운영 및 교원대상 연수 운영, 방송영상콘텐츠 제작 시 외국인 차별금지 및 인권 보호를 위한 가이드라인 확산, 다문화가족과 지역 주민 간의 문화 격차 해소 및 지식정보 공유를 위한 도서관 서비스 개선 · 확대)을 담당하고 있다.

구분	내용
농림축산식품부	영농후계 인력 육성 및 지역통합을 위한 결혼이민여성 역량강화(영농종사 의지가 있는 결혼이민여성을 대상으로 하는 '기초농업교육' 및 수준별 농업교육을 실시하는 '1:1 맞춤형 농업교육' 실시, 다문화가족의 한국문화 이해도 제고 및 가족·지역주민 간 화합을 위한 '다문화가족 농촌정착 지원 과정' 운영(980명))를 담당하고 있다.
산업통상자원부 (KOTRA)	사회적 취업취약계층 지원을 통한 해외마케팅 전문 인력 제공(해외시장 진출을 위하여 현지 언어 및 문화를 이해하는 인력 채용을 희망하는 중소·중견기업에 대한 해외마케팅 인재알선, 교육 및 취업 기회제공으로 다문화 인재의 한국사회 적응도 제고 및 우리사회 인적자원으로 활용)을 담당하고 있다.
보건복지부	사례관리사업 내실화를 위해 다문화가족지원센터를 비롯한 민간복지기관과 시군구·읍면동과의 정례적 소통 및 협의 활성화, 현직 어린이집 원장 및 보육교사 보수교육 과정에 다문화가정 영유아보육 및 지원 내용을 포함하여 연중 교육 실시, 베트남 귀환 여성 및 자녀가 현지에서 적응, 자립할 수 있도록 의료서비스 지원강화 등을 담당하고 있다.
고용노동부	외국인 차별금지, 제한적 취업 허용 등의 목표로 「외국인 근로자의 고용 등에 관한 법」을 중심으로 외국인노동자에게 서비스를 제공하고 있다. 상담통역, 한국어 교육, 생활법률 교육, 한국문화 교육, 컴퓨터·산업 안전 교육, 문화행사, 특성화 사업 등의 지원을 통해 외국인 근로자의 국내 생활 적응 및 원활한 취업 활동을 촉진시키고, 사업주의 인력 활용 원활화를 도모할 목적으로 외국인 노동자 지원센터를 운영하고 있다.
국토교통부	다문화가족 및 한부모가족에 대한 주택 특별공급 제도를 지속적으로 운용하고, 이에 대한 정보안내를 실시하고 있다.
중소벤처기업부	여성창업보육시설 운영 및 입주기업 지원프로그램 마련, 우수 예비창업자 발굴 등을 통해 여성창업 활성화, 여성기업제품 공공구매 확대, 관련정보 제공 등을 통해 여성기업 판로 촉진 및 경영안정을 지원하고 있다.
방송통신위원회	한국교육방송공사가 다문화 시대 사회통합에 이바지할 수 있는 다양한 장르의 프로그램을 개발할 수 있도록 제작비를 지원하고 있다.
방송통신심의위원회	방송프로그램에 대한 심의 강화 및 자율규제 강화(표현의 맥락과 구성 등을 고려, 문화·인종 차별 방송프로그램에 대한 심의 강화, 심의 책임자 회의 및 교육 등을 통한 자율규제 강화)를 하고 있다.
경찰청	고위험 가정의 폭력 예방을 위해 다누리콜센터와 가정폭력학대예방경찰관(APO) 연계강화, 112 다국어 신고앱을 개발하여 신고불편 개선 및 신속한 신고체계 구축, 여성가족부와 협업, 다문화가족지원센터 기본프로그램에 범죄피해 예방법 및 대처방법 교육을 마련, 다문화가족 가구원이 언어문제로 치안서비스 이용에 어려움을 겪지 않도록 경찰청 통역요원 대상 수사통역 전문화 교육을 실시하고 있다.

구분	내용
농촌진흥청	농촌지역 결혼이민여성 리더십 제고 프로그램 운영 및 다문화자녀 공동체 활동 프로그램의 현장 체험을 운영하고 있다.
소방청	찾아가는 취약계층 소방안전교육(다문화가족, 국내체류 외국인 등) 및 안전체험 교육 확산, 119 신고앱 영문버전 대국민 홍보를 추진하고 있다.

출처: 여성가족부(2020). 제3차 다문화가족정책 기본계획 2020년도 이행계획.

3) 다문화가족정책 기본계획

다문화가족정책 기본계획은 결혼이민자 등이 한국생활에 안정적으로 정착·생활할 수 있도록 기본방향, 제도개선, 재원확보·배분 등에 관한 사항을 포함하여 2010년부터 총 4차례에 걸쳐 수립하였고, 2023년 4월 "제4차 다문화가족정책 기본계획"(2023~2027년)을 확정하여 각종 다문화가족 지원사업을 추진하고 있다(관계기관 합동, 2023).

표 7-4. **다문화가족정책 기본계획 수립 내역**

구분	제1차 기본계획 (2010~2012년)	제2차 기본계획 (2013~2017년	제3차 기본계획 (2018~2022년)
비전	• 열린 다문화사회로 성숙한 세계국가 구현	• 활기찬 다문화가족, 함께하는 사회	• 참여와 공존의 열린 다문화사회
목표	• 다문화가족의 삶의 질 향상 및 안정적인 정착 지원 • 다문화가족 자녀에 대한 지원 강화 및 글로벌 인재 육성	• 사회발전동력으로서의 다문화가족 역량 강화 • 다양성이 존중되는 다문화사회 구현	• 모두가 존중받는 차별 없는 다문화사회 구현 • 다문화가족의 사회·경제적 참여확대 • 다문화가족 자녀의 건강한 성장 도모

구분	제1차 기본계획 (2010~2012년)	제2차 기본계획 (2013~2017년	제3차 기본계획 (2018~2022년)
주요정책 과제	(5대 영역 61개 세부과제) • 국제결혼중개관리 및 입국 전 검증시스템 강화 • 결혼이민자 정착 지원 및 자립역량 강화 • 다문화에 대한 사회적 이해 제고 • 다문화가족 자녀의 건강한 성장환경 조성	(6대 영역 86개 세부과제) • 안정적인 가족생활 기반 구축 • 결혼이민자의 사회경제적 진출 확대 • 다양한 문화가 있는 다문화가족 구현 • 다문화가족에 대한 수용성 제고 • 다문화가족 자녀의 성장과 발달 지원	(5대 영역 70개 세부과제) • 다문화가족 장기 정착지원 • 결혼이민자의 다양한 사회참여 확대 • 다문화가족 자녀의 안정적 성장지원과 역량강화 • 상호존중에 기반한 다문화 수용성 제고

출처: 여성가족부(2020). 제3차 다문화가족정책 기본계획 2020년도 이행계획.

(1) 제1차 다문화가족지원정책 기본계획(2010~2012년)

제1차 다문화가족지원정책의 기본계획은 다문화가족정책 추진의 토대를 구축하고, 결혼이민자의 안정적 한국생활 정착을 위한 맞춤형 서비스 지원을 목표로 2010년부터 2012년까지 3년간 추진되었다. 2011년 4월 「다문화가족지원법」을 개정하여 다문화가족의 범위를 확대(출생에 의한 내국인과의 결합가족에서 귀화 또는 인지에 의한 내국인과의 결합가족까지)하고 다문화가족정책위원회 설치, 기본계획 및 시행계획 수립의 근거를 마련하였으며, 국제결혼중개업 등록 기준 강화, 신상정보 제공 의무화 등 국제결혼중개 건전화를 위한 법령 · 제도도 개선하였다. 한편 다문화가족지원센터를 전국적으로 확대(2009년 100개소에서 2012년 206개소)하고, 사회통합프로그램 운영기관을 확대(2009년 20개소에서 2012년 271개소)하는 등 다문화가족정책 및 서비스 수행을 위한 전달체계를 확립하였다.

(2) 제2차 다문화가족정책 기본계획(2013~2017년)

2013년부터 2017년까지 제2차 기본계획 등을 추진하여 증가하는 다문화가족의 자립역량 강화를 위한 한국어 교육과 직업훈련 및 취업지원 등을 실시하고, 이들의 사회·경제적 참여를 활성화하는 동시에 다문화가족에 대한 사회의 부정적 태도의 불식과 갈등해소를 위한 법적·제도적 교육을 강화하는 등 다 함께 사는 사회를 구현하는 데 중점을 두었다.

주요 분야별로 살펴보면, 먼저 다문화가족의 초기적응 지원을 강화하기 위해 다문화가족지원센터를 통해 한국어 교육, 통·번역서비스, 가족교육·상담 등 다문화가족의 한국사회 적응을 위한 통합서비스를 제공하는 한편, 다문화가족 종합정보 전화센터(1577-1366, 다누리콜센터)를 운영하여 모국어(13개 언어)로 한국 생활 정보, 기관 안내·연계, 생활통역서비스, 긴급상담 등을 지원하였다. 그리고 다문화가족의 사회참여 및 자립역량을 강화하기 위해 결혼이민자 스스로 정착과정을 설계하고 실행계획을 수립하도록 지원하는 '결혼이민자 정착 단계별 지원 패키지'를 도입·운영하고, 문화예술모임, 학부모 모임 등과 같은 다문화가족의 자조모임을 활성화하는 한편, 다문화가족 자녀가 건강하게 성장하고 학교생활에 적응하여 원만한 교우관계를 형성할 수 있도록 언어(한국어)발달 지원서비스, 방문 돌봄 서비스 등을 지원하고, 학령기 자녀를 대상으로 진로지도·사회성 발달 등을 위한 '자녀성장 지원사업' 등을 추진하였다. 또한 결혼이민자 등 다문화가족에 대한 부정적 인식을 개선하고 사회통합 환경조성을 위해 다문화이해 교육 및 대국민 홍보, 지역의 민관협력을 통한 다문화가족 교류·연계 프로그램 발굴 및 확산 등의 정책을 추진하였다.

(3) 제3차 다문화가족정책 기본계획(2018~2022년)

제3차 다문화가족정책 기본계획은 다문화가족 정책의 '도입 및 성장기'에서 '정착기'로 패러다임이 변화하는 추세를 고려하여 다문화가족 초기적응 지원 중심에서 장기정착화에 따른 정책을 강화하여 제3차 다문화가족정책의 기본계획을 수립하게 되었다. 정책 성과로는 종합적 정착 지원을 통한 결혼이민자의 한국생활의 어려움을 감소(2018년 70.1%에서 2021년 62.1%로 감소)시켰으며, 전국 230개 가족센터에서 한국어 교육, 통번역 등 결혼이민자의 한국생활 적응 지원을 도모하였으며, 언어발달 및 생활지도 등 영유아기 자녀의 건강한 성장·발달을 지원하고, 다문화 이해교육 및 다문화가족과 지역주민 간 교류 확대 등 다문화 수용성 제고를 위해 노력하였다.

(4) 제4차 다문화가족정책 기본계획(2023~2027년)

그동안 다문화가족정책은 결혼이민자 등이 한국생활에 안정적으로 정착·생활할 수 있도록 기본방향, 제도개선, 재원확보·배분 등에 관한 사항을 포함하여 2010년부터 2018년까지 총 3차례에 걸쳐 수립되었지만 다변화되는 다문화가족의 수요를 반영하고 증가하는 다문화 아동·청소년의 학교생활 부적응 및 학력격차 해소방안의 마련이 필요하게 되었다. 구체적으로 영유아기 성장발달부터 후기 청소년까지 다문화 아동·청소년의 성장단계별 맞춤형 지원방안 마련, 다문화 한부모 및 본국 귀환가족 등 다문화가족의 다변화된 수요를 반영한 정착주기별·가구유형별 지원서비스의 확대, 다문화 이해교육 확산 등 일반국민의 다문화 수용성 제고방안의 강화를 요구하게 되었다.

따라서 이러한 요구를 반영하여 2023년 4월 "제4차 다문화가족정책 기본계획"(2023~2027년)을 확정하여 각종 다문화가족 지원사업을 추진하고 있다. 즉,

[그림 7-2]와 같이 “다문화가족과 함께 성장하는 조화로운 사회”를 비전으로, 목표는 다문화 아동 · 청소년의 동등한 출발선 보장과 다문화가족의 안정적 생활환경 조성이다. 이를 위한 대과제는 다문화 아동 · 청소년 성장단계별 맞춤형 지원, 결혼이민자 정착주기별 지원, 상호존중에 기반한 다문화 수용성 제고 및 다문화가족정책 추진기반 강화이다(관계기관 합동, 2023).

비전	다문화가족과 함께 성장하는 조화로운 사회	
목표	다문화 아동·청소년의 동등한 출발선 보장	다문화가족의 안정적 생활환경 조성

대과제	중과제
다문화 아동·청소년 성장단계별 맞춤형 지원	① 영유아 자녀양육 지원 ② 학령기 다문화 아동 학습역량 제고 ③ 다문화 청소년 진로개발 지원 ④ 다문화 아동·청소년의 정서안정 기반 조성
결혼이민자 정착주기별 지원	① 건전한 국제결혼 환경 조성 ② 다문화가족 가구상황별 맞춤형 지원 ③ 결혼이민자 경제활동 참여 확대 ④ 가정폭력 예방 및 피해자 보호
상호존중에 기반한 다문화 수용성 제고	① 다문화 이해교육 확대 ② 다양성 존중 인식 확산 ③ 다문화가족 사회참여 활성화
다문화가족정책 추진기반 강화	① 다문화가족정책 환류 시스템 구축·운영 ② 다문화가족 지원 서비스 접근성 제고 ③ 다문화가족정책 협력체계 강화

그림 7-2. 제4차 다문화가족정책 기본계획의 비전, 목표 및 추진과제

출처: 관계기관 합동(2023). 제4차 다문화가족정책 기본계획(2023~2027).

① 다문화 아동 · 청소년 성장단계별 맞춤형 지원

다문화 아동 · 청소년이 우리사회의 미래인재로 성장할 수 있도록 영유아기부터 후기 청소년기까지 성장단계별 맞춤형 지원 체계 구축 · 운영으로 구체적인 과제는 영유아 자녀양육 지원, 학령기 다문화 아동 학습역량 제고, 다문화 청소년 진로개발 지원 및 다문화 아동 · 청소년의 정서안정 기반조성이다. 이를 구체적으로 살펴보면 〈표 7-5〉와 같다.

표 7-5. 다문화 아동 · 청소년 성장단계별 맞춤형 지원의 구체적인 내용

구분	내용
영유아 자녀양육 지원	• 결혼이민자가 자녀양육에 어려움을 겪지 않도록 단계별 부모교육을 제공하고 지역사회 내 돌봄품앗이 활동지원 및 공동육아나눔터 확대 등 자녀 돌봄 지원 • 가족센터에서 자녀 생활지도 서비스 및 언어발달 상태에 맞춘 언어교육 제공
학령기 다문화 아동 학습역량 제고	• 초등학교 입학 전 · 후 기초학습 지원 확대 및 서비스 접근성 제고 * 기초학습 지원: ('22) 90개소 → ('23) 138개소 → ('24) 160개소 내외(잠정) → ('25~) 단계적 확대 • 학교 내 한국어학급과 가족센터 간 한국어 교육 연계 · 협력 강화 * 한국어 학급이 운영되지 않는 지역이나 학교밖 지원이 필요한 경우 가족센터로 연계하여 한국어 교육 제공 • 학제 · 학교생활 정보 안내 및 교육정보 나눔을 위한 품앗이 자조모임 운영, 학교공지 · 가정통신문에 대한 통 · 번역 서비스 제공
다문화 청소년 진로개발 지원	• 가족센터 내 청소년 상담사를 통한 진로컨설팅 확대* 및 대학생 멘토링 연계 등 다문화 청소년 진로프로그램 다양화 * 진로컨설팅: ('22) 78개소 → ('23) 113개소 → ('24) 130개소 내외(잠정) → ('25~) 단계적 확대 • 다문화 청소년 강점 개발을 위해 가족센터에서 이중언어 교실을 운영하고 우수학습자를 인재DB에 등재하여 적재적소에 활용 • 다문화 후기 청소년 실태 파악 및 직업훈련 등 맞춤형 서비스 연계
다문화 아동 · 청소년 정서안정 기반 조성	• 다문화 또래상담 프로그램 보급 및 학교 안팎 심리상담 지원 강화 • 교원의 다문화교육 역량을 강화하고 학교폭력 대응 시 통역사 · 상담사 참여 및 다문화 감수성 제고 등 차별 없는 학교환경 조성

② 결혼이민자 정착주기별 지원

결혼이민자의 정착주기와 가구구성에 따라 다양해진 지원수요에 대응하여 전 생애를 포괄하는 사각지대 없는 지원서비스 구축 추진으로 구체적인 과제는 건전한 국제결혼 환경 조성, 다문화가족 가구상황별 지원, 결혼이민자 경제활동 참여 확대 및 가정폭력 예방 및 피해자 보호이다. 이를 구체적으로 살펴보면 〈표 7-6〉과 같다.

표 7-6. **이민자 정착주기별 지원의 구체적인 내용**

구분	내용
건전한 국제결혼 환경 조성	• 국제결혼중개업체의 온라인상 인권침해성 표시 · 광고를 점검하는 법적 근거를 마련하고 상시 점검체계 강화 • 국제결혼중개업체 종사자에 대한 다문화 이해 증진 · 인권교육 확대 * 교육대상: (현행) 업체 대표→(개선) 대표 및 종사자/온라인 교육 도입 등
다문화가족 가구상황별 맞춤형 지원	• 결혼이민자 초기 적응*부터 장기정착**까지 정착주기별 맞춤형 지원 강화 * 초기 적응을 위한 통번역, 다국어 상담, 한국어교육, 사례관리 등 제공 ** 한국사회에 안착한 가족 대상 가족관계 증진, 생활안전, 노년준비 교육 등 프로그램 다양화 • 다문화 한부모의 자녀 양육 및 본국귀환 가족의 현지 생활 지원* 등 취약가족 지원 * 본국 정부와 협력하여 귀환가족 · 자녀 규모 파악, 돌봄 · 교육 · 체류 · 의료 등 서비스 제공, 한국어 · 한국문화 교육 및 한국 학생들과의 교류 기회 확대
결혼이민자 경제활동 참여 확대	• 새일센터 · 평생교육지원체계* 등을 통한 직업훈련 및 직업역량 강화 * K-MOOC 플랫폼을 통해 한국어 강좌 운영, 다양한 학문분야 강좌에 외국어 자막서비스 확대 • 통번역 · 이중언어 등 결혼이민자 맞춤형 일자리 발굴 · 연계 및 창업 지원
가정폭력 예방 및 피해자 보호	• 다문화가족 내 가정폭력 실태 파악을 위한 연구 조사 추진 • 다기관(다누리콜센터-경찰-상담소-보호시설) 협업을 통한 긴급지원 및 폭력피해 이주여성 보호시설*을 통한 보호 · 법률 · 의료 · 자립 지원 강화 * 쉼터, 그룹홈, 자활지원센터

③ 상호존중에 기반한 다문화 수용성 제고

다문화가족이 우리사회의 구성원으로 자리매김하여 조화롭게 살아갈 수 있도록 우리사회의 다문화 이해 증진 및 다양성 존중 인식 확산에 대한 추진으로 구체적인 과제는 다문화 이해교육 확대, 다양성 존중 인식 확산 및 다문화가족 사회참여 활성화이다. 이를 구체적으로 살펴보면 〈표 7-7〉과 같다.

표 7-7. 상호존중에 기반한 다문화 수용성 제고의 구체적인 내용

구분	내용
다문화 이해교육 확대	• 온라인 다문화 이해교육을 운영하는 다누리배움터의 접근성을 제고하고, 기업 · 학교 등으로 찾아가는 교육을 통한 일반 국민 대상 다문화 이해교육 확대 • 고령층 · 학부모 · 보육교직원 등 연령별 · 대상별 맞춤형 교육과정 개발 운영 • 유관부처, 교육 · 연수기관 간 전문강사, 콘텐츠 연계를 통한 교육 저변 확산
다양성 존중 인식 확산	• 정부 주요 정책, 간행물 등에 대한 다문화가족 차별 요소 점검 · 컨설팅을 실시하고 점검의 제도화를 위한 정책추진 기반 마련 • 가족다양성 모니터링단을 운영하여 간행물 · 대중매체 등에 대한 모니터링과 인식개선 활동 실시 • 방송심의규정에 의거, 인종 · 문화 차별적 방송내용에 대한 심의 강화
다문화가족 사회참여 활성화	• 가족센터 내 다문화가족과 지역주민 간 교류 · 소통공간 확대 및 상호교류 프로그램 운영 • 다문화가족이 직접 정책을 제안하는 참여회의 운영 및 유관기관 협의체에 결혼이민자 참여 확대 추진 * 가족센터 운영위원회, 지자체 다문화가족지원협의회 등 • 결혼이민자가 직접 다문화 이해교육 강사로 활동하며, 지역기관 등으로 찾아가는 다문화친화활동 활성화

④ 다문화가족정책 추진기반 강화

다문화가족정책 환경에 대한 분석과 환류를 통해 다문화가족 지원체계를 내실화하고, 효율적 정책 추진을 위한 다양한 정책 추진체계 간 연계 · 협력 강화로 구체적인 과제는 다문화가족정책 환류 시스템 구축 · 운영, 다문화가족 지원 서비스 접근성 제고 및 다문화가족정책 협력체계 강화이다. 이를 구체적으로 살펴보면 〈표 7-8〉과 같다.

표 7-8. 다문화가족정책 추진기반 강화의 구체적인 내용

구분	내용
다문화가족정책 환류 시스템 구축 · 운영	• 3년 주기 다문화가족 실태조사를 통해 다문화가족의 현황, 어려움, 지원 수요 등을 파악하여 기본계획 및 각종 대책 수립 시 활용 • 국민 다문화 수용성 조사를 통해 다문화 수용성 변화 추이 분석 • 가족센터 등 다문화가족지원 현장간담회 등을 통한 의견수렴 강화
다문화가족 지원 서비스 접근성 제고	• 서비스 대상자 발굴과 안내를 위한 기관 간 입국자 정보 연계 강화 * 조기적응 프로그램(법무부), 현지사전교육(여가부) 수료자 중 개인정보에 동의한 결혼이민자 정보를 가족센터로 연계, 주민센터 · 출입국관서 등과 연계 강화 • 행정복지센터 찾동이(찾아가는 동주민센터)와 연계하여 지역주민에게 '찾아가는 가족센터' 운영 • 정부24, 복지로 등 플랫폼을 통해 온라인으로 편리하게 다문화가족지원 서비스를 신청할 수 있도록 시스템 연계 추진
다문화가족정책 협력체계 강화	• 다문화가족정책위원회 등 정부위원회를 통한 정책조정 · 협력 강화 • 시 · 도 과장 회의 및 지자체 간담회 등을 통한 중앙-지방 간 소통 강화, 지역자원을 활용한 지역 특화 서비스 등 우수사례 발굴 · 공유 • 베트남 국제결혼이민관을 지속 파견하여 결혼이민자 인권침해 예방을 위한 국제협력 강화 및 결혼이민자 다수 국가 대상 파견 확대 추진

2. 다문화가족 주요 지원제도

1) 사회보장서비스 지원

보건복지부는 「국민기초생활 보장법」 제8조 등에 따라 생계가 어려운 저소득 가정의 최저생활을 보장하기 위하여 국민기초생활보장제도를 운용하고 있고, 여성가족부는 다문화가족에 대한 사회보장제도 수급 현황을 파악하여 지원서비스의 사각지대를 발굴 · 해소하기 위해 노력하고 있다. 「국민기초생활 보장법」 제8조 제2항 등에 따르면 대한민국 국민으로 이루어진 가족은 부양의무자가 없거나 부양의무자가 있어도 부양능력이 없거나 부양받을 수 없는 사람으로서 각 급여(생계 · 의료 · 주거급여 등)별 소득인정액이 기준금액 이하인 경우 수급권자로 선정되고, 해당급여를 가구단위로 지급하여 최저보장수준의 기초생활을 보장하도록 되어 있다.

그리고 여성가족부와 보건복지부는 「다문화가족지원법」 제3조 등에 따라 다문화가족구성원이 안정적인 가정생활을 영위하고 경제 · 사회 · 문화 등 각 분야에서 사회구성원으로서 역할과 책임을 다할 수 있도록 기초생활보장제도 등 사회보장제도에 대한 다문화가족의 수급 현황을 파악하고, 결혼이민자 등 다문화가족구성원이 정부지원서비스를 받지 못하는 사각지대를 해소하기 위해 노력하고 있다.

한편 「난민법」 제32조의 규정에 따라 난민으로 인정되어 국내에 체류하는 외국인의 경우 내국인과 같이 부양의무자 기준 및 소득 · 재산기준만 적용되어 실제 가구원 수를 반영한 기초생활보장 급여 지원 등의 혜택을 받고 있다. 그리고 "주요국 결혼이민자에 대한 사회보장 지원 현황"과 같이 독일 · 일본 등 외국에서도 결혼이민자 등에 대하여 기초생활보장 등을 위한 공공부조 지원 시 내국인과 차별하지 않고 동등한 혜택을 받을 수 있도록 하고 있다. 더욱이 「다문화가족지원법」 제2조 등에 따르면 결혼이민자 가족도 국적 취득 등으로 내국인으로만 이루어진 다문화가족과 동일하게 같은 법 제6조부터 제12조에 따른 생활정보제공 및 교육 · 의료 · 건강관리를 위한 지원 등을 받고 있다. 따라서 결혼이민자는 혼인으로 내국인과 생계 · 거주를 같이하는 정주외국인으로 내국인과 유사한 지위에 있다는 점 등을 고려하여 내국인과 같은 수급자 선정기준을 적용하여 최저보장수준의 기초생활을 보장하는 것이 바람직하다. 하지만 결혼이민자 가족은 위의 기초생활보장급여 수급자 선정기준(부양의무자 기준, 소득 · 재산기준)과 동시에 「국민기초생활 보장법」 제5조의 2 및 같은 법 시행령 제4조에 따른 요건을 충족하는 경우에만 당해 결혼이민자를 수급권자로 인정하여 생계 · 의료 · 주거급여 등을 지원하고 있다.

2) 폭력피해 이주여성 보호

「가정폭력방지 및 피해자보호 등에 관한 법률」 제7조 및 제7조의 2에 따르면 가정폭력 피해자를 보호 · 지원하기 위하여 보호대상 및 보호기간 등을 구분하여 가정폭력피해자 보호시설을 설치 · 운영하도록 되어 있다. 특히 위 보호시설에는 배우자가 대한민국 국민인 외국인 피해자 등을 2년의 범위에서 보호할 수 있는 외국인 보호시설(이주여성쉼터)이 포함되어 있다. 이주여성쉼터는 「가정폭력방지법」 제7조의 5와 제8조 및 「폭력피해 이주여성 지원사업 운영지침」에 따라 생계비 및 아동양육비, 의료비 등 보호비용과 시설운영비 등을 지방자치단체와 공동으로 부담하여 이주여성 및 동반자녀에게 숙식을 제공하고 상담, 치료, 자립자활교육 등을 실시하고 있다.

「가정폭력방지법」 제7조의 3 등에 따르면, 가정폭력 피해자 등이 입소를 희망하거나 입소에 동의하는 경우 쉼터의 입소 대상으로 되어 있는 등 관계 법령에 불법체류자 신분인 폭력피해 이주여성을 입소 · 보호 대상에서 제외하도록 하는 규정은 없다. 그리고 「모든 형태의 인종 차별 철폐에 관한 국제협약」에 의해 창설된 유엔(UN) 산하의 인종차별철폐위원회는 "한국이 국제결혼 여성의 권리보호를 강화하기 위한 적절한 조치, 특히 한국인 남편의 전적인 귀책사유로 인하여 결혼이 파탄에 이르게 된 경우가 아니라고 하더라도, 국제결혼 여성이 이혼 또는 별거하게 된 경우에 법적인 거주 자격이 보장될 수 있도록 하는 조치를 채택할 것을 권고한다"라고 하는 등 결혼이주여성에 대한 보호 확대를 강조하고 있다.

불법체류자에 대한 외국의 보호 · 지원 사례를 살펴보면, 독일의 경우 긴급복지 차원에서 난민급여 등 공공부조를 지원하고 있으며, 일본도 불법체류자에게 아동복지 · 모자보건서비스 및 아동복지시설 입소 등을 허용하고 있고, 미국은 긴급의료(응급실 서비스), 아동교육 등에 대해서 지원하고 있다. 하지만 우리나라 여성가족부의 「폭력피해 이주여성 지원사업 운영지침」에는 쉼터 입소대상이 원칙적으로 합법적으로 체류가 가능한 자로 규정되어 있어, 각 보호시설(쉼터)에서는 불법체류 이주여성이 가정폭력 피해 등을 이유로 입소하고자 하더라도 보호시설에서 이를 거부하는 등 불법체류 이주여성의 쉼터 입소를 사실상 허용하지 않는 것으로 나타나고 있다. 그 결과 가정폭력에서 벗어나 기본적인 생활 유지 및 보호가 필요한 이주여성(동반자녀 포함)이 가정폭력의 가해자인 배우자 등 가족구성원의 비협조로 체류연장 승인을 제때 받지 못할 경우 정부에서 지원하는 쉼터를 이용하지 못하고, 민간보호시설에 지원을 의뢰할 수밖에 없는 등 적절한 보호 및 지원을 기대하기 어려운 실정이다.

3) 국제결혼중개 관리

여성가족부는 건전한 결혼문화 형성 등을 위해 「결혼중개업법」 제11조 등에 따라 외교부장관으로부터 외국 현지에서 「결혼중개업법」 및 현지 법령 등을 위반한 결혼중개업자를 통보받아 관할 지방자치단체로 하여금 영업정지 등을 조치하도록 하고, 결혼중개업 관리를 위해 필요한 경우 같은 법 제16조에 따라 관계 중앙행정기관의 장에게 협조를 요청하는 등 해외 현지에서 발생하는 불법적 국제결혼중개행위를 관리 · 감독하고 있다. 한편 베트남 등 주요 배우자 출신국가는 상업적 결혼중개를 불법으로 규정하고 있어 폐업한 결혼중개업체 종사자 등이 미등록 상태로 영업하거나 친척이나 친구 등으로 위장하여 음성적으로 영업을 계속할 가능성 등이 지속적으로 제기되어 왔지만 해외 현지에서 음성적으로 이루어지는 불법결혼중개 행위 등에 대해 그 혐의를 입증하기 위한 객관적 증거 확보 문제 등으로 국내에서 사후적으로 이를 점검하여 적발하는 것은 현실적으로 어려운 실정이다.

중국 및 베트남 등 동남아시아 국가 출신 배우자와 이루어지는 국제결혼은 당사자 간의 자연스러운 만남보다는 [그림 7-3]과 같이 국내 남성들이 상업적 결혼중개업체 등을 통해 외국인 여성을 소개받아 단기간(4~5일)의 만남 후 혼인하고 그 배우자를 국내로 초청하는 형태로 이루어지고 있다.

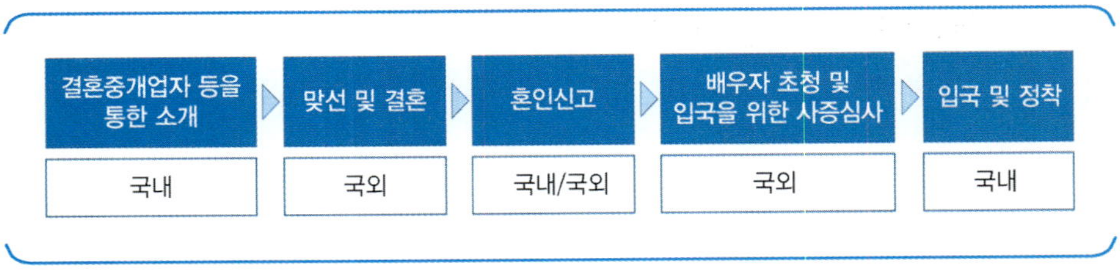

그림 7-3. 국제결혼 절차

이러한 결혼중개 과정에서 결혼중개업자 등이 결혼성사를 위해 충분하고 정확한 정보를 제공하지 않는 등으로 인해 결혼 후 상대방에 대한 이해부족, 문화 차이 등으로 가정불화, 가정폭력 등이 빈번하여 사회적 문제로 부각되면서 결혼중개에 대한 규제를 강화할 필요성이 제기되었다. 이에 정부는 여성가족부 등 8개 부처 합동으로 "국제결혼중개 건전화와 결혼이민자 인권보호 강화 대책(2010.7.20.)"을 마련하고 국제결혼중개업체에 대한 관리·감독과 결혼이민자의 입국을 위한 심사기준을 강화하기 위해 「결혼중개업의 관리에 관한 법률」 및 「출입국관리법 시행규칙」을 개정하는 등 국제결혼 건전화를 위한 법적·제도적 기반을 마련하였다.

3. 다문화가족 생애주기별 지원대책

1) 결혼준비기: 결혼중개 탈법 방지 및 결혼 예정자 사전 준비 지원

결혼 중개 과정의 부정확한 정보로 인한 피해 방지를 위하여 국제결혼중개업자의 신상정보 사전 제공 의무 규정 신설 등 법령 개정을 추진하고 중개업체와 이용자 간 공정 거래 질서를 확립하기 위해 표준 약관을 제정하였다. 또한 몽골 등에서 실시 중인 결혼이민자 사전 정보제공 프로그램과 다문화가족지원센터 사업을 연계하여 사전 프로그램을 이수한 결혼이민자가 입국 시 다문화가족지원센터에 등록하고 국적별 자조모임과 연계해 초기 통역 · 정서 지원 및 사회적응 프로그램을 진행하고 있다. 한국인 국제결혼 예비 배우자 교육 참여율 제고를 위하여 지방자치단체와 연계 · 협력을 강화해 혼인신고 시 해당 지방자치단체에서 배우자 교육 프로그램 안내 및 참여 독려, 안내 리플릿 배포 등을 추진하고 있다.

결혼준비기에 정부에서 지원하는 사업의 예는 결혼이민자 통번역서비스 사업(사업목적은 입국초기 결혼이민자의 초기 정착 단계에서 경험하는 의사소통 문제해결을 위한 통번역서비스 지원으로 한국사회 조기 적응에 기여, 통 · 번역 인력채용 등 사회적 일자리 확대로 결혼이민자의 자립능력 및 주체적 역량 강화임), 자조모임 운영지원(사업목적은 기정착 다문화가족이 신규 다문화가족의 한국사회 초기 적응을 지원함으로써 정서적 유대감 형성 및 조기정착 안정화,

구성원 간 지식과 정보 교류를 통한 문제해결역량 강화, 다양한 자조모임을 통해 다문화가족 잠재역량 향상 및 지역사회 참여 촉진임), 국제결혼 피해예방 지원(사업목적은 입국 전 단계에서부터 결혼이민예정자가 우리사회에 빠르게 적응할 수 있도록 지원방안 마련임), 국제결혼중개업체 관리 · 감독 강화(사업목적은 국제결혼중개업체를 건전하게 지도 · 육성하고 이용자를 보호함으로써 건전한 이용질서 확립 및 국제결혼중개업체의 지도 · 점검 강화를 통해 업체의 법준수율 제고 및 이용자의 피해 최소화임) 등이 대표적이다.

2) 가족형성기: 결혼이민자 초기 적응 및 다문화가족의 안정적 생활 지원

결혼이민자의 의사소통 지원을 위하여 다문화가족지원센터를 중심으로 통번역 요원 파견 시스템을 구축하고 보건복지콜센터에 외국어 가능 인력을 채용해 다국어 상담 및 연계 서비스를 실시하여, 통역서비스 실시 시범 보건소 확대 및 다문화가족지원센터의 통번역 요원 파견 서비스를 활용해 부모 또는 학교 등에서 요청 시 부모상담을 위한 통역 요원을 파견한다. 또한 외국인 남편의 사회 적응력을 제고하기 위하여 법률, 의료 및 복지 상담 서비스 등 외국인 남편 대상 포괄적 정보 서비스를 제공한다.

다문화가족의 기초생활보장 지원을 위하여 직계존속을 부양하는 국적 미취득 결혼이민자에 대하여 기초생활보장 제도 특례 확대 적용, 기초생활보장 제도 확대 적용 시 자활사업 적용 대상 확대 검토 및 「국민기초생활보장법」상 외국인에 대한 긴급지원제도 특례규정을 신설하고 임신, 자녀 양육 중인 결혼이민자만 대상으로 하던 것을 대한민국 국민과 결혼한 결혼이민자 전체로 적용

범위를 확대하여 추진한다.

가족형성기에 정부에서 지원하고 있는 사업의 예는 결혼이민자 정착단계별 지원 패키지 사업(사업목적은 미래설계 프로그램(미래찾기), 관심분야별 세부계획 수립 프로그램(길찾기), 정착지원 서비스 정보체계 탐색(지역정보 알기)임), 결혼이주여성의 사례관리(사업목적은 다문화가족의 복잡하고 다양한 문제해결 및 욕구 해소를 위한 맞춤형 종합 서비스를 제공하여 다문화가족의 안정적 정착 기반 마련임), 결혼이민자 일자리 및 직업교육훈련(사업목적은 취업취약계층인 결혼이민여성의 고용활성화 및 경제적 자립을 위한 직업교육훈련을 통한 직업능력개발 지원임), 결혼이민자 창업 및 경영지원(사업목적은 결혼이주 여성(기업)을 대상으로 창업 지원, 판로 등 경영 지원을 통해 결혼이주여성의 창업 활성화 및 경영안정 도모임) 등이 대표적이다.

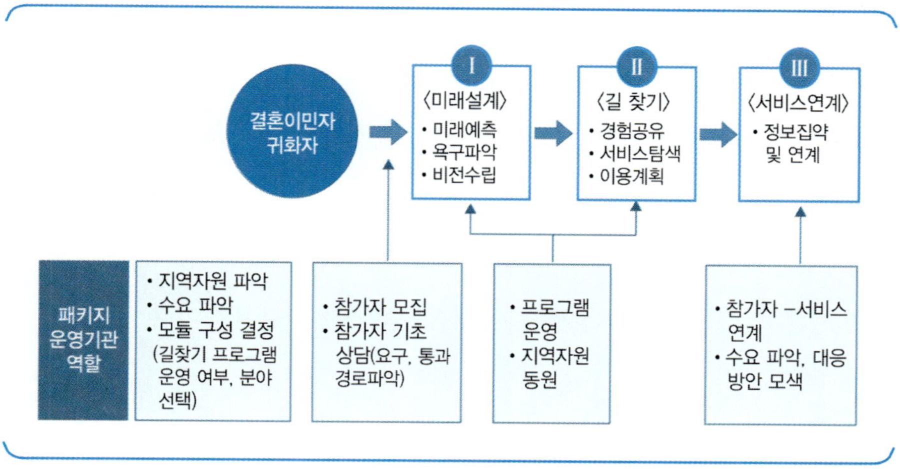

그림 7-4. 결혼이민자 정착단계별 지원 패키지 사업의 추진체계

3) 자녀양육기: 다문화가족 자녀 임신·출산·양육 지원

다문화가족 산모 · 신생아의 건강관리, 산후 돌봄 서비스 제공을 위한 산모 · 신생아 도우미 서비스 지원 대상을 저소득층 출산 가정에서 중산층 가정까지 단계적으로 확대하고 임산부, 영유아를 위한 영양 지원 · 교육 프로그램을 전국 보건소로 확대 추진한다.

부모-자녀 간 자긍심 향상을 위하여 다문화가족지원센터에서 부모와 자녀가 함께할 수 있는 프로그램을 개발 · 보급하고 다문화가족 영유아에 대한 보육지원 강화를 위하여 일정 소득 이하의 다문화가족 영유아에 대한 무상 보육 지원을 검토한다. 또한 보육 시설이 없는 농어촌을 중심으로 마을회관 등 유휴 공간을 활용한 소규모 보육 시범 지역 지정, 보육시설에서의 다문화가정 아동 · 일반 아동 대상 프로그램 개발 및 다문화 프로그램 이수 보육교사 양성 등의 다문화 프로그램을 강화한다. 자녀양육기에 정부에서 제공하고 있는 사업의 예는 다문화가족 이중언어 가족환경조성 사업(사업목적은 다문화가족 자녀가 가정 내에서 영유아기부터 자연스럽게 이중언어로 소통할 수 있는 환경을 조성해, 자녀의 정체성 확립 및 글로벌 인재로의 성장지원 및 체계적이고 전문적인 부모교육 및 부모-자녀 상호작용 서비스 제공으로 부모의 역량을 강화함으로써 부모와 자녀 간의 의사소통과 정서적 유대감 강화임)이 대표적이다.

4) 자녀교육기: 다문화 아동·청소년 학습 발달 및 역량 개발 지원

취학 전 영유아 언어발달 지원을 위하여 보육시설을 중심으로 다문화 아동

대상 한국어 교육 등 특별 활동을 실시하고 언어치료사를 보육시설 등에 파견하여 발달지연 아동에 대한 언어치료를 지원한다. 방과 후 인프라를 활용한 학습 · 성장 지원을 위하여 지역아동센터를 방과 후 다문화 특화 시설로 활용할 뿐만 아니라 다문화 프로그램을 보급하고 아동복지 교사를 파견 · 지원한다. 또한 다문화 아동 · 청소년 이중 언어 역량 개발을 위하여 다문화가족지원센터에서 결혼이민자를 활용, 언어별 교육 강사를 양성하여 보육시설, 지역아동센터 등 아동 · 청소년 이용 기관에 파견하고, 드림스타트 서비스 대상자 중 빈곤 다문화가정 아동(0~12세) 집중 사례관리를 통하여 개별 욕구와 상황에 맞는 보건 · 복지 · 교육 맞춤형 통합서비스를 제공한다.

그리고 중도입국학생이 출신국에서 학적서류를 가지고 들어오면 바로 공교육에 진입할 수 있다. 그러나 학적이 미비하거나 학적을 가지고 오지 않았을 경우, 예비학교를 거쳐서 학력심의를 받은 뒤 초 · 중 · 고에 편입하게 된다.

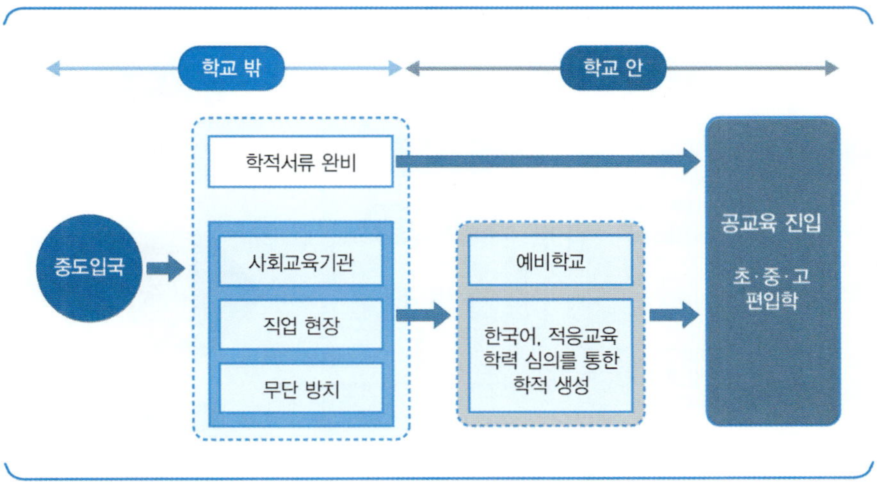

그림 7-5. 공교육 진입 지원 방법

다문화학생의 취학 및 편입학은 「초중등교육법 시행령」 제19조, 제75조에 의거해 재외국민 또는 외국인이 보호하는 자녀 아동이 국내의 초 · 중학교에 입학하거나 전입을 희망하는 경우, 학생의 출입국에 관한 사실증명이나 외국인등록 사실증명, 거주사실을 확인할 수 있는 서류를 통해 취학이 가능하며, 다문화학생(외국인)의 편입학을 허용하고 있어 거부할 수 없다.

자녀교육기에 정부에서 지원하고 있는 사업의 예는 다재다능 프로그램(사업 목적은 다문화가족 자녀에 대한 정체성 회복, 사회성 · 리더십 개발을 위한 프로그램 제공으로 다문화가족 자녀의 건강한 성장 지원 및 부모 · 자녀관계 향상에 기여하는 것임), 자녀 발달주기별 부모교육(사업목적은 한국의 학제, 교육과정, 학교생활 등에 어두워 자녀의 학업생활지도에 어려움을 겪고 있는 다문화가족 학부모를 위해 학교생활 및 진로 · 진학정보 등을 온라인 콘텐츠로 제공하는 것

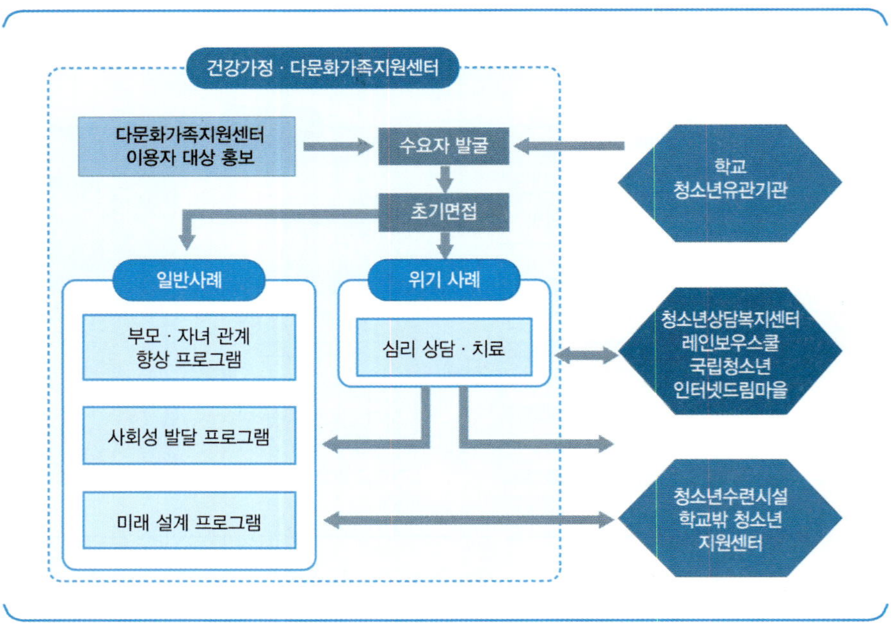

그림 7-6. 다재다능 프로그램의 추진체계

임), 위기 다문화 청소년 맞춤형 서비스 지원(사업목적은 지역사회의 청소년 관련 자원을 연계하여 위기청소년에게 상담 · 보호 · 연계지원 등 맞춤형서비스 제공을 통해 청소년의 건전한 성장 도모임) 등이 대표적이다.

5) 가족 역량 강화기: 결혼이민자 경제·자립 역량강화

결혼이민자 취업 · 창업 지원을 위하여 지역 및 인적 자원 특성을 고려한 결혼이민자 적합 직종을 개발하고 직업훈련을 강화하며, 지역별 다문화가족지원센터와 취업 전담 지원 기관 및 정부 기관 · 지방자치단체 간 일자리 연계 협력체계를 구축한다. 또한 다문화가족을 정책 참여와 정책의 현실 적합성 제고를 위해 중앙 및 지방자치단체 차원의 다문화정책 모니터링단 운영을 활성화 · 확대하고 중앙 차원에 다문화가족 생활 불편 해소 창구를 개설하며, 결혼이민자의 자원봉사 활동 등 지역사회 참여를 활성화시킨다.

가족 역량 강화기에 대해 정부가 지원하고 있는 사업의 예는 결혼이민자의 정책수립과정 참여(사업목적은 다문화가족이 다문화가족 정책 수립 및 추진과정에 주체적으로 참여할 수 있도록 제도화하여 정책의 실효성 제고 및 권익 증진 도모임), 지역사회 자원봉사(사업목적은 서비스 수혜자에서 지역사회 발전을 위한 기여자로서의 전환을 통해 자긍심 향상 및 지역사회 내 다문화인식 개선 도모, 자원봉사활동을 통한 지역사회 내 소통 및 정서교류의 활성화로 사회통합 도모임) 등이 대표적이다.

6) 가족 해체 시: 해체 다문화가족 자녀 및 한부모가족 보호·지원

다문화가족 실태 조사를 통하여 이혼 사유 및 이혼 후 문제의 실태를 파악하고 무연고 방치 아동·청소년 보호를 위하여 지역사회 청소년 통합지원 체계(Community Youth Safety-Net: CYS-Net)를 활용하여 신속히 발견하고 다문화 아동·청소년 전담 동반자를 육성해 전담 보호한다.

가족 해체 시에 정부에서 지원하고 있는 사업의 예는 폭력에 대한 초기 대응 체계(사업목적은 다누리콜센터를 통해 폭력피해 이주여성 대상 긴급상담 지원, 긴급피난처 제공 및 쉼터 연계, 해피콜 등 사후관리 강화, 다누리콜센터(1577-1366) 운영을 통하여 365일, 24시간(중앙) 13개 언어로 긴급 및 위기지원 상담, 한국생활정보 제공, 갈등해결 상담 및 통역, 3자 통화 지원 등임), 귀환여성 및 자녀 지원(사업목적은 다문화가족구성원이었던 결혼이주여성이 본국으로 돌아간 경우 인권보호 차원에서 적응·자립할 수 있도록 지원하고, 베트남 귀환여성 자녀를 한·베 관계의 가교 역할을 할 글로벌 인재이자, 한·베 다문화사회를 이끌어 갈 적극적인 주체로 양성하는 것임), 한부모가족의 자녀 양육 지원(사업목적은 미성년 자녀의 양육비 청구와 이행 확보 지원을 통해 한부모가족 자녀의 안정적 성장환경 조성 및 저소득 한부모가족 아동양육비 등의 지원을 통해 자녀 양육부담 경감 및 가정생활 안정 도모임) 사업 등이 대표적이다.

PART 3

다문화사회와 건강

Chapter 08

다문화사회의 건강적 접근

배울 내용

1. 다문화사회의 건강 개념
2. 생애주기별 건강적 접근

학습목표

1. 다문화사회의 건강 개념을 파악한다.
2. 생애주기별 건강적 접근을 숙지한다.

Chapter 08

다문화사회의 건강적 접근

문화는 자율적인 체계나 독자적인 영역을 가지고 있는 정치, 경제, 종교와는 달리 한 민족의 생활양식에 대한 총체적인 표현이며, 공통된 생활양식으로 인하여 타 민족과는 구분되어 변화하고 발전하는 것을 의미한다. 다문화는 인종, 민족, 언어, 종교, 성, 장애 등을 포괄하는 말이다. 즉, 여러 유형의 이질적인 문화가 하나의 제도권 안에서 상호 교류를 통하여 형성되는 것을 의미한다. 다문화사회의 형성은 미국과 캐나다처럼 태생부터 다양한 민족과 문화를 공유하며 국가를 이루거나 영국이나 프랑스, 독일과 같이 근대화와 세계화로 인하여 부족해진 노동력을 외국인근로자로 대치하여 유입되면서 이루어진 경우이다(서종남, 2011).

우리나라의 다문화사회는 서구 유럽과 비슷한 형태로 외국 노동력의 유입으로 인한 이주근로자와 1990년대 이후 결혼이주자의 증가와 더불어, 2000년 이후 북한이탈주민도 계속 증가 추세에 있으며, 해외로부터 외국 유학생의 꾸준한 증가 등으로 인하여 단일민족사회에서 다문화사회의 양상으로 바뀌고 있는 실정이다(김성혁 외, 2019).

외국인주민은 어떠한 형태로든 새로운 사회에서의 이주 생활에서 생소한 문화에 적응해야 하고, 의사소통의 어려움, 신분상의 불안정성, 경제적 어려움 등 새로운 사회에의 적응을 방해하는 다양한 요소에 직면하며, 이는 그들의 건강에 부정적인 영향을 미치게 된다.

이처럼 다문화사회에서 발생할 수 있는 건강영역 부분을 다문화사회의 건강이라고 한다. 즉, 다문화사회의 건강이란 다문화사회구성원에 대한 인간 존엄성의 존중 차원에서 기본적으로 건강권을 보호해 주는 것이다. 이를 위해 인종적, 문화적 다양성에 의해 발생할 수 있는 갈등을 조화롭게 극복하여 형성되는 총체적 결과이며, 다문화건강 수준은 건강과 질병의 연장선상에 영향을 미치는 주요 요인에 따라 결정될 수 있다. 우리나라의 사회적 구조가 다문화사회로 전환되면서 인간의 기본권에 속하는 건강권 보호에 대한 다각적인 차원의 대비책이 요구되고 있다(김성혁 외, 2019).

1. 다문화사회의 건강 개념

우리사회의 중요한 일원이며 다문화사회의 주요 구성원인 외국인근로자, 결혼이주자, 북한이탈주민, 외국인유학생 등은 건강하고 행복한 삶을 살 권리가 있다. 이들의 다양한 인종, 종교, 문화를 존중하고 서로 공존의식을 형성하는 등 우리가 사회적 시각을 확대하는 것이 필요하다. 또한 이들이 성공적인 심리적, 사회문화적 적응을 통한 인간의 전체적인 측면의 신체적, 정신적, 사회적, 영적 건강의 안녕상태를 확립하여, 심리적, 경제적, 문화적 차이를 잘 극복하고 건강하고 행복한 삶을 살 수 있도록 사회적, 제도적 정책과 건강한 사회적 환경이 마련되어야 한다.

1) 가족건강성의 의미

가족건강성은 다문화가족뿐만 아니라 일반가정에서도 매우 중요한 개념으로, 최근 가족건강성 개념이 중요하게 부각되고 있다. 가족건강성이란 인간다운 삶이 보장되고 가족구성원 모두의 욕구가 충족되는 것을 의미한다. 즉, 가족구성원 상호 간에 적절한 상호작용을 수행하고 규칙적인 것을 의미한다. 또한 가족의 도덕(가치)적 · 정서적 · 공동체적 관계를 유지하고 향상을 도모함으로써 사회적 · 정신적 · 신체적으로 안정된 상태를 유지 · 향상하는 가족을 말한다.

가족건강성에 관해 연구자마다 다르게 정의하고 있다. 외국의 경우, 1960년대 초 오토(Otto)는 가족건강성이란 일반적인 가족을 대상으로 가족의 강점을 조사함으로써 가족 간에 활발한 상호작용을 하고 긍정적인 가족 정체감을 형성하며 가족구성원들의 잠재력을 키우는 사회심리적 특성인 관계유형이라 정의하였다. 올슨(Olson, 1983)은 건강한 가족을 가족의 스트레스와 가족의 문제에 대해 효율적으로 대처할 수 있고 효과적으로 극복함으로써 만족도와 적응성, 응집성을 유지할 수 있는 가족이라고 하였고, 드프레인(Defrain, 2003)은 가족건강성을 가족구성원의 개개인이 상호작용을 통해 심리적 안정에 기여하는 것이라고 정의하였다.

국내의 경우 허봉렬(1996)은 가족건강성을 가족구성원 간의 규칙적이고 서로 상호작용을 통해 가족의 도덕적 관계가 향상되고, 정서적, 공동체적인 특성을 지닌 것으로 정의하였으며, 유영주(2004)는 가족건강성을 가족구성원 간 상호작용을 통해 스트레스 대처, 의사결정, 의사소통이 원만하게 잘 유지하는 것이라고 정의하였다. 유계숙(2004)은 가족건강성을 가족구성원이 가족관계에 있어 만족도가 높고, 가족구성원 간의 욕구를 충족시키는 것이라고 정의하고 있다.

이상의 가족건강성에 대한 정의를 종합해 보면, 건강한 가족을 "가족구성원 간의 끈끈한 유대감, 긍정적인 대화가 필요하며, 가족의 문제나 위기를 서로 잘 보완하고 해결하며, 가족구성원 간의 공통적인 가치관과 규칙이 있는 가족"이라고 정의할 수 있다. 가족건강성의 개념에서 중요한 요인들은 〈표 8-1〉과 같다(장성화, 2010; 황단, 2019).

표 8-1. **가족건강성의 요인**

구분	내용
가족구성원 간의 유대	건강한 가족은 가족구성원 간 서로 유대가 강한 것을 의미하며, 가족구성원 간 유대가 강하다는 것은 서로의 목표를 달성하도록 격려해 주는 것을 의미한다. 즉, 서로를 격려해 주며 자율성을 인정하면서 애정적 반응, 친밀감, 일하기, 함께 즐기기 등을 포함한다. 가족구성원 간의 유대는 안정적인 정서를 바탕으로 가족구성원들이 서로에게 갖게 되는 정서적인 유대관계인 결속력 및 응집성과 비슷한 것으로 현대가정의 중요 기능이자 기대이기도 하다.
가족구성원 간의 의사소통	가족구성원 간의 의사소통은 건강한 가족에 있어서 가장 핵심적으로 다룬다. 가족은 의사소통에 의해 발전, 유지되는 집단으로써 의사소통을 가장 핵심적이고 중요한 상호작용 매체로 인식하고 있다. 건강한 가족은 의사소통에 있어서 명확하게 전달하며, 경청에 대한 중요성도 잘 인식하고 있어 잘 이루어지고 있다. 또한 건강한 가족은 다툼에 있어서도 효과적으로 이루어진다. 화가 날 경우에는 그 갈등을 밖으로 표출함으로써 문제를 해결하려 하고, 모든 가족원들이 함께 최적의 문제해결 방법에 대해 대화한다. 즉, 가족구성원 간의 의사소통은 서로 다른 가족과 더불어서 사는 가족을 말하며 긍정적인 의사소통을 통해 서로의 감정을 공유하고 직접적이고 개방적인 대화를 나누는

구분	내용
	것을 의미한다. 가족구성원 서로가 만족스러운 상호작용을 통해 스트레스와 위기, 갈등을 효과적으로 극복하며 서로에게 도움을 줄 수 있는 것을 의미한다.
가족구성원의 문제해결수행능력	가족구성원의 문제해결수행능력은 가족이 스트레스를 받거나 위기상황에서조차 긍정적인 요소에 초점을 맞추며, 위기로 인해 와해되기보다는 위기를 다루면서 단합될 수 있는 능력이다. 가족구성원 간 효과적으로 문제해결을 하기 위해서는 문제에 대해 명확하게 규명할 수 있어야 하고, 논의할 수 있어야 한다. 건강한 가족은 가족에 문제가 발생하기 이전에 그것을 예방하는 방법과 불가피한 위기에 직면하여 가족원들이 위기를 함께 대처하는 방법을 알고 있다.
가족구성원 간의 가치체계 공유	가족구성원 간의 가치체계 공유는 가족구성원 간의 목표, 중요한 것에 대한 결정을 공유하며, 급격하게 변하는 사회 생활패턴으로 개인주의적 삶에서 벗어나 심리적 안정과 편안한 휴식을 느낄 수 있는 일차원적인 집단을 추구하기 때문에 가족건강성의 특성 중 가족의 관계적, 사회심리적 특성이 중요시된다.

2) 결혼이주여성의 건강생활

한국사회에 다문화 결혼이주여성이 증가하면서 이들의 건강에 대한 관심이 증가되고 있다. 이주는 생활환경을 총체적으로 변화시키므로 건강에 미치는 영향이 매우 크며, 이들 대부분은 한국에 이주해 오자마자 임신·출산을 경험하며 어머니로 역할전환을 이루어야 하고 새로운 사회문화 환경에도 적응해야 하는 이중적 부담을 안고 있기 때문에 신체 및 정신적 건강 위험에 노출되어 있다. 즉, 결혼이주여성은 상대적으로 보건의료 환경이 열악한 국가 출신이 많아 건강수준이 낮은 상태로 이주해 오는 경우가 많고 삶의 적응과정에서 스트레스와 우울 등 많은 심리적 어려움을 겪고 있다. 심리적 어려움은 신체적 측면에도 영향을 미쳐 건강의 손상요인으로 작용할 가능성이 매우 높기 때문에 결혼이주여성의 건강을 도모하기 위한 국가적 차원의 체계적인 관리가 필요하다.

결혼이주여성의 건강관리를 위한 사회적 차원의 노력은 다문화건강지원센터를 중심으로 이루어지고 있다. 다문화가족지원센터에서는 임신 · 출산 · 육아 등 모성적응을 높이기 위한 교육을 제공하고 있으며, 보건소와 연계하여 이주여성을 위한 무료건강검진을 실시하고 최근에는 여성가족부 주관으로 다문화가정 무료검진 서비스 및 치료비 지원사업을 진행하고 있다. 그러나 저소득 다문화가정을 대상으로 적용되고 있어 이용이 제한적이며 무료건강검진 서비스도 매우 기본적인 수준에서 이루어져 다양한 건강문제를 파악하기에는 한계가 있다. 따라서 건강관리를 위해서는 이러한 이차 예방 수준의 접근도 필요하지만 이들의 입장에서 바라본 건강에 대한 심층적 이해가 선행되어야 하며 건강을 총체적 시각에서 바라보는 접근방식이 요구된다.

결혼이주여성의 건강은 질병이나 질환의 객관적 측정으로만 파악될 수 없으며, 적응과정에서 경험하는 수많은 사회문화적 요인들이 복잡하게 상호작용하는 결과로 이해해야 한다. 따라서 결혼이주여성의 건강생활의 양상과 그 의미를 파악하기 위해 대상자의 문화적 요소들을 주의 깊게 사정하고 건강의 통합적 관점에서의 심층적인 이해가 필요하다.

2. 생애주기별 건강적 접근

우리나라 국가 건강검진은 1980년 공교 가입자를 시작으로 협의의 건강검진을 시작하였으며, 1988년 직장가입자 · 직장피부양자의 건강검진이 시작되었다. 1995년 지역가입자에 대한 건강검진을 실시하여 의료급여대상자를 제외한 건강보험 가입자에 대하여 건강검진을 실시하였다. 의료급여 대상자는 1999년부터 위암, 자궁경부암, 유방암에 대한 암 검진을 실시하였으며, 만 40세, 만 66세에 생애전환기 검진만 시행하였으나 2012년부터 2년에 한 번씩 일반검진을 실시하고 있다.

생애전환기 건강진단은 2007년부터 2017년까지 실시되었으나, 2018년부터 의료급여 대상자를 제외하고 일반검진으로 통합되었고, 2019년부터는 20~39세 피부양자 및 세대원(의료급여 포함)에 대해 일반 건강검진을 실시해 오고 있다. 암 검진의 경우 2001년 「암관리법」 제11조, 시행령 제8조 제1항, 제2항에 따라 암의 종류별 검진주기와 연령 기준 등에 해당하는 사람에게 암 검진을 실시하였으며, 현재 위암, 간암, 대장암, 유방암, 자궁경부암, 폐암 등 6개 암검진을 실시하고 있다. 학동기(취학아동) 아동은 1951년 교육부 주관으로 건강검진을 시작하였으며 2016년부터 비취학 아동의 건강검진으로 확대되었다. 생애주기별, 즉 영유아, 학동기, 성인기 및 노년기로 구분하여 건강검진 관리체계를 살펴보면 〈표 8-2〉와 같다.

표 8-2. **생애주기별 건강검진 실시 시기**

<table>
<tr><th colspan="2" rowspan="2">구분</th><th rowspan="2">영유아</th><th colspan="2">학동기</th><th colspan="2">성인기</th><th rowspan="2">노년기
(65세 이상)</th></tr>
<tr><th>취학
아동기</th><th>비취학
아동기</th><th>일반검진</th><th>암 검진</th></tr>
<tr><td rowspan="2">공
교</td><td>가입자</td><td rowspan="6">2007. 11.
15.</td><td rowspan="8">1951
(교육부
주관)</td><td rowspan="8">2016
(여성가족부
수탁)

*2007.
4월부터
2015까지
복지부
시범사업으
로 실시</td><td>1980</td><td>1990</td><td rowspan="6">'07. 4월~
'17년까지
생애전환기
건강진단
실시 후
2018년
일반검진으로
통합</td></tr>
<tr><td>피부양자</td><td>1993</td><td>2001</td></tr>
<tr><td rowspan="2">직
장</td><td>가입자</td><td>1988
(노동부 주관)
1995
(복지부 이관)</td><td>1996</td></tr>
<tr><td>피부양자</td><td>1988</td><td>2001</td></tr>
<tr><td rowspan="2">지
역</td><td>세대주</td><td rowspan="2">1995</td><td>2000</td></tr>
<tr><td>세대원</td><td>2001</td></tr>
<tr><td rowspan="2">의
료
급
여</td><td>세대주</td><td rowspan="2">2008. 1.
1.</td><td rowspan="2">2012</td><td rowspan="2">1999</td><td rowspan="2">'07. 4월~
'17년까지
건보가입자와
동일하게
실시,
'18년부터
의료급여생애
전환기검진
실시</td></tr>
<tr><td>세대원</td></tr>
</table>

* 피부양자 및 세대원(의료급여 포함) 중 20~39세인 자는 2019부터 검진 실시

「다문화가족지원법」에 따르면 다문화가족이란 결혼이민자와 한국인으로 이루어진 가족, 귀화자와 한국인으로 이루어진 가족을 의미하기 때문에 결혼이민자나 귀화자가 가족 내에 존재한다면, 그 가족을 다문화가족이라고 할 수 있다.

우리나라의 1980년대 이후 외국인근로자, 결혼이민자, 유학생 등의 다문화가정의 증가로 인해 부부문제, 건강문제, 자녀양육문제, 자녀의 학교적응 문제, 문화적 갈등, 가족 관계 부적응 등 학문적, 사회적 이해를 필요로 하는 중요한 문

제가 생애주기에 따라 여러 가지 가족문제로 나타나게 되었다. 이 중에서도 건강문제는 다른 모든 문제에 우선하여 사람들의 신체적, 정신적 안녕을 위협하는 요인으로 가족 및 사회구성원으로의 적응을 어렵게 만드는 요인 중의 하나로 인식하고 있다. 다문화가족의 건강 문제를 생애주기별로 구분하여 살펴보면 다음과 같다.

1) 임신과 출산

결혼이주자는 20대(35.2%), 30대(29.4%)가 전체의 대부분(76.3%)을 차지하고 혼인귀화자는 40대(28.9%)가 가장 많은 것으로 보고되고 있다. 이처럼 결혼이주자 중 대부분이 가임기 여성임을 고려하면 결혼이주자 가정의 자녀 증가는 일반 가정보다 훨씬 더 많아질 가능성이 크다.

모국의 떠난 여성에게 임신과 출산은 더 큰 어려움이 될 수 있으며, 그들은 이주사회의 문화적응으로 인한 스트레스, 경제적 문제, 취업 및 진로, 지역사회 정보 부재와 가족문제 등 건강에 부정적인 영향을 미치는 요인으로 작용한다. 이주여성은 결혼 후 적응을 거쳐 임신을 하는 경우보다 적응 전에 먼저 임신을 하는 경우가 많아서 임신, 분만, 산욕 기간을 거치면서 문화적인 차이로 인한 다양한 건강문제가 발생하여 건강관리 서비스 및 보건 교육에 대한 요구가 높다. 따라서 '생명사랑 서포터즈' 등을 통한 생명 존중 분위기를 조성하고 피임, 성교육, 임신, 출산 전문 상담 등 사전 예방 정책을 강화해야 하며, 신생아 집중치료실, 어린이 병원, 권역별 전문 질환 센터(시설 · 장비) 등 국가의 공급 · 육성이 필요한 전문 진료 분야를 지원하려고 노력하고 있다.

최근 다문화가족이 지속적으로 증가함에 따라 다문화 아동·청소년의 동등한 출발선 보장과 다문화가족의 안정적 생활환경 조성을 위해 노력하고 있지만(제4차 다문화가족 정책 기본계획, 2023), 다문화가족의 건강실태 관련 연구에서 보건·의료기관 이용에 의사소통의 어려움, 자녀 양육 시 아동의 건강관리의 어려움이 가장 큰 것으로 나타났으며, 또한 자녀 건강과 육아에 대한 정보 요구도가 높은 것으로 나타났다(박혜숙 외, 2021).

따라서 다문화 아동의 건강관리에 대한 어려움으로 인한 인적자원 손실은 사회적 위기일 수 있으며, 발달선별검사를 통한 발달장애 아동에 대한 조기 치료 등 적극적인 개입은 사회경제적 손실을 막을 수 있다. 영유아 건강검진은 영유아 질병의 조기 선별, 건강증진을 위해 꼭 필요하다(임동선 외, 2018).

2) 영유아 건강증진

영유아 시기는 일생 중 성장·발달에 잠재력이 가장 큰 시기이며 영유아기의 발달과 성장은 영유아의 안녕과 평생 건강에 영향을 미치는 기반이 되고, 성인으로 성장하여 건강한 사회구성원으로 역할을 하는 데 필요한 기본적 근간을 이룬다는 점에서 매우 중요하다(Andersonet al., 2003; Hertzman & Wiens, 1996). 특히 영유아 건강검진을 통한 발달장애를 조기에 발견하여 조기치료(교육, 재활치료)를 시작하면 경과를 개선시키고 장애의 수준을 감소시킬 수 있다. 또한 발달검사의 결과에 맞추어 발달을 촉진하고 장애를 예방할 수 있으며, 영유아의 교육 및 삶의 질 향상에 크게 이바지하고 궁극적으로 사회적 비용을 절감할 수 있다(대한소아과학회, 2017).

(1) 영유아 건강검진 대상 및 항목

영유아 건강검진은 정상적인 발달 및 성장을 확인하고 질병의 조기발견과 치료를 위하여 2007년 최초 실시된 후 2차례(2010, 2012)에 걸쳐 검진 대상이 추가되었다. 2010년 기존 4차와 5차 사이인 4세(생후 42~48개월)가 추가되었으며, 2012년 만 6세인 생후 66개월~71개월이 추가되어 현재 7차례의 건강검진을 받을 수 있게 되었다.

표 8-3. 영유아 건강검진 대상

연도	1차 (개월)	2차 (개월)	3차 (개월)	4차 (개월)	5차 (개월)	6차 (개월)	7차 (개월)
2007~2008	4~6	9~12	18~24	30~36	54~60		
2009~2011	4~6	9~12	18~24	30~36	42~48	54~60	
2012~현재	4~6	9~12	18~24	30~36	42~48	54~60	66~71

영유아 건강검진 항목은 〈표 8-4〉와 같이 문진 및 진찰(신체진찰, 시각 및 청각문진, 신체계측, 시력검사), 발달평가 및 상담 · 건강교육으로 이루어져 있다.

표 8-4. 영유아 건강검진 항목(2012~현재)

검진 항목		1차 (4~6개월)	2차 (9~12개월)	3차 (18~24개월)	4차 (30~36개월)	5차 (42~48개월)	6차 (54~60개월)	7차 (66~71개월)
문진 및 진찰	시각 문진	○	○	○	○	○	○	○
	손전등검사	○	○	○				
	청각 문진	○	○	○	○	○	○	○
	감염 문진							○
시력검사						○	○	○
신체계측	키	○	○	○	○	○	○	○
	몸무게	○	○	○	○	○	○	○
	머리둘레	○	○	○	○	○	○	○
	체질량				○	○	○	○
발달평가 및 상담	대근육		○	○	○	○	○	○
	소근육		○	○	○	○	○	○
	인지		○	○	○	○	○	○
	언어		○	○	○	○	○	○
	사회성		○	○	○	○	○	○
	자조			○	○	○	○	○
건강교육 및 상담	안전사고 예방	○	○	○	○	○	○	○
	영양	○	○	○	○	○	○	○
	영아돌연사증후군 예방	○						
	전자미디어 노출				○			
	대소변 가리기			○				
	정서/사회					○		
	개인위생						○	
	구강		○					
	취학 전 준비							○
구강검진			○			○	○	

출처: 국민건강보험공단(2025).

(2) 영유아 건강검진 현황

2007년 보건복지부는 영유아 건강증진을 위해 6세 미만 영유아에 대한 건강검진실시 등이 포함된 보장성 강화정책을 발표하였다. 2007년 11월 15일부터 「국민건강보험법」 제52조에 따른 6세 미만의 가입자와 피부양자, 2008년 1월 1일부터 「의료급여법」 제14조(건강검진)에 따라 6세 미만 의료급여수급권자에게 정상적인 성장과 발달을 확인하고 조기에 질병을 발견하고 치료를 위하여 영유아 건강검진을 시행하였다.

영유아 건강검진 수검률은 최초 영유아 건강검진이 시작된 2008년에는 36.7%였으며, 이후 2010년 50.1%, 2013년 63.7%, 2018년 74.5%로 증가하였고, 2021년 87.1%에서 2023년 76.7%로 다소 감소한 것으로 나타났다.

표 8-5. **영유아 건강검진 현황** (단위: 명, %)

연령별	2021			2022			2023		
	대상인원(명)	수검인원(명)	수검률(%)	대상인원(명)	수검인원(명)	수검률(%)	대상인원(명)	수검인원(명)	수검률(%)
계	2,467,721	2,149,447	87.1	2,557,880	2,063,937	80.7	2,308,610	1,769,726	76.7
14~35일	211,923	101,852	48.1	257,731	129,101	50.1	236,532	113,575	48.0
4~6개월	263,838	236,350	89.6	261,570	221,955	84.9	248,457	214,170	86.2
9~12개월	269,006	253,920	94.4	275,041	242,961	88.3	256,638	220,098	85.8
18~24개월	295,163	280,602	95.1	288,447	263,394	91.3	271,355	238,741	88.0
30~36개월	317,656	297,518	93.7	318,832	283,610	89.0	284,272	240,409	84.6
42~48개월	337,602	306,100	90.7	346,238	290,194	83.8	312,505	248,207	79.4
54~60개월	378,162	329,700	87.2	380,939	302,169	79.3	336,646	249,872	74.2
66~71개월	394,371	343,405	87.1	429,082	330,553	77.0	362,205	244,654	67.5

출처: 한국여성정책연구원(2025). 영유아건강검진 수검률.

(3) 영유아 발달선별검사

영유아 발달선별검사(K-DST)는 대근육운동 영역, 소근육운동 영역, 인지 영역, 언어 영역, 사회성 영역, 자조 영역 등 총 6개의 영역을 평가하며 기본적 움직임과 관련된 영역부터 인지발달과 그 외의 적응기능을 포괄적으로 평가한다(K-DST, 2017). 응답한 문항을 합산, 각 영역별 총점을 산출하고 이를 절단점과 비교하여 4개의 수준으로 분류한다(〈표 8-6〉).

표 8-6. 발달평가 절단점에 따른 평가 기준

범위	−2SD	−2SD 이상, −1SD 미만	−1SD 이상, 1SD 미만	1SD 이상
평가	심화평가 권고	추적검사 요망	또래 수준	빠른 수준

SD = 표준편차.

발달선별검사 결과 아이의 발달수준과 동일한 월령집단 내 비교하여, 양호, 추적검사 요망, 심화평가 권고로 나누어진다. 각 영역별 총점을 월령집단 내에서 해당하는 것으로 판정하며, 양호, 추적검사 요망, 심화평가 권고 판정으로 한다. 양호는 빠른 수준과 또래수준으로 나뉘며, 추적검사 요망에 해당하는 경우 발달기술을 충분히 습득하지 못하고 있을 가능성이 있어, 보호자에게 다음 검진시기 이전에 해당 영역의 발달과정을 촉진하고 면밀히 관찰한 후 재검사를 실시하도록 권유할 수 있으며, 때로는 심화평가를 권고할 수 있다(K-DST, 2017).

(4) 외국의 영유아 건강검진

외국의 영유아 건강검진에 대해 일본, 대만, 미국 및 독일을 중심으로 살펴보면 〈표 8-7〉과 같다.

표 8-7. 외국의 영유아 건강검진의 예

구분	내용
일본	영유아 대상 건강검진을 「모자보건법」에 의해 시정촌(市町村)이 실시하고 있다. 「모자보건법」에 따라 실시하는 1년 6개월 영아 건강검진과 3세 유아의 건강검진은 필수 건강검진으로 검사비를 시정촌이 비용을 부담하여 수검자는 무료이다. 임의 건강검진은 시정촌의 예산에 따라서 일부 또는 전액 유료이며, 법정 건강검진 시기 이외 시정촌은 지역에 따라 약간의 차이가 있지만 생후 1개월(신생아) 검진, 6~7개월 검진, 9~10개월 검진, 12개월 검진, 만 2세 검진을 실시하고 있다.
대만	중앙건강보험국이 1995년부터 아동의 건강 강화를 목적으로 아동 예방보건서비스를 처음 시행하였으며, 2006년부터는 국가 예산으로 7세 이하 아동들에게 9차례 서비스를 무료로 제공하고 있다. 1세 이하 영아에게 매 2~3개월의 간격으로 총 4회 건강검진을 제공하고, 1세 이상 만 2세 미만은 2회, 2세 이상 만 3세 미만은 1회, 3세 이상 만 4세 미만은 1회, 4세 이상 만 7세 미만은 1회 각각 건강검진을 제공하고 있으며, 접수비만 본인이 부담하면 된다.
미국	전 국민 의료보장 시스템이 없이 민간의료보험 위주인 미국은 모든 영유아 대상 건강검진 프로그램이 없다. 일부 공공의료보험 중 메디케이드(Medicaid)와 CHIP가 영유아 대상 건강보험으로 예방 목적의 건강검진 프로그램을 제공하고 있다. 주정부는 메디케이드 대상인 21세 이하 아동에 대해 정기적 검진(Screening), 시력, 청력 및 치과 서비스를 포함하는 EPSDT(Early and Periodic Screening, Diagnostic, and Treatment) 서비스를 필수적으로 제공해야 한다. CHIP 프로그램에서는 저소득층 가정 19세 미만 아동에 대해 전반적인 보건의료서비스인 규칙적인 건강 진단, 예방접종, 약물처방, 임상 검사, X-rays, 병원 방문 등을 제공한다.
독일	영유아 건강검진은 국가 차원의 공공기관을 통해 진행되지 않고, 강제성이 없으며, 민간차원의 보험회사가 진행하고 있다. 독일 3개 주(바이에른, 헤센, 바덴 뷔텐베르크)에서만 2009년 이후 영유아 검진을 의무 검진으로 제도화하였다. 독일의 보험시스템은 공공보험과 사보험으로 나누어진다. 유아에 대한 보험은 사보험으로 각 가정의 보험에 속해 국가에서 따로 무료로 제공하지 않는다. 독일의 신생아기부터 만 6세까지 모든 신생아, 영유아와 학령기 아동을 대상으로 한 표준검진은 총 10단계로 실시되며, 의사의 검진을 통해 아동의 신체적 · 정신적 장애를 조기 발견하고 정기 예방접종을 실시하고 있다.

(5) 다문화가족의 영유아 건강검진 현황

아시아계 개발도상권 외국인 산모로부터 태어난 신생아는 내국인 산모 출생아에 비해, 신생아 체중이 유의하게 작았으며(박희옥 외, 2009), 농촌지역 여성 결혼이주자 자녀는 내국인에 비해 신체성장이 비정상으로 판단되는 3백 분위수 미만에 해당되는 아동이 체중 10.8%, 신장 13.0%, 머리둘레 5.4%였으며, 발달 수준이 의심스러운 신생아는 18.5%로 나타났다(김태임 외, 2010). 이처럼 외국인 어머니를 둔 영유아는 내국인 어머니의 영유아보다 건강수준이 저하되었음을 알 수 있다.

또한 다문화가족 영유아의 건강검진 수검율은 내국인 가족 영유아에 비해 낮은 편인데, 구체적으로 2019년~2022년(4년간) 다문화가정 영유아의 평균 수검률은 60.5%, 10명 중 4명은 건강검진을 받지 못하는 것으로 나타났다. 특히 생후 14~35일 영아의 경우 내국인 가정의 수검률이 49.3%인 데 반해 다문화가정은 22.3%로 격차가 매우 큰 것으로 나타났다. 이는 주 양육자인 외국인 어머니의 영유아 건강검진의 필요성에 대한 인식이 낮고 의사소통의 어려움으로 인한 의료기관 이용의 한계 때문으로 보인다.

이처럼 다문화가정 어머니들은 문화와 건강관리방식의 차이, 부족한 한국어 능력으로 지식습득이 어렵고, 다문화가정의 낮은 경제상황, 언어적 · 경제적 · 지리적 요인에 따른 보건의료 이용의 한계로 인해 영유아 건강관리의 어려움을 호소하고 있다. 따라서 선천적 · 후천적 요인 등으로 인해 정상적인 발달에 어려움을 가진 장애 위험 영유아를 조기에 선별하여, 적절한 지원을 제공하지 못한다면 발달지체[1] 상태가 가속화되어 장애아동으로 성장할 수 있는 가능성이

1) 영유아 건강검진 중 발달지연 의심 아동에게는 전문가의 정확한 진단이 필요하다는 심화평가를 권고하는데 2022년 영유아발달 선별검사결과 심화평가를 권고받은 영유아는 4,678명으로 전체 다문화가정 영유아 수검자 중 6.3%를 차지하여, 2021년 2,674명(3.9%)보다 2배 가까이 증가한 것으로 나타났다. 반면 같은 기간

높다(국정감사, 2023). 즉, 환경변화에 대한 가변성이 높고 후기 발달의 기초가 되는 영유아 시기에 적절한 대처가 이루어지지 않을 경우, 이 결핍은 추후에 보충될 수 없고 초기의 결함은 지속적인 손상을 가져오게 되므로 발달 초기에 적극 대처함으로써 장애를 최소화하고 이차적 장애를 예방할 수 있다(조금희, 2007).

영유아 정신건강 문제 중 발달지연은 임상장면에서 의뢰되는 영유아의 가장 높은 비율을 차지하는 주 호소 문제이며, 영유아기에 가장 많이 진단되고 있다(이경숙 외, 2016). 영유아 건강검진 목적은 영유아 검진 발달평가(K-DST) 결과, 심화평가 권고를 받은 영유아에 대해 발달장애 정밀검사 실시 등 조기·적기치료를 유도하여 발달장애로 인한 후유증을 최소화하고, 영유아 건강수준 및 삶의 질과 사회적 지지체계를 향상하기 위해서이다. 하지만 결혼이주여성의 영유아에 대한 건강관리 교육 현황을 보면, 영유아 건강관리 교육에 대해 받은 적이 없었다는 대상자가 56.7%였으며, 결혼이주여성 대상으로 운영되고 있는 건강교실의 내용은 어머니의 임신·출산 등 어머니의 건강관리가 주를 이루는 것으로 나타났다(이내영, 2018).

3) 다문화가정의 유아의 정신건강수준

유아의 정신건강은 유아의 정서적, 신체적, 사회적 발달뿐만 아니라 일상생활의 많은 부분에 영향을 미치며, 정신건강에 지속적인 문제가 발생한다면 부정적 정서와 서투른 또래관계, 성인기의 정서적 결핍과 같은 문제를 지속적으로

내국인 가정 영유아의 수검자 심화평가 권고율은 1.4%에서 2.4%로 불과 1% 포인트 증가하였으며, 실제 정밀진단을 받은 사례도 2018년 2,618명에서 2022년 5,239명으로 5년 새 2배가량이 증가한 것으로 확인되었다(헬스경향, 2023).

나타내기 때문에 유아의 정신건강은 매우 중요하다(Atkinson & Hornby, 2002).

유아의 정신건강은 주로 내재화 문제(internalizing problem)와 외현화 문제(externalizing problem)의 유형으로 구분되며, 내재화 행동은 부정적 감정과 정서를 과하게 억누르거나 자신의 내부로 잠재시키면서 심리적으로 안정되지 못하여 나타나는 위축과 불안 · 우울 등의 행동을 말한다(Achenbach & Edelbrock, 1983). 내재화 행동은 타인에 대해 두려움 때문에 정서적으로 위축이 되거나, 자신의 실수를 인정하지 않고 신경이 날카로워 긴장과 불안을 느끼며 상처를 받고, 스스로를 비판하거나 슬퍼하며 우울해하는 행동으로 구분하고 있다. 그동안 정신건강의 유형 중 공격적인 행동인 외현화 행동에 대한 연구는 많이 이루어졌지만, 내재화 문제인 위축 및 불안 · 우울에 대한 중요성은 상대적으로 간과되어 왔다. 위축 및 불안 · 우울에 노출된 유아는 조용하여 주의의 시선을 덜 받게 되고 또래와 상호작용에 어려움을 보이고, 사회적 참여를 위한 행동이나 기술에 문제가 있다는 연구결과가 보고되었다. 다문화 유아의 유형별 문제행동에 대한 구체적인 내용은 〈표 8-8〉과 같다(강경미, 2005; 교육심리학용어사전, 2000; 권정윤, 2012; 최성희, 2016; 최주희, 2017; Campbell, 1989).

표 8-8. **다문화 유아의 유형별 문제행동**

구분	정의	다문화 유아
위축	위축은 또래에게 거부당하거나 스스로 움츠러드는 아동에게 나타나는 사회적 부적응 행동의 일부러 한발 물러서고, 움츠러들고, 도망하는 행동을 말하며, 또래와의 상호작용이 적거나 또래와의 관계 수용이 적은 상태를 의미한다.	다문화 유아는 또래 유아들과 다른 외모와 피부색의 차이로 유아 스스로를 위축되거나, 외국인 어머니나 아버지의 서투른 한국어로 인하여 언어발달이 지연되면서 또래에게 따돌림을 당하는 등 부정적인 경험을 통해 위축이 증가된다.
불안 및 우울	불안 · 우울이란 긴장, 날카롭게 곤두선 기분, 스스로의 감정이나 행동에 대해서 지나치게 의식하거나 전반적으로 슬퍼 보이면서, 부정적인 감정과 연관된 문제	다문화 유아는 불안하거나 우울감을 느끼는 것보다 위축되어 있는 정도가 더 높다. 위축 행동이 나타나는 유아는 일상생활에서 실패, 욕구좌절이 쌓여서 불행감

구분	정의	다문화 유아
	를 의미한다.	을 느끼며 자신에 대한 개념을 부정적으로 발전시키면서 심리적 갈등을 극대화시킨 후 정서적, 사회적으로 문제를 일으킬 가능성이 크다.
문제행동	문제행동은 다루기 힘든 행동, 역기능적인 행동, 행동문제, 부적절한 행동, 잘못된 행동 등의 용어와 함께 사용되고 있다. 문제행동에 대한 개념은 각 분야에 따라 표현하는 용어가 다르며, 정신의학이나 심리학에서는 부적응 행동, 이상행동으로 표현하고, 사회병리학에서는 반사회적 행동과 비행으로, 교육학에서는 문제행동, 선도행동, 비행으로 표현된다. 넓은 의미에서의 문제행동이란 사회적 규범에서 벗어난 행동이나 타인이 아닌 자신을 괴롭히는 행동을 의미한다.	문제행동의 하위요인으로 인한 문제나 갈등, 비판이 잠재적으로 해결되지 않는 상태가 지속되면서 스스로가 표현하지 못하고 지나치게 억제하는 과정에 위축, 불안 · 우울과 같은 내재적 문제행동이 나타난다. 그리고 유아기 정신건강 문제는 현재의 시간에 특이한 문제가 나타나지 않을 수 있으나 장기적으로는 유아에게 커다란 문제행동으로 발현될 가능성이 높다. 이러한 연구결과는 다문화 유아 정신건강의 하위요인인 위축과 불안 · 우울 요인이 문제행동을 유발하는 주요 변인으로서 관계가 있다는 것을 시사하며, 다문화 유아의 정신건강 상태에 관심을 가져야 할 필요성을 제기해 준다.

4) 다문화가정 청소년의 건강수준

청소년기 건강행동은 성인기의 건강을 지속할 수 있는 중요한 시기이다. 청소년기에는 그들의 신체적, 정서적 불안감으로 흡연, 음주, 약물 등 비행행동을 저지르기 쉬우며, 이런 행동들은 결국은 성인기의 건강행태습관을 형성시키게 된다.

다문화가정 청소년의 건강행태로 흡연, 음주, 약물, 아침식사 결식률 등은 일반가정 청소년에 비해 높은 것으로 나타났고(김효주, 2015), 건강위험행태에 대한 가능성과 위험도 또한 일반가정 청소년보다 높은 것으로 보고되었다(지현미, 2016). 따라서 다문화가정 청소년들의 올바르지 못한 건강행태들은 개선 및 해결해야 할 부분이고 일반가정 청소년들에 비해 사회경제적(socioeconomic) 지원이 필요한 대상으로 인식해야 한다(정장헌, 2024). 다시 말해, 청소년기의 음주, 흡연, 약물의 건강하지 않은 행동들은 해결해야 할 과제이며, 특히 사회경제적으로 소외계층인 다문화가정 청소년들의 불건강행태는 일반 청소년들에 비해 높게 나와 이들 계층의 구체적이고 차별화된 정책지원이 필요하다고 할 수 있다.

또한 청소년기의 비만은 성인기와 마찬가지로 고혈압, 고지혈증, 저콜로스테롤혈증 그리고 호흡기질활, 당뇨 등 다양한 합병증을 유발할 수 있으며, 특히 청소년기의 비만은 현재 빠른 속도로 증가하고 있으며, 전 세계적으로 아동의 10%가 비만으로 추정되고 있다. 따라서 청소년의 건강행태를 알아보는 지표 중 비만도를 측정하는 일은 매우 중요한 일이다.

BMI 지수는 성인의 신장과 몸무게를 이용하여 지방의 양을 추정하는 공식으로 체지방률 및 건강 위험도를 반영하는 지표로 사용된다. 몸무게를 키의 제곱으로 나누어 계산한다. 그 수치가 20 미만일 때를 저체중, 20~24일 때를 정상체중, 25~30일 때를 경도비만, 30 이상인 경우에는 비만으로 본다. 이러한 기준은 16세 이상의 모든 남성과 여성에게 적용된다. 이 지수를 통하여 어떠한 질병에 걸릴 확률이 높은지 예측할 수도 있다. 그러나 두 사람이 같은 체질량 지수를 가져도 체지방률은 다를 수 있다. 체질량 지수는 몸무게와 키만으로 산출하기 때문이다. 이처럼 체질량 지수는 한 사람의 건강 상태를 나타내는 하나의 지표에 불과하므로 허리둘레, 운동 여부, 생활환경 등을 종합적으로 고려하여 위험 인자를 파악하는 것이 중요하다. 최근에는 전문가들 사이에서도 BMI 관련 논란들이 많다. 즉, 비만을 결정짓는 요소가 키와 몸무게뿐 아니라 다른 요소들도 무수히 많은데 그 많은 것들을 무시하기 때문이다. 거울로 보기에 본인이 말랐다고 해서 너무 안심하면 안된다. 마른 사람들 중에서도 비만을 가지는 경우가 많기 때문이다. 이를 마른 비만이라고 부르는데, 마른 비만이란 체질량 지수는 낮거나 정상인 데 비해 체지방율이 높은 경우에 해당한다. 보통 체지방율이 남성의 경우는 25% 이상일 때 여성의 경우는 30% 이상일 때 마른 비만으로 분류하고 있다. 또한 허리둘레에 대한 비만의 기준은 남성은 90cm 이상 여성은 85cm 이상일 때 복부비만으로 분류한다.

김효주(2015)의 연구에 따르면, 일반가정 청소년의 비만도는 9.6%, 다문화가정 청소년의 비만도는 8.4%로 일반가정 청소년이 높게 나타났다. 이는 다문화가정 청소년의 식습관은 불규칙적이고 영양섭취를 골고루 하지 못할 확률이 높다는 것을 의미한다. 다문화가정 청소년의 사회경제적 위치는 비교적 낮으며 이로 인해 부모의 과중한 근무시간은 청소년들의 규칙적이고 영양적인 식단에 영향을 미치게 된다. 또한 다른 나라의 문화에 익숙한 아버지 혹은 어머니는 한국적인 음식과 다른 음식을 제공할 확률이 있으며, 가정식단과 사회의 식단의 차이로 인해 저체중을 불러일으킬 수 있다.

다문화가정 청소년과 일반가정 청소년의 건강행태를 살펴볼 수 있는 또 다른 항목은 정신건강이다. 다문화가정 자녀들은 부모의 낮은 사회적, 경제적 지위와 낮은 수준의 언어 구사력, 그들이 살았던 문화, 생활양식의 차이 등과 학습부진 및 자아존중감의 불안전한 상태 등으로 우울, 불안감 등의 정신건강 측면에서 문제를 야기한다. 한국 청소년들의 정신건강은 매우 심각한 상황이며, 극심한 스트레스와 우울, 불안감 등은 청소년들을 좋지 않은 결과로 내몰아 간다. 다문화가정 청소년의 14.3%가 우울이나 무력감을 느끼고 27%가 인터넷과 게임 등 컴퓨터 사용을 지나치게 하는 것으로 나타났다. 이처럼 청소년의 정신건강 상태는 매우 심각하다. 이런 정신건강으로 사회적으로 소외받는 계층일수록 더욱 현저하게 나타난다. 외국인 결혼이주자가 늘어나고 다문화가정의 자녀가 증가하는 가운데 그들이 받는 사회적 소외감과 정신적 스트레스는 심각하다.

청소년기는 신체와 정서적인 다양한 변화로 인해 정서적 · 심리적 불안함을 느끼며 이러한 건강하지 못한 시기는 청소년들의 비행으로 이끈다. 특히 다문화가정 청소년들이 받는 사회적 차별은 그들이 단지 외모가 다르다는 이유만으로 사회부적응을 경험하고 친구들에게 따돌림을 당하거나 폭력의 대상이 되기도 한다. 또한 부모의 서툰 언어실력이 자녀의 언어발달 지체로 이어지고 이로 인해 학교성적이 부진한 다양한 문제들을 야기시키고 있다.

최근 우리나라 청소년에서 나타날 수 있는 문제 중의 하나는 청소년의 자살이라고 할 수 있다. 청소년 사망원인 1위는 고해적 자해인 자살([그림 8-1])로 나타났으며, 청소년의 자살에 대한 충동여부와 이유(〈표 8-9〉)에서는 청소년의 33.8%가 자살을 생각해 본 경험이 있었으며, 자살에 대한 이유에서는 학업문제가 37.2%로 가장 높았으며, 미래불안 21.9%, 가족갈등 17.9% 순으로 나타났다.

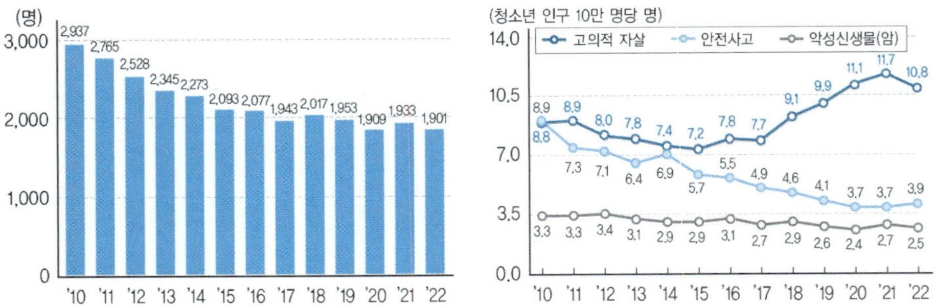

〈청소년(9~24세) 사망자 수〉 〈청소년(9~24세) 사망원인〉

그림 8-1. 청소년 사망자 수와 원인

출처: 통계청(2023). 아동청소년인권실태조사.

표 8-9. 청소년의 자살에 대한 충동여부와 이유

구분	항목	여부			이유					
		생각해 본 적이 없다	가끔 생각한다	자주 생각한다	학업문제(학업 부담, 성적 등)	가족 간의 갈등	선후배나 또래와의 갈등	경제적인 어려움	미래(진로)에 대한 불안	기타
전체	소계	66.2	28.6	5.2	37.2	17.9	7.2	1.4	21.9	14.4
성별	남자	76.3	21.0	2.8	38.4	19.8	4.7	2.1	21.7	13.3
	여자	55.3	36.8	7.9	36.5	16.7	8.6	1.1	22.0	15.1
학교급	중학교	68.1	26.9	5.1	34.0	24.8	11.1	1.4	14.9	13.8
	고등학교	64.7	30.0	5.3	39.7	12.7	4.2	1.4	27.2	14.9
가족 유형	양부모가정	67.0	28.0	5.0	38.9	16.9	7.4	0.9	22.2	13.7
	한부모가정	58.2	36.0	5.8	22.1	25.9	3.8	7.0	20.8	20.4
	조손가정	64.7	13.7	21.6	32.7	36.9	15.2	0.0	15.1	0.0
	기타	55.1	39.0	5.9	25.6	18.1	8.0	4.1	15.9	28.4
학업 성적	상	71.6	24.7	3.7	37.3	17.7	8.6	0.8	22.9	12.8
	중	68.0	27.7	4.3	41.2	15.9	7.2	1.4	19.4	14.8
	하	59.1	33.0	7.9	32.5	20.2	6.3	1.9	24.1	15.0
경제적 수준	상	71.3	25.0	3.6	42.0	16.5	7.9	0.2	20.6	12.9
	중	65.4	28.6	6.0	35.4	17.9	7.6	1.0	23.7	14.4
	하	48.5	42.4	9.1	29.9	21.1	4.9	5.2	21.0	17.9

그리고 이재영과 김경미(2017)의 다문화가정의 성별에 따른 자살생각에 미치는 영향요인에 대한 연구에서 다문화가정 남자 청소년의 자살생각 예측요인[2]은 행복감, 폭력경험, 우울감이었고, 다문화가정 여자 청소년의 자살생각의 예측요인[3]은 경제상태, 행복감, 수면충족률, 우울감으로 나타났다.

2) 행복감이 보통인 경우보다 행복한 경우에 자살생각이 0.3배 낮았으며, 폭력경험이 없는 경우보다 있는 경우에 자살생각이 3.0배 증가하였고, 그리고 우울감이 없는 경우보다 있는 경우에 자살생각이 13.1배 증가하였다.

3) 경제상태가 보통인 경우보다 낮은 경우에 자살생각이 2.4배 증가하였으며, 주관적 행복감이 보통인 경우보다 불행한 경우에 자살생각이 4.0배 증가하였다. 그리고 수면충족률이 충분한 경우보다 불충분한 경우에 자살생각이 3.8배 증가하였으며, 우울감이 없는 경우보다 있는 경우에 자살생각이 8.2배 증가하였다.

또한 한국청소년상담원이 다문화가정 청소년 70명을 대상으로 인터뷰한 결과, 다문화가정 청소년들은 65.2%가 현재 생활에 대해 만족한다고 보고하였으며(〈표 8-10〉), 일반적 문제로는 학업문제가 11.6%로 가장 높았으며, 심리 · 정신적 문제로는 컴퓨터의 과다사용이 81.4%, 우울이나 무기력에 대한 경험이 45.7%, 자살충동 경험이 17.1%, 술이나 담배 경험이 12.9%로 나타났다.

표 8-10. 다문화가정 청소년의 일반적인 문제와 심리 · 정신적 문제

일반적인 문제	심리 · 정신적 문제
학업문제(11.6%) 경제적 어려움(5.8%) 외모문제(2.9%) 사회적 냉대와 차별(1.4%)	컴퓨터의 과다사용(81.4%) 우울이나 무기력에 대한 경험(45.7%) 자살충동 경험(17.1%) 술이나 담배 경험(12.9%)

다문화가정 청소년들이 경험하고 있는 문제에 대한 구체적인 내용은 〈표 8-11〉, 정책적 대안에 대한 내용은 〈표 8-12〉와 같다(박혜숙 외, 2021).

표 8-11. 청소년들이 경험하고 있는 문제에 대한 내용

구분	내용
자아정체감의 혼란을 경험하고 있다.	다문화가정 청소년들은 성장과정에서 외국인인 부모와의 관계에서 정체성의 혼란을 경험하며, 집단 따돌림 등으로 정서적 충격을 받은 경험이 있는 것으로 보고되고 있다. 특히 결혼이민자 부모의 문화적 정체성과 한국사회의 문화적 정체성이 서로 다를 때, 국제결혼 가정 자녀들은 정체성의 혼란을 동시에 경험한다.
언어능력의 부진으로 학습부진의 정도가 심각하다.	초등학생들의 경우, 언어능력의 부족으로 심각한 학습부진을 경험하고 있으며, 외국인 어머니의 한국어능력 부족 또는 경제적 여력의 부족으로 유치원 또는 사교육을 받지 못하는 경우가 많고, 한국가정의 또래들보다 학습에서 뒤처지게 된다. 다문화가정 자녀들의 상당수가 일상적인 언어소통에는 큰 문제가 없다고 할지라도 독해와 어휘력, 쓰기와 작문 능력이 현저히 떨어지는 것으로 나타났다.

구분	내용
한국사회의 편견이나 집단 따돌림 등으로 건강하지 못한 정서적 충격을 경험하고 있다.	우리나라 학생들의 경우 '잘난 척해서(29.4%)' 등이 주요한 요인으로 제시되고 있지만, 국제결혼 가정 자녀의 경우 그들의 성격상의 특성과는 무관하게 단지 부모가 외국인이라는, 예를 들어 '국제결혼 가정의 자녀라는 이유 때문에(34.1%)'에 집단 따돌림을 당하는 것으로 나타났다. 이와 같이 다문화가정에 대한 편견이나 차별, 그리고 집단 따돌림은 다문화가정 자녀들에게 정서적인 충격이 되고 있다.
결손 가정적 요소나 경제적 어려움이 있다.	실제로 다문화가정 학생 문제는 다문화 측면보다는 결손가정적 요소나 경제적 어려움으로 인해 나타나는 문제가 더 많다. 예를 들어, 소외, 놀림, 차별 등 친구나 교사와의 관계에서 오는 어려움보다는 학교공부나 숙제 및 준비물 챙기기 등 개인적이고 실질적인 문제에 더 많이 직면하여 일반학생들보다 학교공부에 따라가기 힘든 상태라고 보고되고 있다.
불법체류자의 아이들이 방치되고 있다.	교육인적자원부의 내부 조사 자료를 참고해 보면, 대략 8,000명의 불법체류자들이 학교 밖에서 방치되고 있다고 추정된다.

표 8-12. 다문화가정 청소년에 대한 정책적 대안

구분	내용	정책적 대안
다문화가정 청소년에 대한 정책적 개입	더 다양하고 구체적인 실태 파악이 필요하다.	현재 전국적인 현황조사가 부족한 실정이며, 국제결혼 가정 자녀, 북한이탈주민 가정 청소년 집단에 대한 정보 또한 부족한 실정이다.
	3세대 다문화가정 청소년의 문제에 대한 연구가 필요하다.	다문화가정 청소년들이 국가 소속감과 관련하여 정체감 혼란을 가질 수 있는데, 이중적인 자기규정이 혼란을 야기할지 또는 다문화를 수용하는 긍정적인 정체감으로 해석될지에 대해서는 보다 연구가 필요하다. 또한 이들이 소극적인 대처를 하는 경향이 있는 것으로 보이므로, 다양한 개인적인 문제 경험에 대해 보다 적극적인 해결을 위한 상담 및 위기지원 시스템의 개입이 필요하다.
일반 청소년의 다문화가정 청소년에 대한 긍정적인 태도 형성	다문화가정 청소년에 대한 정보 교육 및 직접 경험의 확대가 필요하다.	다문화가정 청소년에 대한 수용과 개방성, 고정관념과 관련 등은 접촉 경험과 시간이 길수록 보다 친밀감을 형성하는 것으로 나타나 이러한 직·간접적 정보 제공 및 경험을 할 수 있는 대중매체 및 학교 내 프로그램이 요구된다.
	부모교육을 통한 태도 개선 프로그램이 필요하다.	부모의 학력은 다문화가정 청소년에 대한 개방성에 영향을 주는 것으로 나타나, 부모의 인식에 대한 교육을 통해 국제화 시대의 다양한 문화의 공존성을 이해하고 대처할 수 있는 개입적 조치가 필요하다.

Chapter 09

다문화사회의 건강문제

배울 내용

1. 결혼이주자여성
2. 외국인근로자
3. 북한이탈주민

학습목표

1. 결혼이주자여성의 건강문제를 설명할 수 있다.
2. 외국인근로자의 건강문제를 설명할 수 있다.
3. 북한이탈주민의 건강문제를 설명할 수 있다.

Chapter 09

다문화사회의 건강문제

2016년 「의료 해외진출 및 외국인환자 유치 지원에 관한 법률」 제정의 영향으로 의료서비스가 확대되면서 국내 외국인 환자가 2009년 139개국 6만 명에서 2019년 198개국 49만 명으로 약 8.2배 증가하였고, 2020년 12만 명으로 줄었다가 2022년 24만 명, 2023년 61만 명, 2024년 117만 명으로 증가하였다. 그러나 의료시설 이용이 필요한 이주노동자, 결혼이민자, 유학생, 여행객 등의 다문화 대상자는 임상 현장에서 언어 장벽, 종교적 · 문화적 차이에 따른 차별과 편견, 의료시설 접근성의 불편감 등을 호소하고 있는 것으로 보고되었다(김경원 외, 2019; 노현진, 2023). 이와 같은 사회적 현상으로 인해 임상에서의 보건의료 인력은 문화 차이를 극복하고 다문화대상자에게 전인적 간호서비스를 제공할 수 있는 문화간호역량의 함양이 무엇보다 요구되고 있는 실정이다(Majda et al., 2021; Sharifi et al., 2021; 신유나 외, 2019).

1. 결혼이주자여성

1980년대 전반까지의 국제결혼은 주로 외국인 남성과 한국인 여성 사이에서 이루어졌으나 1980년대 후반부터는 한국인 남성과 외국인 여성의 결혼 건수가 점차 증가하였다. 1990년대 초반까지는 국제결혼 건수가 전체 결혼건수에 비해 1% 수준에 불과하였다. 그러나 1992년 중국과의 수교 이후에는 한국계 중국인 여성과 한국인 남성의 결혼이 증가했으며, 1997~1999년 사이에는 증가 추세를 보이던 국제결혼 건수가 IMF 경제체제로 인한 경제 사정의 악화로 현저히 퇴조하였다. 그러나 최근 2021년 이후 다시 증가추세에 있으며, 2024년 20,431건으로 그중에 외국인 여성과 한국 남성의 혼인이 69.8%를 차지하고 있는 것으로 나타났다(통계청, 2024). 여성결혼이민자는 한국사회에서 문화적응스트레스, 언어문제, 가족원 간의 갈등, 자녀양육 등과 같이 신체적 · 정신적 · 사회적 문제를 경험하게 되며, 특히 이민 적응과정에서의 경험은 여성결혼이민자의 건강수준에 영향을 미치고, 자신의 가족 및 이전에 갖고 있던 사회적 네트워크로부터 단절됨으로써 발생하는 심리적 고립감은 정신적 · 신체적 건강에 부정적인 영향을 미치게 된다. 다만 여성결혼이민자는 대부분 젊은 연령층이거나 건강이 좋은 상태에서 이민을 하는 경우가 많아, 이민 자체가 건강의 위험인자라고는 할 수는 없다. 그러나 이민 과정을 둘러싼 정책적, 환경적 여건이 건강에 영향을 미칠 수 있음을 고려할 때, 이들이 놓인 사회 · 환경적 요인은 여성결혼이민자의 건강상태에 중요하게 작용할 수 있다.

1) 결혼이주자여성의 건강문제

여성결혼이민자들은 대부분 가임기에 해당하기 때문에 임신과 출산 그리고 양육의 과정을 경험하면서 신체적·정신적 건강의 위험에 노출되기 쉬우므로 건강관리가 필요한 대상이다. 그러나 여성결혼이민자들은 이주 초기에 언어와 문화적 장벽으로 인해 의료 접근성이 낮고, 사회·경제적으로 취약한 편이다. 여성가족부(2022)에서 시행한 다문화가족 지원 서비스 요구도 조사에 따르면, 전체 다문화가족 중 약 20%가 임신과 출산 그리고 양육에 관련된 지원 및 부모교육을 선택한 것으로 나타났다. 또한 다문화여성은 이용가능한 보건 의료서비스에 대한 지식부족으로 예방접종과 엽산, 철분 영양제 지원 서비스 외의 의료서비스 이용률은 낮은 것으로 보고되었다. 또한 여성결혼이민자들은 병원에 방문하는 것에 소극적이고 수동적이며, 병원 방문 시 의료인들의 문화 차이에 대한 이해 부족과 언어 장벽으로 인해 의사소통의 어려움을 경험하게 된다. 이로 인해 결혼이주여성은 보건의료서비스를 되려 남용하거나 잘못 이용할 수 있고, 의료정보를 이해하지 못하거나 의료인의 지시를 수행하는 데 어려움을 겪기도 한다.

결혼이주자여성의 건강문제를 2021년 전국다문화가족실태조사의 내용 중 '주관적 건강상태', '우울감 경험' 및 '의료시설 이용 장애요인'을 중심으로 살펴보면 다음과 같다.

(1) 주관적 건강상태

2021년 '전국다문화가족실태조사'에서 주관적 건강상태 영역에서의 분석 결과를 살펴보면([그림 9-1]), 결혼이민자·귀화자의 주관적 건강상태는 5점 기준에 3.89점으로 18세 이상 국민 전체(3.42점)의 주관적 건강상태와 비교해 0.47점 높은 수준이다. 성별로 구분해 보면, 여성 이민자(3.89점)의 건강상태는 여성 일반(3.33점)보다 0.56점 높고, 남성 이민자(3.93점)는 남성 일반(3.51점)보다 0.42점 높은 것으로 나타났다.

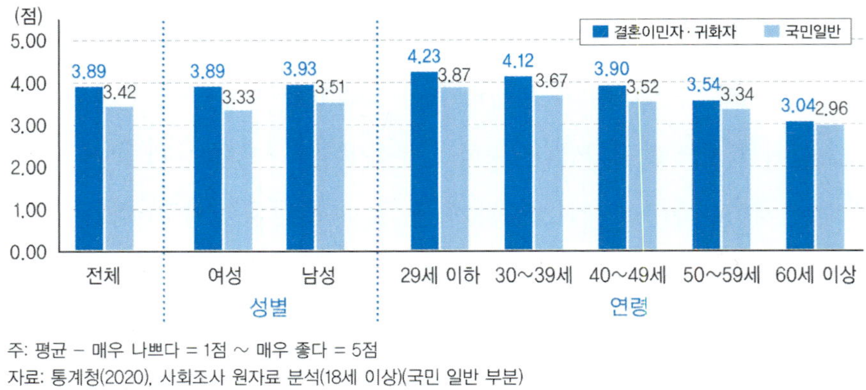

그림 9-1. 결혼이민자 · 귀화자와 18세 이상 국민의 주관적 건강상태 비교

출처: 여성가족부(2022). 2021년 전국다문화가족실태조사 연구.

그리고 건강상태에 결정적 영향을 미치는 연령대 분포를 고려해 보면([그림 9-2]), 29세 이하 연령층에서는 결혼이민자 · 귀하자가 해당 연령대 국민 일반보다 0.36점 높고, 30대에서는 집단 간 격차가 0.45점, 40대는 0.38점, 50대는 0.20점으로 30대를 기준으로 연령이 높아질수록 결혼이민자 · 귀화자와 해당 연령대 국민 일반의 건강수준 격차가 줄어드는 것으로 나타났다.

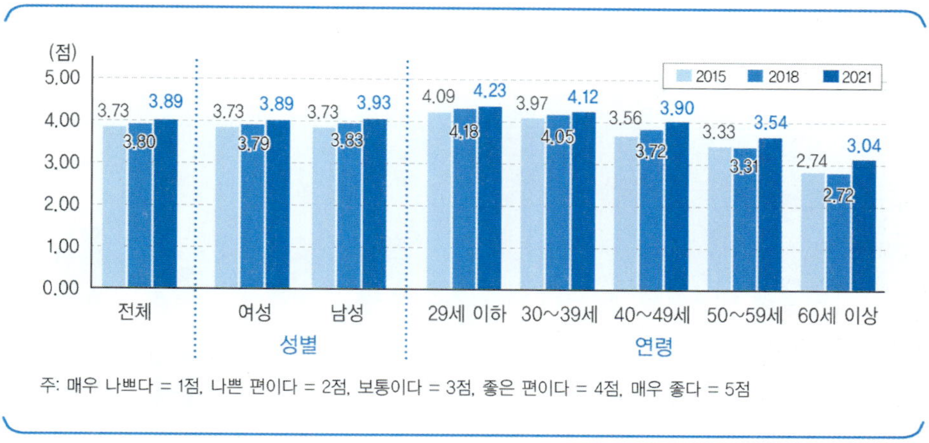

그림 9-2. 결혼이민자 · 귀화자의 주관적 건강상태(2015, 2018, 2021)

출처: 여성가족부(2022). 2021년 전국다문화가족실태조사 연구.

2015년, 2018년 조사 결과를 비교하면 결혼이민자 · 귀화자의 주관적 건강상태는 꾸준히 개선되고 있으며, 특히 50대 이상 연령층은 2015년~2018년에는 약간 감소하였으나 2021년 조사에서는 다른 연령대보다 상승폭이 큰 것으로 나타났다.

(2) 우울감 경험

2021년 '전국다문화가족실태조사'에서 우울감 경험을 분석한 결과를 살펴보면 결혼이민자 · 귀화자 가운데 지난 1년간 지속적으로 2주 이상 일상생활이 어려울 정도로 슬프거나 절망감을 느낀 적이 있었는지를 질문한 결과([그림 9-3]), 결혼이민자 · 귀화자 중 27.5%가 우울감 경험이 있다(가끔+자주+매우 자주)고 응답하였다. 우울감 경험은 2015~2018년 4.8% 감소한 데 이어 이번 조사에서도 2018년 대비 3.8% 감소해 매우 개선되고 있는 상황으로 나타났으며, 특히 2015년~2018년 우울감 경험이 다소 증가했던 50대 이상 연령층의 경우에도 이번 조사에서는 상당 수준 개선된 것으로 나타났다.

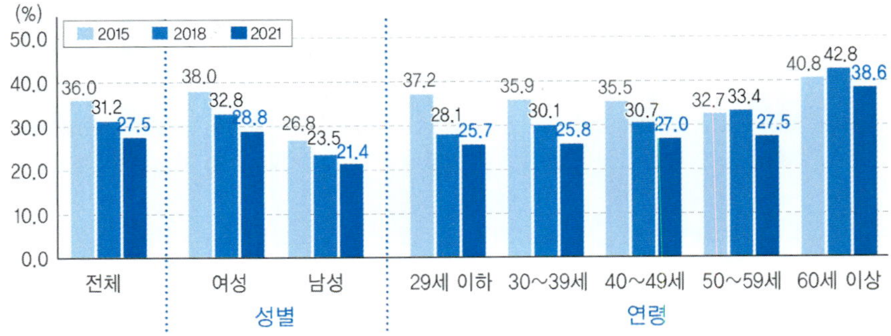

그림 9-3. 결혼이민자 · 귀화자 성별, 연령대별 우울감 경험 (가끔 있다+자주 있다+매우 자주 있다)

출처: 여성가족부(2022). 2021년 전국다문화가족실태조사 연구.

(3) 의료시설 이용 장애요인

결혼이민자 · 귀화자 중 지난 1년간 아파서 병원에 가고 싶을 때 가지 못한 적이 있었던 이들은 6.6%로 2015년(11.6%), 2018년(11.5%)보다 크게 줄어들어 의료시설에 대한 접근성은 상당 부분 개선된 것으로 나타났다. 특히, 60세 이상 연령층의 경우 2015년, 2018년 조사 결과에서는 병원에 가지 못한 경우가 가장 많았으나 이번 조사에서는 다른 연령대보다 오히려 적을 정도로 감소 폭이 큰 것으로 나타났다([그림 9-4]).

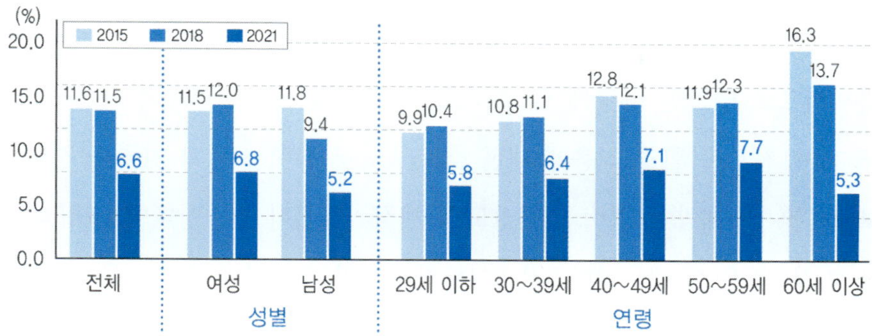

그림 9-4. 결혼이민자 · 귀화자의 병원에 가지 못한 경험(2015, 2018, 2021)

출처: 여성가족부(2022). 2021년 전국다문화가족실태조사 연구.

그리고 지난 1년간 병원에 가지 못한 경험이 있는 이들에게 가장 큰 이유를 질문한 결과, 치료비 부담 문제가 29.9%로 가장 높았으며, 직장 일이 바빠서 병원에 가지 못한 경우도 21.7%로 상당수를 차지했으며, 한국어를 잘하지 못해서 또는 가까운 데 병원이 없어서 병원을 가지 못한 경우도 각각 12.0%, 10.3%이며, 육아 · 가사부담을 이유로 지적한 비율도 9.4%로 나타났다. 이 밖에 어떤 종류의 병원을 가야 될지 몰라서, 이용 절차가 복잡해서 병원을 가지 못한 경우도 각각 7.1%, 5.0%로 나타났다.

2) 결혼이주자여성의 건강영향 요인

결혼이주자여성은 한국사회의 적응과정에서 건강상의 많은 변화를 겪게 되어 적극적인 건강관리가 중요하지만 실제 건강수준은 취약한 실정이다. 이는 건강에 대한 주요 결정요인인 사회경제적 지위, 건강행위, 의료 접근성, 스트레스, 사회적 연결망과 사회적 지지, 건강에 위험한 환경 노출 등이 불리한 여건에 놓일 가능성이 크기 때문이다(WHO, 2010). 현실적으로 많은 이주자들이 사회경제적으로 열악한 상황에 있고, 의료서비스 접근에서 언어적·문화적 장벽을 느끼며, 새로운 환경 적응에 대한 스트레스, 사회적 고립과 차별을 경험하고, 정보 접근성의 제약이 있어 언제라도 신체적·정신적 건강상태에 부정적인 영향을 미칠 수 있기 때문이다. 결혼이주자여성의 건강상태에 영향을 미치는 요인을 구체적으로 살펴보면 〈표 9-1〉과 같다(박혜숙 외, 2021).

표 9-1. 결혼이주자여성의 건강상태에 영향을 미치는 요인

구분	내용
인구사회학적 요인	연령, 학력, 출신국, 거주기간, 거주지역으로 거주기간은 대부분의 거주기간이 길수록 건강상태가 좋지 않았다.
사회경제적 요인	월평균 가구소득, 경제활동, 의료보호 정부지원을 의미하는 것으로 건강상태와 관련이 있으며, 특히 경제활동에 참여하는 여성결혼이민자의 경우가 건강상태가 좋았다. 그리고 국민기초생활 정부지원(국민기초생활보장법, 2012)은 생활이 어려운 자에게 필요한 급여를 행하여 이들의 최저생활을 보장하고 자활을 조성하는 것으로 사회경제적 지위에 따라 건강차이를 보일 수 있다.
사회지지적 요인	부부갈등, 배우자 관계만족도, 배우자 부모 관계만족도, 자신이나 집안 어려움에 대한 논의자, 모국인 친구 모임, 지역주민 모임 등이다. 특히 배우자와 배우자 부모 관계만족도가 높을수록, 자신이나 집안의 어려움 논의자와 모국인 친구 모임이 있을수록 건강상태가 좋았다.
이민 관련 요인	생활만족도가 높을수록, 사회차별 경험이 없을수록 건강상태는 좋았다.

3) 결혼이주자여성의 건강증진 전략

지역사회 다문화가족 문제를 전방위적으로 해결할 수 있는 다문화가족지원센터는 2025년 현재 전국 220개소로 시·도 및 시·군·구 중심으로 설치·운

영되고 있고, 서비스 대상은 점차 확대되고 있다. 결혼이주자여성은 외국인근로자와 달리 지역사회로 흡수되어 일반시민이 될 수 있어 다양한 사회복지서비스를 쉽게 이용할 수 있다. 특히 다문화가족서비스 중 건강관리 프로그램은 결혼이주여성의 건강증진에 중요한 수단이 되고 있다. 건강을 위해서 올바른 생활양식의 변화와 건강을 위한 개인, 지역사회 및 국가의 책임이 필요하며 질병의 조기발견 및 예방을 통해 궁극적으로 삶의 질을 향상시킬 수 있다.

건강증진이란 일반적으로 '건강을 더 나은 상태로 향상시키는 것'으로 인간은 건강잠재력을 가지고 있으며, 이러한 건강잠재력을 충분히 발휘하기 위해서는 질병의 예방과 치료를 위한 적절한 의료서비스의 이용만으로는 부족하며, 개인 자신의 건강에 대한 올바른 행동과 건강에 좋은 환경 여건의 조성이 절대적으로 요구된다.

건강증진은 보건교육적 수단, 건강보호적 수단, 예방의학적 수단 등을 통하여 건강잠재력을 기르고, 불건강의 위험요인을 감소함으로써 건강을 유지 · 증진하려는 적극적인 개념이다. 건강보호는 사람들이 환경의 위해요인에 대한 접촉기회와 건강에 해로운 행동을 줄이도록 할 뿐만 아니라, 건강한 환경 속에서 살 기회를 확대하고 적극적인 건강증진을 위한 생활양식을 갖도록 유도하는 생활환경을 조성하기 위한 것이다. 질병예방은 질병과정을 제거, 완화, 변화시키고자 필요한 신체적, 환경적 방어기전을 조정하는 활동에 질병과 질병의 심각성을 감소시키는 데 초점을 둔 예방활동으로 건강검진, 상담 · 지도 및 예방접종 등의 서비스 활동이 여기에 속한다. 질병예방이나 건강보호가 질병과정을 방지하기 위한 목적으로 소극적으로 어떠한 행동을 하는 것이라면, 건강증진은 사람과 환경의 상호작용에서 삶의 질을 강화하기 위한 적극적인 행동자세라고 할 수 있다.

결혼이주자여성의 건강증진 프로그램은 배우자와의 관계 개선과 함께 보건교육의 효과를 동시에 누릴 수 있어 건강을 위한 효과적인 방안이 될 수 있다. 여성결혼이민자의 건강증진 프로그램은 부부 및 가족관계 향상 프로그램(부모역할교육, 부부갈등해결 프로그램), 국내 생활적응 프로그램(사회, 직업, 문화, 정신건강 등), 신체 건강향상 프로그램(생활습관병, 스트레스, 급성질환, 신체활동 등), 임신과 영유아 건강 프로그램(산전 · 산후 건강관리, 모유수유, 영유아 예방접종, 감염예방, 영유아 건강진단 등) 등이 있다. 이러한 건강증진 프로그램은 결혼이주자여성들이 모국을 떠나 국내 적응에 있어서 정신적 불안감 해소 및 신체의 건강유지로 삶의 질 향상에 영향을 미칠 수 있다. 뿐만 아니라 결혼이주자여성의 적극적인 건강관리는 만성질환의 이환율 감소 및 건강수준 향상으로 국가의 부담비용을 줄일 수 있다.

2. 외국인근로자

이주노동자는 사회적으로 소외되기 쉽고 언어와 문화적 차이를 경험하며 고용불안정 및 저임금, 산업현장에서의 과도한 노동, 신분 등에 따른 여러 가지 문제를 겪는다. 이들은 강도 높은 육체적 노동을 바탕으로 근골격계 질환을 포함하여 고혈압, 당뇨, 알레르기, 감염성 질환 등의 다양한 질환을 겪고 있는 것으로 확인되었다. 이뿐만 아니라 이주노동자는 사회적으로 편견과 차별, 문화차이에 따른 스트레스로 인해 우울증을 호소하는 경우가 많은 것으로 보고되며, 이주노동자는 임시 신분인 경우가 많으므로 건강보험, 진료비 지원 등의 어려움을 겪는다. 또한 이주노동자들은 의료시설 이용의 불편감으로 의사소통의 문제, 서비스 이용절차의 복잡함, 치료비의 부담 그리고 어느 병원을 가야 할지 모른다고 응답한 것을 확인할 수 있다(김주영, 2021; 주유선, 2021).

1992년만 해도 한국체류 외국 인력은 74,000명이었으나, 2003년부터 한국 체류외국인 수는 꾸준히 증가하여, 2007년에는 100만 명을 넘어 10년 뒤인 2017년 200만 명, 2019년 2,524,656명에서 2024년 현재 한국 체류 외국인은 2,650,783명으로 나타났다.

2022년 말 기준 국내 체류외국인 중 불법체류외국인은 41만 1,270명으로, 전체 체류외국인의 18.3%를 차지하고 있는 것으로 나타났으며, 특히 체류기간을 초과한 기간은 2년 이내가 가장 많고 그 다음이 3~5년으로 나타났다. 이들에게 현실적인 가장 큰 문제는 의료혜택의 문제로 건강보험과 산재보험을 적용받지 못하고 자칫 잡히면 바로 추방될 수 있어서 자유롭게 의료기관 혹은 무료진료소 등의 이용을 꺼려 하거나 이용하는 데 어려움이 있다는 것이다.

1) 외국인근로자의 건강문제

한국정부는 1981년에 「산업안전보건법」을 제정하고 근로자에 대한 건강진단을 실시하고, 사업장 보건관리 업무와 보건관계자의 지정 및 근로자를 산업재해로부터 보호하기 위한 교육과 보건상의 배치를 하도록 규정하였으나 이주노동자들은 실질적으로 정기적인 건강진단은 물론 질병을 앓아도 쉽게 의료기관을 방문하여 전문가로부터 진단을 받거나 치료를 받지 못하고 있는 것이 현실이다. 이주노동자가 한국 입국 전에 본국에서 신체적인 건강검진을 받은 후 건강상으로 아무 질병이나 합병증이 없는 건강한 노동인력으로 분류되어 들어온다. 그러나 한국 입국 후부터 사후 건강관리가 제대로 되지 않거나 적절한 건강관리가 미흡하고, 건강보험의 혜택이 있어도 건강보험에 대해 무지하거나 값비싼 진료비 때문에 의료기관을 이용을 꺼려 하거나, 제때 치료를 받지 않거나, 건강보험의 혜택이 없는 외국인근로자들의 경우 건강문제를 간과하거나, 의료비용이나 안정상의 문제로 치료를 받지 못해 질병을 키우거나 악화시키기도 한다(박혜숙 외, 2021).

선행연구에서 외국인근로자의 건강상태를 살펴보면, 국내에 입국한 후 심하게 아파 본 경험이 있는 외국인근로자는 55% 정도이며, 외국인근로자들의 질환 종류를 살펴보면 소화기계가 26.5%, 근골격계(관절염, 디스크 등) 26.2%, 순환기계가 23.3%, 호흡기계와 치과계통이 14.3%를 차지하였으며, 만성질환(당뇨, 심장질환 등)이 9.6%를 차지하였고 전염병(결핵, 말라리아, 콜레라 등)이 1.7%였으며, 기타가 23.9%를 차지하고 있다고 보고하였다(원영희, 최선희, 2008). 또한 외국인 결핵 신환자수는 2011년 이후 꾸준히 증가하였으나, 외국인 결핵관리정책이 도입된 2016년에 2,123명으로 최고치를 보인 후 2023년 1,107명으로 2022년 1,072명 대비 3.3% 증가하였고, 외국인 결핵 전체 환자 비율도 5.7%로 2022년(5.3%)보다 소폭 상승한 것으로 나타났다. 2016년에 가장 많은 외국인 결핵환자 수가 집계된 것은 결핵 고위험국가 외국인을 대상으로 국내에서 비자 변경 또는 연장 시 결핵검진을 의무 실시함으로써 검진 활성화로 인해 외국인 결핵환자가 많이 발견된 결과로 볼 수 있다. 이는 외국인뿐만 아니라 한국인도 쉽게 노출될 수 있어서 외국인의 결핵 건강관리는 곧 한국인의 건강 혹은 건강 안정과도 연관이 있어 매우 중요하다.

따라서 질병관리청은 2023년 3월 “2027년까지 결핵 발생률 인구 10만 명당 20명 이하”라는 목표하에 「제3차 결핵관리종합계획(2023~2027)」을 수립하였다.

2024년부터 인구 고령화와 외국인 유입이 가속화되고 있는 국내 여건에 적극 대응하기 위해, 결핵 발병 고위험군 대상 찾아가는 결핵검진사업을 지속 추진하고 있으며, 65세 이상 잠복결핵감염 예방 및 치료 여건을 개선하고, 결핵환자 치료 및 관리를 강화하는 등 종합계획의 추진 과제들을 철저히 이행해 나가고 있다.

2) 외국인근로자의 건강영향 요인

외국인근로자는 건강에 대해 관심이 높지만 실제로 건강증진 행위를 하기는 어려운 상황에 있으며 일상생활과 직장생활에서 스트레스를 받고 있다. 산업안전보건연구원의 2차 자료를 이용한 외국인근로자의 건강수준을 결정하는 요인에 대한 연구결과는 다음과 같다(박혜숙 외, 2021; 이복임, 2014).

표 9-2. **외국인근로자의 건강수준 결정요인**

- 외국인근로자의 경우 내국인 근로자에 비하여 교육수준이 낮고, 평균 임금이 적었으며, 현 직장에서의 근무경력 또한 짧았다. 외국인근로자의 교육수준이 상대적으로 낮은 것은 우리나라의 외국인 모집 정책을 주로 단순인력 부족에 시달리는 중소기업 위주로 시행하기 때문으로 볼 수 있다.
- 외국인근로자는 내국인 근로자에 비하여 주 평균 근무일수가 짧았지만, 유해 작업환경 노출은 더 많은 것으로 나타났다. 열악한 작업환경에 노출되는 것은, 외국인근로자를 고용하는 대부분의 사업이 국내 근로자가 기피하는 3D 업종 작업장이기 때문이다.
- 외국인근로자의 건강수준과 내국인근로자의 건강수준은 통계적으로 유의한 차이가 없었다. 외국인근로자가 가장 빈번하게 호소하는 건강문제는 상지근육통이었다.
- 외국인근로자와 내국인근로자 사이의 건강수준 결정인자는 큰 차이를 보였다. 즉, 외국인근로자의 경우 유해환경 노출, 동료 지지, 상사 지지가 건강수준을 결정하는 유의한 인자였으나, 내국인 근로자의 경우 월 평균 임금과 비만여부가 유의한 건강수준 결정인자로 나타났다.

외국인근로자는 건강문제 발생에도 불구하고 언어소통의 어려움, 진료비 부담, 병원 갈 시간 부족 등의 이유로 의료서비스를 적기에 받지 못하는 경우가 많으며, 특히 이들은 소득과 교육수준이 낮은 경우가 많고 자신이 살던 나라에서의 의료이용 행동양식과 차이가 있기 때문에 의료서비스 이용에 있어서 어려움을 보인다.

3) 외국인근로자의 건강증진 전략

외국인근로자의 건강과 삶의 질은 개인의 차원을 넘어서 사회 · 국가적 차원에서 관리가 필요하다. 특히 외국인근로자 중 상당수가 불법체류자의 신분으로 치료시기를 놓쳐 사망에 이르게 되는 경우까지 있어 외국인근로자의 의료서비스에서 대한 우리사회의 적절한 대책이 강구되어야 한다. 의료서비스 이용은 외국인근로자의 건강을 지킬 수 있는 기본적인 요소로서, 이들이 적절한 의료서비스를 이용하여 스스로 건강을 관리할 수 있도록 도와주는 것과 함께 실현 가능한 개선 방안을 개발하는 것이 필요하다. 외국인근로자의 건강증진과 관련하여 '건강검진'과 '산업안전교육'에 대해 살펴보면 다음과 한다(김현식 외, 2015; 박혜숙 외, 2021).

(1) 낮은 건강검진 수검율

건강검진을 받는 외국인근로자의 수가 많지 않은 원인은 건강검진시스템과 관련이 있다. 먼저, 건강보험의 미가입이 가장 큰 요인이다. 건강검진이 건강보험을 소지한 사람을 대상으로 이루어지기 때문에, 외국인근로자의 대다수가 건강보험에 가입하지 않은 상황에서 건강검진 수검율은 낮을 수밖에 없다. 사실상 건강검진이 건강보험과 연계되어 있기 때문에 건강보험에 가입하지 않는 경우 국가가 별도로 무료 건강검진을 시행하지 않는 이상 이들의 건강검진을 통한 질병관리 및 예방은 매우 어렵다.

둘째, 한국과 다른 의료환경에서 살아왔던 외국인근로자에게 한국의 건강검진 시스템 자체가 매우 낯설고, 또한 그렇기 때문에 2차 건강검진의 필요성에 대해 잘 이해하지 못했을 수 있다. 따라서 외국인근로자의 2차 건강검진 수검율을 높이기 위해선 한국의 건강검진시스템에 대해 쉽게 접근하고 이해할 수 있도록 다양한 전달 방법이 모색되어야 한다.

셋째, 건강검진이 질병의 관리 및 예방 차원에서 이루어지는 제도임에도 불구하고, 적어도 외국인근로자에게는 건강검진이 이들의 입국 금지나 출국 조치를 위한 차원에서 악용되는 사례가 발생함으로써, 외국인근로자 스스로 건강검진을 회피할 수도 있다. 예를 들어, 고용허가제로 들어오는 외국인근로자들은 입국 후 취업교육 기간 내 건강검진을 받고 있지만, 이때 이루어지는 건강검진은 외국인근로자의 건강관리와 보호를 위해서가 아닌 감염병을 가진 외국인근로자의 국내 활동 방지를 위해 이루어지고 있는 것이 현실이다.

넷째, 외국인근로자의 건강검진이 제대로 이루어지지 않음에 따라 최근 무료 건강검진을 실시하는 사업이 점차 증가하고 있다. 질병의 관리 및 예방이라는 차원에서 정부가 나서서 국민은 물론이고 외국인에게 무료진료 및 무료검진의 기회를 확대하는 것은 바람직하나, 의료의 문제가 궁극적으로 국민의 세금에서 각출된다는 점을 볼 때 외국인근로자에게 무료의료의 기회를 넓히는 것은 자칫 외국인근로자 본인 스스로도 한국의 의료시스템에 들어갈 필요성을 덜 느끼게 하며, 나아가 국민적 저항을 불러일으킬 소지도 있다. 따라서 무상의료의 기회는 최소화하고 외국인근로자가 한국의 의료시스템에 들어갈 수 있도록 하는 방안을 마련하는 것이 필요하다.

(2) 낮은 산업안전보건교육 참여율

「산업안전보건법」 제31조에 의하면, 근로자가 유해, 위험작업 수행과정에서 당할 수 있는 재해를 사전에 예방하기 위하여, 사업주가 채용 시, 작업내용 변경 시 등 유형별로 근로자에게 산업안전보건교육을 실시하도록 하고 있다.

위의 「산업안전보건법」의 목적에 따라 현재 우리나라에서는 외국인근로자를 채용할 경우 산업안전보건교육을 실시하도록 하고 있다. 이에 따라 고용허가제로 입국하는 외국인근로자의 경우 입국 전 사전교육 기간 중에 그리고 입국 후 취업교육기간 중에 산업안전보건교육을 받게 된다. 또한 방문취업으로 국내에 입국하는 동포들도 취업 시 산업안전보건교육을 받게 되는데, 고용허가제로 입국하는 외국인근로자와 달리 입국 전 사전교육은 없으며 입국 후 취업교육이 전부이다. 방문취업제로 입국하는 동포는 취업을 목적으로 입국한 것이 아니라 친척방문의 목적으로 들어왔기 때문이며, 따라서 취업을 원하는 동포에 한해서만 취업교육이 실시되기 때문이다. 그리고 이때 이루어지는 취업교육은 고용허가제로 들어오는 외국인근로자와 동일하다.

외국인근로자 대상 산재예방을 위한 사업은 다양한 방식으로 진행되고 있다. 취업 전 안전보건교육 실시, 취업 이후 민간위탁 기술지원, 외국인 고용사업장 적시 기술지원, 외국인 고용사업장 클린 및 융자지원 등을 통해 외국인 고용사업장의 안전보건 수준을 높일 수 있도록 지속적인 사업을 전개하고 있다. 또한 외국인근로자의 언어소통의 어려움을 해소하기 위해 16개국 언어로 「위기탈출 다국적 회화 앱」을 제공하고 근로자의 활용도를 높이기 위해 상당한 노력을 기울이고 있다. 이러한 정부의 안전 의지와 사업주의 안전교육의 중요성에 대한 인지가 외국인근로자에게도 전달되어 산업재해에 대한 경각심이 커지고 예방이 체화될 수 있도록 연결점을 찾는 것이 무엇보다 중요하다고 볼 수 있다.

표 9-3. **외국인근로자 교육 및 고용사업주 교육 실시 현황** (단위: 명)

구분	2012	2013	2014	2015	2016	2017	2018	2019	2020	2021
외국인근로자	41,464	44,074	59,608	57,671	54,783	53,235	40,364	46,605	18,266	15,664
고용사업주	3,556	4,450	3,640	2,325	6,446	4,485	3,798	2,378	–	139

주: '20년 고용사업주 교육은 코로나 19로 미운영.

하지만 이러한 노력에도 불구하고 현장에서의 산업재해율은 오히려 증가하여, 산업안전보건교육 증가와는 반대의 현상이 나타나고 있다. 외국인근로자 범주를 E-9, H-2, 불법체류자까지 포함한다면, 이는 각각 225,516명, 113,390명, 394,414명으로, 총 733,320명을 기준으로 발생한 산재로 계산해 볼 필요도 있다. 국회 환노위 강은미 의원이 고용노동부로부터 제출받은 '중대 재해 분석 결과' 자료에 2021년 한 해 동안 발생한 중대 재해 사망자 668명 중 이주근로자는 75명으로 11.2%에 이르는 것으로 보고하고 있다. 이는 통계청이 발표한 지난해 국내 전체 임금 근로자(2천 99만 2천여 명) 가운데 외국인력(73만 3천여 명)의 비중이 3.4%인 것을 고려하면 이주근로자의 사망자 비율이 상대적으로 높은 편인 것으로 추론할 수 있다(고용노동부, 한국고용복지연금연구원, 2023).

따라서 산업안전보건교육은 근로자의 산업재해예방뿐만 아니라 일상적으로 근로자의 건강을 관리할 수 있다는 측면에서 매우 중요하다. 산업안전보건교육 이수율이 증가한 것과 반대로 산업재해율이 증가하는 것은 교육 시간이 짧거나, 교육이 형식적으로 이루어지거나 외국인근로자가 교육의 내용을 잘 이해하지 못하기 때문이다. 산업안전보건교육에서 가장 소외된 사람들은 고용허가제도 방문취업제도 아니면서 국내에서 취업하는 미등록 노동자들이라고 할 수 있는데, 이들의 대다수는 단기체류 비자를 받고 들어와서 취업을 하는 경우가 많으며, 또한 이들은 정식 취업자격을 가지고 취업을 한 것이 아니기 때문에 취업 전후에도 공식적인 취업교육을 받기 어려워 산업안전보건교육의 사각지대라 할 수 있다.

3. 북한이탈주민

북한이탈주민이란 북한에 주소, 직계가족 배우자 직장 등을 두고 있는 사람으로서 북한을 벗어난 후 외국 국적을 취득하지 아니한 사람(「북한이탈주민의 보호 및 정착지원에 관한 법률: '북한이탈주민법'」 제2조)으로 규정하고 있다. 2025년 3월 기준 총 34,352명 중 남자 9,569명, 여자 24,783명으로 약 72.1%가 여성으로 분포하고 있다(통일부, 2025). 특히 이러한 입국은 1990년대 중반 이후 큰 폭으로 증가하여 2010년 이후 연간 약 3,000명 정도 입국하였다가 최근 2020년 이후에는 1,000명 미만 수준으로 감소하였다. 한편 탈북민을 대상으로 한 통일부의 조사에 의하면 탈북민 73.6%가 남한생활에 만족함이라고 답변하였고, 이는 이전보다 6.6%가 높아진 추세인 것으로 나타났다. 또한 탈북민들의 남한생활에서의 활동현황을 분석한 결과, 경제활동 참가율이 61.4%, 고용률이 60.1%, 생계급여 수급률이 22.9% 수준으로 나타났으며, 실업률은 6.3%로 나타났다(통일부, 2025).

1) 북한이탈주민의 건강문제

북한이탈주민의 질병특성은 북한과 제3국 생활에서의 경제난을 통한 전형적인 후진국형 질병구조를 가지고 있다. 북한이탈주민의 응답자 83.1%는 남한에서 최소한 1개 이상의 질환을 가지고 있으며 평균 질병이환횟수가 2, 3종류로 북한이탈주민의 건강문제가 심각하여 건강관리가 꾸준하게 진행되어야 한다. 그러나 건강과 관련한 잘못된 지식과 민간요법에 대한 믿음, 고착화된 습관에 따른 부적절한 건강행위를 지속함으로써 건강상태를 더 악화시키는 것으로 나타났다(박혜숙 외, 2021).

북한이탈주민과 남한주민 간 질병 및 의료이용현황 비교 연구(이수정, 2020)에서 연차별 질병 보유현황은 입국 1~5년 차는 1인당 7.8~7.9개의 질병을 보유하는 것으로 나타났으며, 6년 차부터 서서히 감소하기 시작하여 11년 차 6.53개, 12년 차 5.03개로 나타났다. 이는 정부에서 제공하는 건강증진사업, 의료혜택 등을 통하여 북한이탈주민의 건강상태가 개선되고 있다고 볼 수 있다.

표 9-4. 북한이탈주민의 거주시기에 따른 질병 구분

구분	1~4년 차	5~8년 차	9~12년 차
만성 (상위)	호흡기계통(▲), 소화기계통(▼), 비뇨생식기계통(▼), 근육골격계통(▲), 손상 등에 의한 결과(▼), 달리 분류되지 않는 증상(▼), 감염병 및 기생충성(▼)		
초중기 (증가)	임신, 출산 및 산후기		
중장기 (증가)		눈 및 눈 부속기관의 질환, 정신 및 행동장애, 내분비계통, 순환기계통	

출처: 이수정(2020). 북한이탈주민과 남한주민 간 질병 및 의료이용현황 비교.

우선 북한이탈주민의 거주시기에 따라 만성, 초중기, 중장기 그룹으로 질병을 구분하면 다음과 같다(박혜숙 외, 2021; 이수정, 2020).

(1) 만성 그룹

호흡기계통, 근육골격계통은 지속적으로 증가하는 분포를 보였으며, 비뇨생식기계통과 달리 분류되지 않는 증상, 감염병 및 기생충성 질환은 남한 거주기간이 길어질수록 감소하는 추세를 보였으나, 여전히 남한 주민에 비해 높은 질병 분포를 보이는 것으로 나타났다. 구체적인 내용은 〈표 9-5〉와 같다.

표 9-5. 북한이탈주민의 다빈도 질환

- 근육골격계통은 등통증, 척추장애, 무릎관절증 등 남한 주민도 같이 높은 비율을 차지하는 것으로 나타난다. 이는 북한 및 제3국에서 중노동과 착취 등의 경험 그리고 남한에서 주로 취업하는 단순 노무나 제조업, 식당 등 분야에서 증상이 반복되어 높은 비율을 차지하는 것으로 추정할 수 있다.
- 소화기계통은 열악한 영양상태와 약물 오남용 등의 문제가 남한에 정착한 후 약간 호전되었으나 스트레스 등으로 인한 위장 장애가 발생하여 높은 것으로 추정할 수 있다.
- 비뇨생식기계통은 북한이탈주민 여성에서 생식기계통의 염증과 관련된 질환의 분포가 남한 주민에 비해 높게 나타났다. 이는 성적 학대나 제대로 된 치료를 받지 못하여 악화된 경우로 추정할 수 있다.

(2) 초중기 그룹

입국 2~5년 차에 임신, 출산 및 산후기로 질환 분포가 증가하였다가 6년 차부터 다시 감소하는 추세로 나타났다. 해당 대분류의 다빈도 질환으로는 유산의 분류인 '기타 비정상적 수태부산물'로 나타났다. 이는 북한이탈주민 여성이 안고 있는 다양한 생식기계통질환, 정신적 스트레스 등과 연관이 있을 것으로 추정할 수 있다.

(3) 중장기 그룹

눈 질환, 정신 및 행동장애, 내분비계통, 순환기계통의 질환이 점차 증가하였다. 북한이탈주민은 인구의 고령화와 더불어 남한에 거주 시기가 길어질수록 당뇨병, 심혈관질환 등 주요 성인병에 걸릴 위험성이 높은 것으로 나타났다. 한편 북한이탈주민의 건강과 관련하여 정신적 측면에 건강문제가 심각한 것으로 알려져 있다. 북한이탈주민은 전체 질환 중 정신 및 행동장애로 인한 입내원일수가 길었고, 특히 북한이탈주민의 여성의 경우 우울 에피소드(반응성 우울증의 단일 에피소드)의 질병 분포가 높게 나타났다. 이는 북한이탈주민이 겪은 특수한 상황으로부터 비롯된 것으로 추정해 볼 수 있다.

2) 북한이탈주민의 건강증진 전략

북한이탈주민은 남한에서의 생계유지와 정착이 우선이므로 건강행동에 관심을 가지지 못하게 되고, 결국 이들은 탈북과정으로 인해 주관적 건강상태 및 신체건강이 불안정한 상태에 놓이게 된다. 건강이 불안정할수록 남한사회로의 정착이 어려우며 취업과 생계유지가 힘들어 늘어가는 북한이탈주민의 지원 역시 정부가 감당하기 어려울 것이다. 이러한 관점에서 건강증진행위에 대해서는 일차보건의료를 담당하는 지역사회의 보건소가 적극적으로 북한이탈주민의 특성에 맞는 보건교육과 건강증진 프로그램(금연, 음주, 운동, 영양)을 운영할 필요가 있다.

또한 국가차원의 사회보장지원제도에는 생계가 어려운 북한이탈주민의 경우 「국민기초생활 보장법」에 따라 생계급여와 의료급여를 지원받게 되는데, 생계급여의 경우, 하나원을 퇴소한 이후 6개월까지는 생계급여의 조건부과를 면제하고 6개월 경과 후 수급권자로 편성하고 자활사업에 참여하는 것을 조건으로 생계급여를 지급하고 있다.

의료급여는 「의료급여법」에 따라 생활이 어려운 북한이탈주민과 그 가족을 대상으로 소득인정액 기준에 따라 지정되어 진찰과 치료를 비롯한 의료혜택이 주어진다. 이러한 방법으로 건강을 유지할 수 있다. 북한이탈주민에게 제공되는 북한이탈주민 의료지원과 전문상담사제도의 내용을 구체적으로 살펴보면 〈표 9-6〉, 〈표 9-7〉과 같다.

표 9-6. **북한이탈주민 의료지원(남북하나재단)**

<table>
<tr><th colspan="2">구분</th><th>내용</th></tr>
<tr><td colspan="2">목적</td><td>북한이탈주민의 안정적 정착을 위해 의료지원을 통한 건강 회복과 자립 자활을 돕고 남한 사회 정착 의지를 고취하며 신체적, 정신적 질병 및 경제적으로 생계가 어려운 북한이탈주민에게 의료 생활 안정 지원을 통해 안정적인 정착 유도</td></tr>
<tr><td rowspan="5">지원내용과 범위</td><td>일반질환</td><td>① 연 2회, 본인부담금의 100%(지원제외항목 제외)
② 연 최대 300만 원 이내 지원</td></tr>
<tr><td>만성 · 중증 · 희귀 · 난치성질환</td><td>① 신청횟수 무관, 본인부담금의 100%(지원제외항목 제외)
② 연 최대 800만 원 이내 지원</td></tr>
<tr><td>정신질환</td><td>① (진단검사) 1인 연 1회 지원
② (의료비) 신청횟수 무관, 본인부담금의 100%(지원제외항목 제외)
③ 연 최대 800만 원 이내 지원</td></tr>
<tr><td>장기이식</td><td>① (이식 대상자) 생애 1회, 본인부담금의 100%(지원제외항목 제외), 최대 1000만 원 이내 지원
② (기증자) 만성 · 중증 · 희귀 · 난치성질환 지원기준을 적용하여 최대 800만 원 이내에서 지원(단, 이식검사료 제외)</td></tr>
<tr><td>치과 틀니 및 임플란트</td><td>① (틀니) 상악 및 하악 각각 생애 1회 지원 가능
• (2악) 상악 및 하악 생애 1회, 최대 100만 원 이내 지원
• (1악) 상악 또는 하악 틀니 생애 1회, 최대 50만 원 이내 지원
② (임플란트) 생애 1회 최대 200만 원 이내 지원
• 만 65세 이상 대상자 국가 건강보험 지원금 포함 200만 원 이내 차액 지원</td></tr>
</table>

구분	내용
제외 항목	• 국가기관 및 타 기관 등에서 받은 지원금은 본인부담금에서 차감 • 교통사고, 산업재해, 상해 • 비급여 예방접종료, 이학요법료(도수치료, FIMS치료, 언어치료, 신장분사치료, 증식치료, 비침습적 무통증 신호요법, 맞춤 전정 운동 등), 고액의 로봇시술, 한방병원 일체(한방 검사료, 한방 시술 및 처치료, 한방 물리요법료, 한방 첩약 · 투약비용 등) ※ 세부내용은 「건강보험요양급여비용(건강보험심사평가원)」에 따름 • 원외 약제비, 건강검진비, 난임, 출산, 산후조리, 치과보철치료 • 미용, 성형, 피부시술, 지방흡입 등 외모개선 목적의 치료비 • 호흡기 질환(독감, 급성 인플루엔자 등) 및 장염으로 인한 수액비 * 폐렴의 경우 인정 • 해외 거주 혹은 외국 병원 치료비 • 일반질환 중 생명에 지장이 없다고 판단되는 수술 및 치료, 검사비 등(소견서 없는 고액의 수액비, 검사소견이 없는 MRI, CT검사비, 요실금, 다한증, 라식 · 라섹 · 렌즈삽입술 · 안구건조증 치료, 비염, 코골이 치료 등) • 기타 질병진료와 관계없는 비용(보호자 식대, 입원물품비, 간병인비, 기타 등) ※ 건강보험심사평가원의 산출내역표준 미포함 항목 ☞ 예산상황에 따라 고액의 비급여 진료비용 제외될 수 있음

표 9-7. 전문상담사제도 운영

구분	내용
전문상담사	북한이탈주민에 대한 심층적 이해를 바탕으로 심리, 의료 · 교육 · 복지 · 취업지원 등 전문적이고 종합적인 정착지원 서비스를 제공하기 위해 전국 하나센터에 배치
전문상담사의 기능	• 체계적인 사례관리를 통한 북한이탈주민의 애로사항 파악, 자원 연계 및 해결 지원 • 초기전입 북한이탈주민의 하나센터 교육 및 프로그램 지원 • 북한이탈주민의 심리정서적 안정과 회복을 위한 상담 • 북한이탈주민의 구직 수요조사, 취업진로지도, 취업상담 및 의료연계 등 체계적인 서비스를 통한 자립자활 지원 • 지원제도 수혜 대상자 발굴 및 신청조력 • 통일부와 재단에 북한이탈주민의 정착 실태와 특이사항 보고 • 북한이탈주민 실태조사 • 그 밖에 재단에서 북한이탈주민의 지원을 위해 필요하다고 인정하는 사업 등

Chapter **10**

다문화가족상담

배울 내용

1. 다문화가족상담의 개념
2. 다문화가족상담자의 역할과 역량
3. 다문화가족상담의 실제

학습목표

1. 다문화가족상담의 개념을 익힌다.
2. 다문화가족상담자의 역할과 역량을 숙지한다.
3. 다문화가족상담의 실제 기법을 익히고 활용할 수 있는 방법을 모색해 본다.

Chapter 10

다문화가족상담

1. 다문화가족상담의 개념

1) 다문화상담의 정의

다문화가족상담이란 상담자와의 관계에서 촉진적인 의사소통을 통해 다문화가정의 문제를 해결하고, 다문화가족으로 하여금 앞으로 발생할 수 있는 삶의 문제에 대한 조망과 해결능력을 갖게 하여 자기효능감과 자존감을 느끼도록 인도하는 일련의 학습과정으로 볼 수 있다. 즉, 다문화가족상담은 다문화가족구성원들이 건강한 삶을 영위할 수 있도록 상담자가 자신과 내담자의 문화적 특징을 이해하고, 이를 상담의 전 과정에 통합하는 것이다. 다시 말해, 다문화가족상담은 "문화, 종교, 이면, 윤리, 가치관 등의 다양한 차이가 존재하는 상담자와 내담자가 서로 조력적인 관계를 형성하여 보다 효과적인 상담이 이루어지도록 하는 심리치료 접근방법"으로 정의할 수 있다. 이러한 다문화가족상담은 다문화가족구성원의 다양한 심리·정신적 질환에 대한 치료에서 출발하여 사회 전반에 걸친 공동체 의식 향상으로 한국사회에 적응하여 사회구성원으로서의 역할을 할 수 있도록 상담 영역이 점차 확대되어 가고 있다.

2) 다문화상담의 유형

상담은 상담자와 내담자가 어떤 방식으로 만나느냐 그리고 형태가 어떤가에 따라 유형이 달라질 수 있다. 즉, 상담방식에 따라서는 대면상담, 통신상담으로 구분할 수 있으며, 상담형태에 따라서는 개인상담, 집단상담, 가족상담으로 나눌 수 있다.

(1) 상담방식에 따른 분류

① 대면상담

대면상담은 전통적으로 실시해 오는 방식으로 상담자와 내담자와 직접 대면하여 어떤 문제를 다루는 것으로 개인상담, 집단상담, 그리고 가족상담 등을 예로 들 수 있다. 또한 놀이치료, 음악치료, 미술치료 등은 각각 놀이, 음악, 미술을 매개로 하는 대면상담 방법으로 볼 수 있다.

② 통신상담

통신상담은 과학기술이 점차로 발전함에 따라 의사소통과정에 서신, 전화, 그리고 컴퓨터를 활용하게 됨으로써 발전하게 되었다. 최근 컴퓨터를 통한 '사이버상담'도 활발하게 이루어지고 있는데, 사이버상담은 컴퓨터 통신이 단순한 정보교환이나 의사소통의 수준을 넘어서서 인간의 내면세계까지 다루게 된 결과, 내담자의 문제를 해결하고 성장을 촉진하는 것을 돕는 과정까지 가능해졌다. 사이버상담은 전화상담과 마찬가지로 편리성, 경제성, 신속성, 시 · 공간의 제약 극복 등의 특징을 지닌다. 그러나 실제적인 관계를 통한 상담이 아니라는 것과 단회적인 상담으로 흐르게 되는 점, 그리고 기계라는 한계 등 다양한 문제점을 갖고 있다.

(2) 상담형태에 따른 분류

① 개인상담

개인상담이란 한 명의 상담자와 한 명의 다문화가족의 내담자가 직접 대면하면서 상담관계를 형성하고 내담자가 자기 자신과 환경에 대한 이해를 증진하도록 도움으로써, 내담자의 성장과 발전을 촉진하는 심리적인 조력의 과정을 의미한다. 이때 상담자는 내담자를 존중하고 수용하며, 상담자 자신의 감정에 솔직해야 한다. 이와 같은 상담의 촉진적인 관계 속에서 내담자는 스스로 효율적인 의사결정을 하고 여러 가지 심리적인 특성들을 긍정적인 방향으로 변화시키도록 도움을 받게 된다. 이런 절차들에 의해 결국 내담자의 성장과 발전을 촉진시키게 된다.

② 집단상담

집단상담이란 한 명 혹은 그 이상의 상담자와 여러 명의 다문화가족구성원이 일정 기간 동안 정기적인 만남을 통해 일상생활에서 부딪치는 문제에 대한 그들의 태도와 행동을 점검하고 변화시키기 위한 목적으로 현실에 대한 방향, 점검, 감정 정화, 상호 신뢰, 이해, 수용, 지지, 허용 등과 같은 치료적 기능을 포함한 의식적 상황과 행동에 초점을 둔 역동적 인간 상호관계의 과정이다. 집단상담은 개인상담에 비해 몇 가지 장점들을 가진다(〈표 10-1〉).

표 10-1. 집단상담의 특징

• 집단상담은 자신의 감정, 경험, 현재의 상황을 아무도 이해하지 못한다는 생각을 타인에게 노출시킴으로써 힘을 얻고, 자신의 관심사를 동료들과 나눔으로써 서로의 의견을 수용하고 이해하는 과정을 통해 자아강도를 높일 수 있다. • 집단상담은 개인상담에 비해 덜 강력하고 덜 위협적이다. 개인상담의 경우는 상담자의 권위에 별로 좋지 않은 감정을 느껴 내담자들이 상담자에게 불편함과 위협감을 느낀다. 그러나 집단상담의 경우는 집단원들 간의 동질성, 친근감 등을 통해 불신감과 두려움을 감소시켜 줄 수 있다. • 집단상담을 통해 점차 남의 이야기를 들으려는 태도를 가지게 되고 자신에 대한 지나친 관심, 또는 자기의식에서 해방되는 경험을 하게 된다. 집단상담에서 자기에게만 주의가 집중되기 바라고 다른 사람과 공유하지 않고 독점하려는 동료에게 관심을 보이지 않음으로써, 상황을 차지하려는 내담자의 행동을 수정할 수 있다.

③ 가족상담

가족상담은 한 명 혹은 그 이상의 상담자가 다문화가족 전체를 하나의 단위(가족체계)로 하여 가족 간의 관계에 초점을 맞추고, 조화로운 관계를 유지하기 위해서 현재의 관계를 수정해 나가는 과정이다. 가족구성원 개인이 나타내는 정신적 증상이나 문제행동은 가족을 구하기 위한 구조신호로 간주된다. 가족상담에서는 일차적으로 가족을 하나의 체계로 보고 그 체계 내의 어느 개인이 가족체계나 부부관계 또는 부모-자녀관계를 방해하는 상황을 치유하도록 한다. 그러므로 가족체계가 변화에 저항하는 상황을 다루는 데에는 가족상담이 특히 유용하다. 가족상담과 개인상담의 차이점은 〈표 10-2〉와 같다.

표 10-2. 가족상담과 개인상담의 차이점

- 병리적인 초점이 서로 다르다. 개인상담에서는 문제의 원인을 개인에게 두고 개인의 내적 심리과정에 보다 많은 관심을 기울인다. 그러나 가족상담에서는 개인을 둘러싼 가족이나 사회체계에 관심을 둔다. 왜냐하면 사회적 맥락 속에서 의미 있는 사람과의 역기능적 관계가 문제를 유발한다고 보기 때문이다.
- 상담의 대상이 서로 다르다. 개인상담에서는 일반적으로 개인이 상담의 대상이다. 따라서 상담의 단위도 개인이다. 그러나 가족상담에서는 가족체계가 상담의 대상이 되고 가족체계 내의 많은 구성원이 상담의 단위가 된다. 따라서 가족 체계 안에 존재하는 대인관계의 양상을 변화시키려고 노력한다. 가족상담은 내담자의 문제를 이해하는 데 있어서 내담자와 가족과의 관계적 형태가 어떻게 만들어졌으며 앞으로 이러한 관계가 어떤 모양으로 발전해 나갈 것인가에 대해서 과학적이고 합리적인 관점을 제공해 준다.

가족상담은 가족을 하나의 체계로 보며 그 체계 속의 상호 교류양상에 개입함으로써 개인의 증상이나 행동에 새로운 변화가 일어나도록 추구하는 치료적 접근으로, 환경적 요소 중에서도 특히 가족을 치료적 매개로 사용하는 기법이다. 개인의 문제를 내적인 문제로서만이 아니라 그를 둘러싼 전체로서의 가족이라는 맥락 속에서 이해하고, 개인과 가족 전체 사이에 존재하는 고정된 상호작용의 양상을 변화시키려고 노력하는 것으로, 시대에 따라 다양한 접근방법이 시도되어 왔다. 가족의 행동 패턴은 개인에게 영향을 미친다. 따라서 가족은 치료 계획의 일부분이 되어야 한다. 가족상담의 단위는 개인이 아니며, 단 한 사람만 상담에 참석하더라도 치료의 단위는 그 개인이 속한 관계의 망이다.

가족상담을 통한 치료 과정에서 강조되는 것은 가족의 순기능에 대한 이해이다. 가족의 병리적 측면이 아닌 긍정적 측면에 초점을 두어 바람직한 변화를 유도하고, 예외 상황은 해결점을 제시한다. 가족 모두 문제를 해결할 만한 자원과 능력이 있다고 간주하며, 상담자의 의견을 존중하고, 가족 간에 협력과 해결이 가능함을 믿도록 유도한다.

3) 다문화상담자의 태도

상담을 하는 사람은 다른 사람을 도와주려는 동기가 강한 편이다. 그렇다고 높은 동기만으로 효과적인 상담을 할 수는 없다. 또한 어떤 이는 남의 이야기를 잘 듣고, 남의 마음을 잘 이해하는 사람이 상담도 잘할 것으로 착각을 하고 있는 경우도 있다. 그리고 상담자가 되려는 이들은 대체로 인간의 행동이나 생활에 많은 관심을 가지고 있는 경우도 있다. 그러나 이런 자세만으로도 효과적인 상담이 되는 것은 아니다.

그렇다고 남을 도와주려는 동기, 남의 이야기를 잘 듣고, 잘 이해하는 것, 인간에 대해 많은 관심을 가지고 있는 것이 상담에 도움이 되지 않는다는 것은 아니다. 효과적인 상담이 되기 위해서는 이런 태도를 바탕으로 상담자로서 요구되는 태도들을 갖추어야 한다. 상담자로서 갖추어야 할 태도들에 대해 구체적으로 살펴보면 다음과 같다.

(1) 수용, 이해 그리고 진실성

상담자의 태도에 있어 중요한 것은 수용(acceptance), 이해(understanding) 및 진실성(sincerity)이다. 수용이라는 특성은 인간 개인, 특히 상담실에 앉아 있는 내담자의 가치에 대한 기본적 존중과 관련되어 있다. 내담자를 수용하는 상담자는 내담자를 냉소와 경멸을 가지고 대하지 않는다. 만약 초기 면접이 끝나갈 무렵 내담자에 관한 좋은 점을 발견하지 못했다면 그 상담은 관계를 형성하는 데 있어 성공적이지 못했다고 할 수 있다.

감정적으로 이해하는 능력(또는 공감)은 내담자가 전달하고자 하는 바의 의미를 명확하고 철저하게 파악하고자 하는 노력을 요구한다. 내담자에 대한 이해를 하고자 하는 시도는 상담자가 내담자의 입장이라고 가정하고 내담자가 느끼는 그대로의 상황을 보려고 노력하는 것이다.

진실성이라는 특성은 상담자가 말하고 있는 것과 실제로 느끼는 있는 것 사이에 존재해야만 하는 조화를 일컫는다. 당신이 누군가를 수용하거나 이해할 수 있다고 해서, 진실로 그 사람이 될 수는 없다. 상담자는 단지 자신이 진실할 수 있을 뿐이다. 이것은 상담자가 자신의 내면과 부합하는 타당하고 신뢰로운 심상을 어느 정도 전달할 수 있는가 하는 정도를 말한다(이영호, 2001).

(2) 효과적인 경청

효과적인 경청은 상담자가 숙달하고 지속적으로 실습해야 하는 가장 어려운 기술 중의 하나이다. 일반적으로 내담자들은 자신들의 문제를 그들 자신의 말로 충분히 진술할 기회를 갖지 못한다. 상담자들은 그 다음 질문을 하기에 앞서 내담자의 말을 끝까지 들어야 한다.

내담자의 말을 경청할 때 피해야 할 것은 주로 머리로 듣고, 감정을 부인하며, 내담자가 말한 것에 관한 이성적 평가에 주로 관심을 두는 태도이다(머리로 듣는 상담자). 이런 상담자는 자신의 말이 타인에게 미치는 영향에 대해 관심이 없으며, 내담자의 말이 자신에게 미치는 영향 역시 파악할 수가 없다. 또한 자신의 머리를 지나치게 적게 쓰고, 거의 전적으로 느낌만을 가지고 듣는 것도 옳지 않은 태도이다(감정으로 듣는 상담자). 이런 상담자는 타인이 말하고 있는 바를 자신이 듣거나 평가할 수 없다는 점에 불안감을 느낄 수 있다.

효과적인 경청이 되려면 자신의 믿음 중의 일부는 틀릴 수 있다는 사실에 직면하면서 다른 사람들의 생각, 가치 및 행동들에 마음을 열어야 한다. 효과적인 경청을 하는 상담가의 특성은 〈표 10-3〉과 같다.

표 10-3. 경청을 잘하는 상담자의 특성

1. 반응하기에 앞서 내담자가 자신에 관해 말할 충분한 시간을 준다.
2. 비록 대수롭지 않다고 생각될지라도 내담자가 심각하게 말하고 있는 것을 그렇게 받아들인다.
3. 내담자에게 충분한 주의를 기울인다. 즉, 내담자가 이야기하고 있는 동안 간단한 사무처리를 한다든지 책상 위의 물건들을 재정리하지 않는다.
4. 때로는 고개를 끄덕이고, 미소 짓고, '음~'이라고 하면서 주의를 기울이고 있다는 것을 보여 준다.
5. 필요하고 관련된 질문을 한다.
6. 내담자를 쳐다보고 자주 눈을 맞추면서, 시계를 보는 것을 삼간다.
7. 내담자가 문제점을 피력할 때 가로막지 않고, 문제점에 관한 논쟁을 피하지 않는다.
8. 주제를 바꿈으로써 내담자의 문제나 호소를 기피하지 않는다.
9. 내담자가 할 말을 찾고, 고르고 있을 때 바로 받아 잇지 않을 만큼 충분히 인내한다.
10. 말하기 전에 생각하고, '즉각적' 충고를 피한다.

(3) 비밀보장

상담자를 찾아와 상담을 하는 내담자로서는 자신의 이야기가 비밀보장이 되는지에 관심을 가지고 있다. 그러므로 상담자는 내담자가 묻지 않더라도 상담 중에 이야기하는 내용은 철저하게 비밀보장이 된다는 사실을 알려 줄 필요가 있다. 내담자로서는 자신의 인격이 손상되는 내용, 혹은 선생님과 부모님, 친구에 관한 이야기 등 비밀보장에 대한 확신이 없으면 이야기를 하는 데 주저하게 된다.

따라서 상담자는 어떤 종류의 상담을 하든 상담 중에 나온 모든 이야기에 대해 비밀을 지켜야 한다. 일상생활에서의 상담이든 전문 상담이든 상담자의 비밀보장은 상담관계를 유지하는 데 생명선과 같은 것이다.

2. 다문화상담자의 역할과 역량

1) 한국의 다문화사회의 특징

한국의 다문화는 다민족 · 다문화국가로 처음부터 출범한 미국, 호주, 캐나다와는 확연히 다르고, 민족국가로 출범하였지만 외국인노동자의 수적 증가로 다문화사회가 된 독일이나 프랑스와도 특징이 다른 것을 발견할 수 있다. 이와 관련하여 김정열 등(2014)은 한국의 다문화사회의 특징을 〈표 10-4〉와 같이 제시하고 있다.

표 10-4. **한국의 다문화사회의 특징**

- 다문화사회의 주류가 혈연적으로 같은 민족이거나 타 민족 출신의 경우 대부분 아시아계라는 것이다. 2020년 기준으로 한국 국적미취득자 중에서 아시아계가 90%를 차지하고, 이 중 중국 출신 조선족을 포함하여 44.2%가 중국 출신임을 알 수 있다. 한국 국적취득자도 마찬가지로 중국(한국계)이 45.9%, 베트남 21.4%, 중국 18.6%, 필리핀 4.7% 등으로 한국계 중국, 중국, 베트남 출신이 귀화자의 90.6%를 차지한다.
- 외국인근로자들은 돈을 벌어 본국으로 돌아가려고 하는 경우가 많고, 한국의 제도가 외국인근로자의 정착을 쉽게 허용하지 않는다. 이들이 가족형태를 이루어 정착하는 것은 조선족이거나, 한국인과 결혼한 경우로 순수하게 외국인만으로 구성된 가정이 정착하는 경우는 현재까지 드물고 앞으로도 어려울 전망이다.
- 국제결혼으로 이주하게 된 외국인이 많다. 외국의 경우는 이주 후 생활하는 과정에서 점차적으로 기존의 국민 또는 타 인종, 민족 출신과 결혼하지만 한국에서는 이주를 목적으로 결혼하거나 결혼과 동시에 이주가 이루어지는 경우가 흔하다.

2) 다문화가족의 현황 및 문제점

한국사회에서 다른 민족의 문화적 배경을 가진 다문화상담의 대상자를 가족의 범주로 분류해 보면, 첫째, 국제결혼가정으로서 한국인 남성과 외국인 여성 또는 한국인 여성과 외국인 남성의 결혼으로 이루어진 가정이다. 다문화가족이란 「다문화가족지원법」 제2조 제1호에 의거하여 결혼이민자 · 귀화자와 대한민국 국적취득자로 이루어진 가족을 말한다. 통계청(2023)에 의하면, 국제결혼으로 이주해 온 결혼이민자가 174,895명이고 이들의 자녀 또한 305,246명으로 보고하고 있다. 다문화가정 자녀의 초 · 중 · 고등학교 재학 현황을 살펴보면, 우리나라의 학력 인구는 줄어들고 있는 반면, 국제결혼 등의 증가로 다문화학생 수는 꾸준히 증가하고 있는 것으로 나타났다([그림 10-1]).

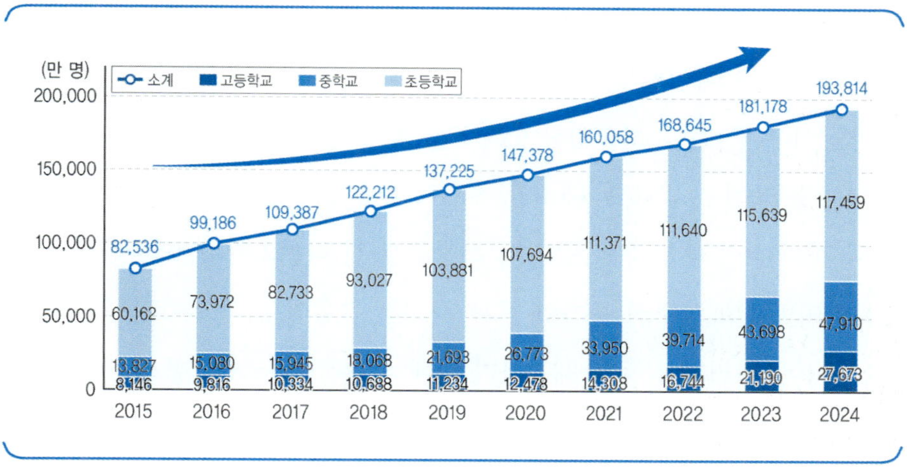

그림 10-1. 초 · 중 · 고 재학 다문화가정 자녀 현황

출처: 교육부(2024). 교육기본통계.

둘째, 외국인근로자 가족이란 외국인 남성과 외국인 여성으로 이루어진 가정 또는 단독이나 동료들과 생활하는 외국인근로자들을 통칭한다. 법무부의 집계에 따르면 2025년 5월 기준으로 국내 취업 외국인근로자는 101만 명을 넘어섰고, 이 중 비전문취업 비자로 입국한 외국인이 30만 명을 넘어섰으며, 2024년 현재 한국 체류 외국인은 2,650,783명 정도이다.

셋째, 북한이탈주민 가족이란 북한 출신으로 탈북하여 남한에서 정착한 사람들로 이들은 북한이탈남성과 북한이탈여성, 북한이탈주민과 한국출신의 배우자, 또는 북한이탈주민이 독신으로 살거나 동료와 동거하는 가족들이다. 북한이탈주민을 다문화가족의 범위에 포함시켜야 하는 것에 대해 통일부는 북한이탈주민의 경우, 민족공동체의 일원이자 「헌법」이 규정한 대한민국 국민으로 「재한외국인 처우 기본법」에 따라 지원을 받는 결혼이민자 및 귀화자 등 다문화가족과는 근본적으로 구분되어야 한다(통일부, 2018)고 주장하지만, 국내 다문화상담을 연구하는 학자들의 경우 북한이탈주민도 이미 다문화의 범위에 포함시켜서 한국의 다문화상담의 특징을 논하거나, 다문화상담의 연구 대상에 포함시켜 연구를 진행해 오고 있다(오은경 외, 2016). 국내입국 탈북자 수는 1990년대 중반 이후 큰 폭으로 증가하여 2009년에는 연간 3,000여 명이 입국하였고, 2025년 3월 통일부 발표에 따르면, 34,352명이 현재 탈북한 상태이다.

위와 같이 다양한 민족적, 문화적 특성을 가진 다문화가족, 외국인근로자 가족, 북한이탈주민 인구의 증가와 함께 사회적 갈등이 점차적으로 증가하고 있는 추세이며, 이러한 갈등을 해결하기 위해 사회적인 노력과 함께 상담 분야에서도 다각적인 노력이 필요한 시점이다. 다문화가정의 유형별로 겪는 일반적 문제점과 심리적 특징들을 살펴보면 〈표 10-5〉와 같다(김범준, 김준경, 2018; 김주찬, 2016; 이영란, 2019).

표 10-5. 다문화가정의 유형별로 겪는 문제점

구분	내용
결혼이주여성	• 남편의 경제력 상실이나 부족으로 인한 경제적인 어려움 • 친정에 대한 경제적 지원으로 인한 갈등 • 사회문화적 적응 문제(한국사회의 배타적인 자세로 인한 소외감) • 부부 관계의 어려움과 확대가족과의 관계에서 오는 어려움(시댁의 간섭, 고부갈등, 인권유린 및 가정 내 폭력 등) • 자녀양육의 어려움(자녀의 언어 및 인지발달 지체, 자녀와의 의사소통에서 심리적인 어려움) • 합법적 체류문제 • 심리적인 고통(정체성의 대한 갈등으로 인한 혼돈, 직업선택 및 교육에 있어서의 열등감과 좌절감)
외국인근로자	• 의사소통의 어려움으로 인한 적응 문제 • 한국사회에서의 편견 • 열악한 노동조건 • 직장에서의 불이익 • 의료상의 문제 • 외로움

구분	내용
북한이탈주민	• 탈북과정에서 두고 온 남은 가족에 대한 그리움과 죄책감 • 탈북과정에서 겪은 인권유린이나 인신매매 등의 경험으로 인한 외상 후 스트레스장애와 우울과 불안 • 북한과 상이한 남한의 교육과정 교육내용들로 인한 학업의 어려움 • 편견과 노동관행의 차이로 인한 취업의 어려움 • 언어와 문화의 차이로 인한 대인관계의 부담, 어려운 환경 가운데 더해지는 육아나 자녀교육에서의 어려움
다문화가정의 자녀	• 언어발달의 어려움(언어문제는 사고력, 사회성, 자아개념 등 다른 영역의 발달에 영향) • 일반 가정의 아동보다 낮은 학업성취도와 학습 결손 • 진로 선택의 어려움 • 정체성 혼란 • 대인관계 형성의 어려움(부모-자녀 간 갈등과 또래와의 관계에서 경험하게 되는 차별과 편견) • 낮은 자존감, 자신감 결여, 학업동기 부족으로 학교 부적응

3) 국내 다문화상담의 현황

국내 다문화상담의 현황을 앞서 제시한 다문화가족 유형별로 구분하여 살펴보면, 한국 정부는 결혼이민자 가족들의 정착과 적응을 지원하기 위해 2006년 여성가족부 주관으로 전국 21개 지역에 결혼이민자 가족지원센터를 설치하였다. 중앙건강가정지원센터를 관리기관으로 위탁하여 운영하였으며, 이후 보건복지가족부가 제정한 「다문화가족지원법」 제12조(다문화가족지원센터의 설치·운영 등)을 기준으로 다문화가족지원센터로 명칭을 변경하였다. 2025년 현재 전국 다문화가족지원센터는 220개소가 설치되어 있으며, 이곳에서는 통번역 서비스, 한국어 교육, 가족상담, 취업소양 교육 등을 통해 다문화가족의 한국생활 정착 및 사회 참여 확대를 지원하고 있다.

특히 상담과 관련해서는 「다문화가족지원법」 제12조 5항을 기준으로 '다문화가족에 대한 교육 · 상담 등의 업무를 수행하기 위하여 관련분야에 대한 학식과 경험을 가진 전문인력을 두어야 한다'고 명기함에 따라, 2009년 이후 센터의 상담의 전문성을 강화하기 위해 센터 종사자로 전문상담사 자격요건을 갖춘 자를 채용하여 결혼이민자와 그 가족들의 문제를 파악하고 심리 · 정서적 지원 및 정보제공 지원사업을 수행하도록 권고하고 있다. 구체적으로 이루어지는 상담의 내용은 〈표 10-6〉과 같다.

표 10-6. 다문화가족 상담의 내용

• 다문화가족 부부 · 부모 · 자녀관계 개선 및 가족갈등 등 관련 상담을 통해 다문화가족의 내부 스트레스 완화 및 가족의 건강성 증진 • 상담을 통해 가정해체 예방 • 갈등해소를 통해 이해강조 • 사례관리하기

특히 다문화가정의 자녀들의 경우 우리나라 전체 학력인구가 감소함에도 불구하고 다문화가정 자녀의 학력 인구는 점차 증가하고 있어서 이들에 대한 관심과 지원이 매우 중요한 시점이라고 할 수 있다. 이처럼 다문화학생의 상담에 대한 사회적 요구와 필요성이 높아지고 다양해지고 있음에도 불구하고 다문화학생을 접하는 다문화 담당교사뿐만 아니라 전문상담교사, Wee센터, 청소년 상담센터, 다문화 관련 지원센터 상담사의 다문화학생 상담에 대한 준비도는 미약한 실정이다(박성옥 외, 2017).

그리고 북한이탈주민의 경우 한국에 입국하면 우선 국가정보원에서 조사과정을 마친 뒤 탈북자 정착교육시설인 '하나원'에 입소하여 한국사회적응을 위한 교육을 받고 이 교육과정을 마친 이후에는 북한이탈주민 지원재단을 통해 상담이 가능하다(김정열 외, 2014). 이와 관련하여 통일부와 북한이탈주민지원재단에서 지역적응센터(하나센터)에 전문상담사를 배치하여 북한이탈주민의 심리·정서적인 안정과 성장을 지원하고 있다. 2010년 1월부터 배치하기 시작하여 2024년 10월 현재 전문상담사 86명이 전국 16개 시·도에서 활동 중이다.

또한 외국인근로자 대상 상담의 경우 「외국인근로자의 고용 등에 관한 법률」에 의하여, 외국인근로자의 인권신장과 복지증진을 위해 2004년 12월 고용노동부가 설립하고, 한국산업인력공단이 관리, 감독하며 (사)지구촌사랑나눔이 수탁하여 운영하고 있는 한국 외국인 노동자지원센터가 대표적이라 할 수 있으며, 외국인근로자에게 필요한 한국어나 컴퓨터 교육을 실시하거나 상담을 진행하고 있다. 구체적인 상담의 내용은 〈표 10-7〉과 같다.

표 10-7. 한국 외국인노동자 지원센터의 상담내용

- 노동관련 상담: 임금 및 퇴직금, 부당해고, 산업재해 등
- 고용허가제 관련 상담: 사업장 변경, 재고용 연장, 재입국, 외국인근로자전용보험 등
- 귀국 관련 상담: 진로상담, 본국 재정착 상담, 귀국준비 등
- 기타: 체류, 일상생활, 질병 및 부상, 사망, 각종 행정신고 절차 등

〈표 10-7〉에서 보는 것과 같이 외국인근로자를 위한 서비스의 대부분은 심리상담이 아닌 이민이나 체류, 임금체불 등과 관련된 정보제공 차원의 상담을 의미한다. 즉, 대부분 언어소통이 원활하지 않아 발생하는 실질적인 문제를 해결하도록 돕거나, 행정신청 업무 지원, 사업장 변경 등과 관련이 되어 있다. 외국인유학생의 경우도 이와 비슷하게 국립국제교육원에서 운영하는 외국인유학생 상담센터가 있는데, 외국인학생들에게 한국유학 정보, 장학금, 학교, 입학시험, 한국생활 등을 상담함으로써 성공적인 한국유학생활을 할 수 있도록 도움을 주고 있다(김정열 외, 2014). 또한 외국인유학생의 경우 각 대학교에서 운영하는

상담센터를 이용할 수 있으나, 다문화상담을 위한 전담인력이 배치된 곳이 거의 없기 때문에, 일정 수준 이상의 한국어능력을 갖춘 유학생만이 이용가능한 것이 지금의 현실이다.

4) 다문화상담자의 역할

슈와 슈(Sue & Sue, 2008)는 다문화상담자를 전통적인 상담자와 동일하게 내담자를 조력하는 역할자라고 규정하였는데, 이에 더하여 상담자의 역할을 확장할 필요성이 있다고 주장한다. 아이비 등(Ivey et al., 2012)도 다문화 배경 내담자의 심리적 행복을 증진시키는 것을 목적으로 하지만 지역사회 자원을 활용하고, 활용가능한 조력 체계를 이용할 것을 제시하고 있다. 다문화상담자의 역할에 대한 구체적인 내용은 〈표 10-8〉과 같다(남금정, 2022; 홍지영, 정경자, 2018).

표 10-8. 다문화상담자의 역할

- 다문화상담자의 역할은 상담 및 심리치료를 제공하고 이중문화권을 연계하며 정착지원제도 등의 정보를 제공하는 것이다.
- 상담을 통한 내담자의 변화뿐만 아니라 다른 기관에 연계하여 지원을 받아 경제적인 문제나 법률적인 문제가 해결되는 것까지 상담의 성과 측면으로 보면서 기관 연계 또한 다문화상담자의 역할에 포함된다.
- 다문화가정 자녀들의 문제가 정서적인 문제 외에도 법적, 의료적 문제 등으로 복합적이기 때문에 개인과 가정, 학교, 지역사회 등의 협력적 조력이 필요하다. 따라서 상담자의 역할 역시 개인상담 개입뿐만 아니라 행정가와 자문가의 역할까지 요구된다.
- 다문화 청소년을 대상으로 기존 청소년상담자와 동일하게 적응이나 호소 문제에 대해 조력하는 역할을 수행해야 하며, 기본 상담자의 역할에 지역사회 연계나 자원 활용을 통해 다문화 배경 청소년을 효율적으로 도울 수 있도록 강구해야 한다.
- 다문화상담자들은 조언자이자 옹호자, 토속적 조력 체계의 촉진자이자 자문가, 그리고 변화 매개체의 역할을 수행해야 한다.

5) 다문화상담자의 역량

다문화적 상담능력은 현장에서의 오랜 기간 활동을 통해 가능하며(Betty, 2006; Ivey et al., 2014), 이때 일반 상담과는 다른 '다문화상담자 역량(multicultural counseling competence)'을 필요로 한다. 다문화상담자 역량은 상담에서 보편적으로 요구하는 기술이나 지식 혹은 전통적 상담훈련뿐 아니라 다문화상담에서 요구하는 핵심적인 차별적 전문성을 의미한다. 이영란(2019)은 다문화상담자 역량모형 개발 연구에서 다문화상담자의 역량을 3개의 군, 즉 이론지식 역량군, 직무수행 역량군 및 태도, 개인자질 역량군으로 구분하고, 역량요소를 12가지로 구분하였는데, 구체적인 내용은 〈표 10-9〉와 같다.

표 10-9. **다문화상담자의 역량**

역량군	역량요소	역량요소 개념 정의
이론지식 역량군	상담기초지식	주요 상담이론 및 성격과 이상심리, 심리측정, 인간발달에 대한 이론적 지식
	다문화 관련 지식	다양한 문화와 문화적응 및 갈등, 다문화상담 이외의 제반 지식
	상담자 문화 및 개입에 대한 지식	상담자 자신의 문화와 개입기술에 포함된 차별에 대한 지식
직무수행 역량군	다문화 상담수행	다문화상담을 수행하는 과정에서 요구되는 능력
	심리진단 및 평가 수행	성격, 흥미, 진로, 정신건강 관련 검사 등을 실시, 해석하고 효과적으로 전달할 수 있는 능력
	교육 및 프로그램 관련 업무수행	다문화상담과 관련한 교육 및 프로그램을 개발하고 실시, 관리하는 과정에서 요구되는 능력
	지역사회 연계	지역사회의 자원과 연계하고 연계망을 구축하고 유기적으로 관계를 유지하는 능력
	조직 행정	조직을 효율적으로 운영하기 위해 필요한 예산 기획 및 관리, 문서 작성 및 관리 등의 능력

역량군	역량요소	역량요소 개념 정의
	다문화상담 연구 및 자문	다문화상담에 관련된 연구를 계획하고 올바르게 수행하며, 부모, 교사, 유관기관 관계자 등에 자문하는 능력
태도, 개인 자질 역량군	다문화상담자 특수자질	다문화상담자로서 특히 지녀야 할 성격 및 개인적 자질
	전문가 윤리 및 사회적 책임감	다문화상담과 관련한 직무상황에서 전문가적 윤리와 가치에 기반을 둔 건전하고 책임 있는 판단을 할 수 있는 능력
	성찰 및 자기계발	다문화상담자로서 자신의 업무 수행과 관련 요인들에 대해 지속적으로 반성하고 이를 이후 전문적 수행에 반영하여 전문가로서의 자기계발에 헌신하는 태도

3. 다문화가족상담의 실제

1) 다문화가족의 가족관계

사전적 의미로 가족이란 개념적 용어로서 혈연, 인연, 입양으로 연결된 일정 범위의 사람들, 즉 친족원으로 구성된 집단을 말하며, 관계란 여러 대상이 서로 연결되어 얽혀 있는 것을 의미한다. 따라서 가족관계란 가족구성원들 간 영향을 주고받으며 상호 연결된 체계라 볼 수 있다. 이는 가족구성원 간의 정서적 유대감, 가족 간 상호작용 방식, 가족 내 갈등 대처 방식을 포함한다.

이와 같은 맥락으로 볼 때 서로 다른 언어와 문화권에서 성장한 두 사람이 만나 결혼한 다문화가족의 경우 원활한 의사소통, 문화적 차이에 대한 상호존중이 어려운 과제가 될 것으로 예상된다. 특히 서로에 대한 충분한 이해와 애정이 전제되지 않은 중매혼의 경우 그 어려움은 더욱 클 수 있으며, 갈등은 보다 심각해질 수 있다.

다문화가족을 대상으로 실시한 연구를 살펴보면(이창식 외, 2012), 다문화가족 부부의 결혼만족이나 부부관계만족에 가족 간 소통방식, 배려, 이해와 같은 가족관계요인이 주요한 영향을 미치고 결혼만족이 높을 때 이혼의사가 낮은 것으로 나타났다. 또한 결혼이민자뿐만 아니라 한국인 배우자 또한 문화적응스트레스가 높으며 이 또한 기능적인 가족관계를 통해 중재될 수 있음 알 수 있다. 다문화가족 자녀의 학교적응은 가족의 문제해결능력이 높고 직접적이고 명확한 의사소통을 할수록 높은 것으로 나타났으며, 다문화가족의 부모－자녀 갈등은 자녀의 자아존중감과 삶의 만족도에 영향을 미치는 것으로 나타났다. 이 외에도 다문화가족 대상 연구에서 부모-자녀 간 의사소통이 자녀의 정서지능에 영향을 미치며 다문화가정 자녀의 심리사회적 적응에 있어 가족 지지가 공격성, 학교적응, 우울, 불안 등에 영향을 미치는 것으로 나타났다. 또한 다문화가족은 비다문화가족보다 시부모와 동거하는 경우가 많은데, 많은 다문화가족 며느리들이 유교적이고 가부장적 가족 관념이 남아 있는 한국사회에서 며느리로서의 전통적 의무를 강요받고 있는 경우가 많고, 고령화가 심화되어 가는 한국사회에서 시어머니와의 관계는 과거보다 더 오래 지속된다. 이로 인하여 고부관계는 며느리의 삶의 질 측면뿐만 아니라 시어머니의 부양 측면에서도 중요해지고 있다.

따라서 다문화가족이 기능적으로 건강한 가족관계를 유지하기 위해서는 가족구성원 간 상호이해와 이를 위한 원활한 의사소통이 이루어져야 하며, 이에 대한 적극적 지원과 개입이 필요하다고 할 수 있다.

2) 다문화가족 가족관계 증진 프로그램

2008년 「다문화가족지원법」 개정 이후 국내의 다양한 기관에서 다문화가족 지원 프로그램들이 시행되고 있다. 그중 대표적으로 다문화가족지원센터에서는 〈표 10-10〉과 같이, 가족, 성평등 · 인권, 사회통합, 홍보 및 자원연계, 상담의 다섯 개 영역에서 프로그램을 진행하고 있다.

표 10-10. 다문화가족지원센터에서 실시하고 있는 프로그램

구분	내용
가족 영역	가족 간 소통 및 부모역할에 대한 이해 증진, 가족 내 이중언어 활성화를 통한 소통증진을 위한 프로그램
성평등 · 인권 영역	부부 및 가족 간 성평등과 이해, 인권의식 함양
사회통합 영역	사회구성원으로서 권리와 의무, 책임
상담 영역	다문화가족의 가족건강성 증진을 위한 가족관계 개선, 가족갈등 해소를 위한 가족상담을 진행
홍보 및 자원연계 영역	지역사회 홍보 및 네트워크와 관련된 프로그램을 진행

다문화가족을 대상으로 한 프로그램들은 대부분 이 다섯 개 영역 안에 포함되며, 이 중 다문화가족을 대상으로 한 프로그램들은 가정 내 차이를 극복하고 갈등을 해소하는 가족관계 증진 프로그램에 집중되어 있다. 다문화가족의 가족관계 증진 프로그램은 부부관계, 부모–자녀 관계 그리고 고부관계와 같은 기타 가족관계를 대상으로 한 프로그램으로 크게 나누어 볼 수 있다. 부부관계 프로그램은 대체로 부부간의 갈등을 예방하고 해소를 위한 치료적 접근이 많으며, 부모-자녀 간의 관계는 부모교육을 통해 자녀에 대한 이해의 폭을 넓히고 부모역량을 강화하는 데 중점을 두고 있다. 기타 가족관계에서는 국내 다문화

가족이 남성보다 여성결혼이민자가 차지하는 비중이 높으며 한국사회의 유교 사상으로 인해 벌어지는 잦은 고부갈등을 해결하기 위한 고부관계 증진 프로그램이 개발되었다(곽서정, 2019). 다문화가족을 대상으로 실시되고 있는 외국의 구체적인 프로그램과 국내의 구체적인 프로그램의 내용은 〈표 10-11〉, 〈표 10-12〉와 같다(남금정, 2022).

표 10-11. 외국의 부부관계 프로그램

프로그램명	접근방법	주요활동 내용
메리지 앤카운터 (Calvo, 1975)	부부갈등을 해소하기 위한 부부대화 일치운동, 부부의 경험을 나누기, 부부집단 과정중시 등(2박3일) 프로그램	• 발표자의 경험을 통해 부부의 과거 회상하기 • 부부대화 편지쓰기 • 느낌표현으로 편지를 쓴 후 교환하여 느낌 나누기 • 부부의 대화를 전체 앞에서 발표하기 • 친밀한 부부관계를 위한 시간 보내기 등
부부집단 상담 프로그램(Bowen, 1978)	보웬(Bowen) 원가족 이해 다루기, 대상관계이론, 다세대 가족치료 이론	• 자아분화를 통해 가족에 대해 자신을 유지하고 가족구성원의 정서적 감정과 사고를 중요시하기 위한 활동
부부관계 향상 집단프로그램 (Satir, 1991)	사티어(Satir) 성장모델의 특징, 사티어의 부부관계에 대한 이해	• 사티어 성장모델을 적용하여 의사소통의 회유, 비난, 초이성적, 혼란유형(말, 행동, 몸짓) 등을 파악하고 일치성 유형으로 가기 위한 활동
부부세미나(Gottman, 1999)	8개의 내용(5문제 구성, 예, 아니오) • 배우자 내면세계 파악(사랑의 지도) • 배우자에 대한 호감, 존중정도 • 다가가기 또는 멀어지기 • 부부간의 의사소통방식 • 부부간 정서적 거리감과 고독 • 의사소통방식 중 논쟁, 부부 싸움이 어떻게 시작되는지(거친 시작)	• 경청하기, 부부간 호감, 존중의 표현 나누기, 부부관계를 악화시키는 대화 영상 보기, 갈등주제를 다루고 경험 나누기, 부부대화방법을 실천하고 집단원과 경험 나누기

프로그램명	접근방법	주요활동 내용
	• 지속적인 부부갈등 문제(교착상태와 영속하는 쟁점) • 영향력을 받아들이기(부부간에 서로의 영향력을 받아들이는 정도)	
이마고 부부 대화법(Hendrix, 1999)	자신의 경험을 통해 그 의미를 전달하는 메타이론 접근방법	• 개인의 역할보다 부부관계에 초점을 두어 부부가 상호작용을 하는 방법인 반영, 인정, 공감을 바탕으로 한 부부대화법 실행
부부관계 증진 프로그램 (Knudson, Sommers, & Golding, 1980)	부부간의 대화기술과 문제해결능력을 증진	• 부부의 관계강점, 성장필요영역을 찾고 사랑을 되살리기 위한 과정 • 적극적인 자기표현, 경청기술 익히기 • 세 가지 희망 작성 후 교환하기 • 갈등해결 10단계 연습하기 • 재정관리 기술 익히기와 여가활동으로 친밀감 증진하기 등

출처: 김금희(2016). 다문화가정 부부를 위한 관계중심 부부소통 프로그램 개발 및 효과. 인하대학교 대학원 박사학위논문. pp. 58-59.

표 10-12. 국내의 다문화가정을 대상으로 한 부모교육 프로그램

구분	내용
다문화가정 부모대상 프로그램	다문화가정 부모대상 프로그램 개발과 효과에 관한 연구로는 자녀양육에 대한 자신감과 역량을 강화하기 위한 탄력적 부모되기 프로그램을 개발한 연구(김연수, 2008), 다문화가정 어머니의 부모역량 강화를 위한 경험 연구(강기정, 2009), 다문화가정 어머니를 위한 부모역량 강화 프로그램 설계 방안을 알아본 연구(김윤주, 2018), 유아기 자녀를 둔 다문화가정 부모역량 강화를 위한 프로그램 개발에 관한 연구(강기정, 이윤주, 2010; 서지영, 2019; 이경숙, 2015; 이은경, 2013; 한경님, 2012) 등이 있다. 또한 다문화가정 어머니를 대상으로 한국어 역량 강화를 위한 프로그램과 관련된 연구(김정원, 남규, 2009)와 부모교육 프로그램의 실효성 향상을 위해 요구도 조사를 실시한 연구(최승호, 2020) 등이 있다.
다문화가족 부모와 자녀 프로그램	유아기 자녀를 둔 다문화가족의 부모-자녀 관계 증진을 위한 부모교육 프로그램 및 효과성 연구(남정아, 양명숙, 2013; 민성혜 외, 2011)를 통해 양육 스트레스와 양육효능감 검사를 실시하여 프로그램의 효과를 측정한 연구가 이루어졌으며, 다문화가정 어머니와 영아의 긍정적 상호작용을 통해 안정적인 애착관계를 형성하는 부모 역할 프로그램 연구(강현옥, 황혜원, 2013), 어머니의 언어행동과 아동의 표

구분	내용
	현언어 능력을 향상시키기 위해 컴퓨터 보조학습 프로그램을 활용한 연구(김영란, 이병인, 2012), 다문화가정 어머니와 그 자녀의 언어 능력과 어머니-유아 간 언어적 상호작용의 질적 수준을 향상시키기 위한 그림책 읽기 프로그램 연구(현은애, 나종혜, 2012), 자녀 양육 부모교육 프로그램 개발(한서연, 2012), 자녀능력 향상 특별 교육 프로그램 개발(박선옥 외, 2010), 부모교육 프로그램이 다문화가정 아동의 인지 및 사회, 정서발달에 미치는 영향을 알아본 연구(서수미, 박혜원, 2016) 등이 있다.

참고문헌

K-DST(2017). 한국 영유아 발달 선별검사 사용지침서.

감사원(2018). 다문화가족정책 추진실태 감사보고서.

강경미(2005). **아동행동수정**. 서울: 학지사.

강승민(2015). 국내 거주 외국인의 문화적응 전략과 관람 스포츠 관여도의 관계. 서울대학교 대학원 석사학위논문.

강현(2012). 여성결혼이민자의 삶의 만족도 영향요인 분석연구: 사회자본을 중심으로. 고려대학교 사회복지학과 석사학위논문.

강혜영(2018). **다문화와 건강: 문화다양성과 문화역량**. 서울: 현문사.

강휘원(2010). 독일 이주정책의 변화와 사회통합 거버넌스. **한국정책과학학회보, 14**(4), 302-303.

강휘원(2010). 미국의 소수인종 통합정책 탐색: 교육, 복지, 언어정책을 중심으로. **한국정책연구, 10**(1), 53.

고용노동부, 한국고용복지연금연구원(2023). 외국인근로자의 산재현황 파악 및 제도개선연구.

곽서정(2019). 다문화가족을 위한 가족관계 증진 프로그램의 효과에 대한 메타분석. 동아대학교 대학원 석사학위논문.

관계기관 합동(2023). 제4차 다문화가족정책 기본계획(2023~2027).

교육부(2017). 다문화 교육의 필요성. 교육부자료.

교육부(2019). 교육기본통계.

교육부(2020). 교육통계.

교육부(2024). 2024 교육통계.

교육부(2024). 교육기본통계.

국가권익위원회(2017). 4차 산업혁명의 4대 윤리문제.

국가인권위원회(2017). 결혼이주민의 안정적 체류보장을 위한 실태조사.

국민건강보험공단(2018). 영유아 건강검진 항목(2012~현재).

국민건강보험공단(2019). 건강검진 통계연보.

권명희(1999). 자기주장 훈련이 위축아동의 위축행동 및 또래 수용도에 미치는 효과. 계명대학교 교육대학원 석사학위논문.

권정윤(2012). 문제행동의 개념적 이해와 실천. 한국영유아보육학회지, 53-73.

기획재정부(2019). 시사경제용어사전.

김경원, 김선희, 김영희, 김현경, 박혜숙, 이선희, 정금희(2019). 간호사의 문화간호역량 측정도구의 개발. 지역사회간호학회지, 30(3), 281-294.

김광수, 정태희(2010). 다문화가정 학생지도를 위한 학교상담의 방향과 과제. 한국초등교육, 20(2), 197-213.

김금희(2016). 다문화가정 부부를 위한 관계중심 부부소통 프로그램 개발 및 효과. 인하대학교 일반대학원 박사학위논문.

김남국(2010). 다문화의 도전과 사회통합: 영국, 프랑스, 미국 비교 연구. 유럽연구, 28(3), 133-174.

김동진(2019). 청소년의 사회적 관계가 다문화수용성에 미치는 영향: 잠재성장모형을 활용한 종단분석. 시민교육연구, 51(1), 1-26.

김두섭, 권태환(2002). 인구의 이해. 서울: 서울대학교 출판부.

김미종, 김태임, 권윤정(2014). 일 지역 종합병원 간호사의 문화적 민감성과 결혼이주여성에 대한 고정관념. 한국산학기술학회 논문지, 15(3), 1334.

김민지(2014). 여성 결혼이민자의 보건교육 요구도에 관한 연구: 경기도 안성시를 중심으로. 이화여자대학교 대학원 석사학위논문.

김범준, 김준경(2018). 외국인근로자의 문화적응스트레스와 삶의 질에 관한 연구. 한국케어매니지먼트연구, 28, 57-90.

김보현, 최화식(2004). 수도권 자치단체 간 주거지 이동의 영향요인: 지방공공서비스를 중심으로. 지방행정연구, 18(1), 137-164.

김선화, 박신혜, 조상미(2010). 한국대학생의 세계시민의식과 문화다양성 태도 영향요인. 청소년학연구, 17(4), 183-210.

김선희, 김경원, 배경의(2014). 간호사의 다문화 여성 출산간호 경험. 한국보건간호학회지, 28(1), 87-101.

김성혁, 안옥희, 최혜정, 박연숙, 백선숙, 전미순(2012). 다문화의 이해와 건강. 서울: 정담미디어.

김성혁, 안옥희, 최혜정, 박연숙, 백선숙, 전미순(2013). 다문화의 이해와 건강. 서울: 정담미디어.

김성혁, 안옥희, 최혜정, 박연숙, 백선숙, 전미순(2019). **다문화의 이해와 건강**. 서울: 학지사메디컬.

김성호(2015). 한국 내 외국인 이주노동자들의 의료서비스에 대한 인식 및 이용에 영향을 미치는 요인. **다문화콘텐츠연구, 18**, 255-297.

김영희, 박혜숙, 정금희, 김경원, 이선희, 김선희(2019). **다문화 간호: 근거중심 사정과 중재**. 경기: 메디컬사이언스.

김옥순, 김진호, 신인순, 안선영, 이경화, 이채식, 전성민, 조아미, 최상호, 최순종(2009). **다문화교육 이론과 실제**. 서울: 학지사.

김윤나(2010). **북한이탈청소년의 적응유연성과 교육적 함의**. 충북: 한국교육개발원.

김재우(2005). 재한 중국인 유학생이 느끼는 차별과 대처방식이 문화적응유형에 미치는 영향. 충북대학교 대학원 석사학위논문.

김정열, 박수준, 유정욱(2014). **다문화가족의 상담과 실제**. 경기: 공동체.

김주경(2015). 한국의 북한이탈주민지원정책 현황과 개선방안에 대한 연구. 경희대학교 NGO대학원 석사학위논문.

김주영(2021). 한국 시민사회단체의 이주노동자 지원활동의 현황과 특징. **시민사회와 NGO, 19**(2), 139-190.

김주찬(2016). 탈북민 전문상담사들의 역량강화를 위한 수퍼비전 연구. **연세상담코칭연구, 16**, 33-55.

김지윤(2012). 다문화사회 통합정책 비교 연구: 독일, 프랑스, 미국 및 캐나다의 다문화사회 비교. 숙명여자대학교 국제관계대학원 석사학위논문.

김지현, 정지나(2009). 유아의 위축행동에 영향을 주는 어머니 양육행동과 유아의 사회적 기술. **대한가정학회지, 49**(9), 15-24.

김태원(2010). 다문화현상에 대한 사회통합관점에서 비판적 고찰. **민족문화논총, 44**, 389-423.

김태임, 김미종, 권윤정, 전만길(2010). 일 농촌지역 여성결혼이주자 자녀의 신체 성장과 발달평가. **아동간호학, 16**(2), 164-174.

김현경(2009). 다문화가정 유아의 유아교육기관 적응 관련 변인분석. 덕성여자대학교 대학원 박사학위논문.

김현식, 최송식, 김희재, 박봉현(2015). 외국인 노동자 건강정책의 쟁점과 정책 제언. **사회복지정책, 42**(4), 203-229.

김현아(2007). 새터민 상담자의 역할과 과제: 치료적 관계 형성을 중심으로. 한국심리학회 학술대회자료집, 2007(1), 90-91.

김효주(2015). 다문화가족과 일반가정 청소년의 건강행태. 조선대학교 보건대학원 석사학위논문.

남금정(2022). 다문화가족상담을 위한 자격제도 개선 방안 연구. 동국대학교 대학원 박사학위논문.

남북하나재단(2020). 2019 북한이탈주민 사회통합조사.

노기옥 외(2019). **문화다양성 사회와 건강.** 경기: 수문사.

노기옥, 송미승, 전미순, 전정희, 정찬석(2019). **문화다양성 사회와 건강.** 경기: 수문사.

노인숙, 전상희, 이명희, 이경혜, 장정미, 전정희(2012). **다문화사회와 건강간호.** 서울: 현문사.

노인숙, 정종희, 전상희, 전정희, 유장학, 장정미(2018). **다문화사회의 이해와 건강.** 서울: 현문사.

노현진(2023). 간호대학생의 다문화 수용성과 다문화 경험이 문화간호역량에 미치는 영향. 계명대학교 대학원 석사학위논문.

다문화가족과(2020). 다문화가족 관련 연도별 통계.

라미옥(2017). 간호대학생을 위한 체험형 다문호간호 교육프로그램의 개발 및 효과. 남부대학교 보건경영대학원 석사학위논문.

매일경제(2022. 09. 27.). 바다 거북이들 '최후의 만찬'…10마리 중 8마리 뱃속서 발견된 이것.

문영석(2005). 캐나다 이민정책에 대한 분석과 전망. **국제 · 지역연구, 14**(1), 82.

문화콘텐츠기술연구원 다문화콘텐츠연구사업단(2009). 다문화의 이해: 주체와 타자의 존재 방식과 재현양상. 경진문화.

바트어용(2017). 이주노동자의 건강실태와 의료서비스 이용실태조사: 몽골인 중심으로. 동덕여자대학교 대학원 석사학위논문.

박성옥, 김윤희, 곽선영, 이선숙(2017). 다문화학생 전문상담 현황 및 사례 분석 연구. 국가평생교육진흥원.

박성희(2001). **상담의 도구.** 서울: 학지사.

박세영(2019). 국내 이주노동자의 건강정보 습득 및 활용 경험에 관한 탐색적 연구. 이화여자대학교 대학원 석사학위논문.

박승락, 성옥석(2016). **세계화와 한국무역.** 서울: 두남.

박진경, 서임선, 김희숙(2019). 간호대학생의 다문화 효능감에 영향을 미치는 요인. **학습자**

중심교과교육연구, 19(5), 785-802.

박진영(2020). 중학교 역사교과서의 다문화적 관점 분석. 한국교원대학교 교육대학원 석사학위논문.

박채복(2007). 독일의 이주자정책: 사회적 통합과 배제의 딜레마. 한독사회과학논총, 171(1), 301-308.

박현아(2013). 뱅크스의 다문화 교육 접근법에 기초한 중학교 음악 교과서 분석. 부산대학교 대학원 석사학위논문.

박형숙, 하수정, 박정하, 유지형, 이상화(2014). 외국인 환자를 돌보는 간호사의 업무경험. 간호행정학회지, 20(3), 281-291.

박혜숙, 성정혜, 신승이, 임정희, 정정희, 조귀영, 허금희, 허현점(2021). 다문화의 이해와 건강. 경기: 양성원.

박혜숙, 원미순(2010). 대학생들의 다문화 수용성과 관련변인 탐색. 교육심리연구, 24(2), 303-325.

법무부(2018). 법무부, 불법체류자 대책 본격 시행, 오늘부터 특별 자진출국 기간 시작. 보도자료.

법무부(2019). 2018 출입국 · 외국인정책 통계연보.

법무부(2019). 출입국통계.

법무부(2024). 출입국통계.

법무부 출입국, 외국인정책본부(2024). 제4차 외국인정책 기본계획.

법제처 국가법령정보센터(2020). 문화기본법(www.law.go.kr).

보건복지부(2005). 국제결혼 이주여성 실태조사를 통한 복지지원 정책 개발.

서윤호(2010). 다문화주의와 문화다양성(다문화법제의 기본개념 분석). 서울: 법학연구소.

서종남(2010). 결혼이민자 가정의 문제점과 해결방안 연구. 시민교육연구, 42(1), 103-126.

서종남(2011). 다문화교육 이론과 실제. 서울: 학지사.

서종남(2013). 다문화교육 이론과 실제. 서울: 학지사.

성상환, 김광수, 임은미(2009). 다문화가정 학생 지도교사를 위한 상담매뉴얼 개발연구. 서울: 중앙다문화교육센터.

손수경, 권소희, 권수혜, 김민주(2014). 간호와 다문화 역량. 경기: 수문사.

신명숙(2010). 다문화사회와 사회통합정책에 관한 연구. 한영신학대학교 상담복지대학원 석사학위논문.

신용일(2020). 다문화가족지원센터 운영에 관한 개선방안연구: 기관종사자 대상 설문조사. 동아대학교 대학원 박사학위논문.

신유나, 사오리, 최규진(2019). 미등록 이주민의 건강 관리와 보건의료서비스 이용 경험: 심층인터뷰와 근거이론방법을 중심으로. **다문화와 평화**, 13(1), 1-33.

심수명(2010). 이주 결혼여성의 심리적 어려움 이해 및 지원 방안 연구. **국제신학**, 12, 203-224.

안옥희, 최혜영, 황윤영, 이경숙(2019). **다문화사회와 건강**. 서울: 학지사 메디컬.

안옥희, 최혜정, 송미승, 전미순, 황윤영, 이경숙(2012). **다문화와 간호**. 서울: 정담미디어.

안옥희, 최혜정, 송미승, 전미순, 황윤영, 이경숙(2014). **다문화와 간호**. 서울: 정담미디어.

양미진, 이동훈, 고홍월, 김영하, 남현주(2012). 현장전문가가 지각한 다문화 청소년 상담의 특성에 대한 질적분석. **상담학연구**, 13(3), 1181-1209.

여성가족부(2017). 다문화가족의 국민기초생활보장 사각지대 현황.

여성가족부(2019). 2018년 전국다문화가족실태조사 연구. 연구보고 2019-01.

여성가족부(2019). 2019년 가족사업안내(Ⅰ).

여성가족부(2020). 2020년 가족사업안내(Ⅰ).

여성가족부(2020). 2020년 가족사업안내(Ⅱ).

여성가족부(2020). 제3차 다문화가족정책 기본계획 2020년도 이행계획.

여성가족부(2021). 2020년 전국다문화가족실태조사 연구.

여성가족부(2022). 2021년 전국다문화가족실태조사 연구.

오성은(2016). 다문화 배경 대학생의 한국인 정체성 관련 경험 분석. 이화여자대학교 대학원 박사학위논문.

오은경, 최미, 최한나(2016). 국내 다문화 상담 연구 동향: 학술지 및 학위 논문 분석(1993-2016.7). **상담학연구**, 17(5), 223-242.

외교부(2019). 해외이주신고.

우양호(2013). 지역사회 다문화 정책의 문제점과 발전방향: 해항도시 부산의 '다문화거버넌스' 구축 사례. **지방정부연구**, 17(1), 393-418.

원영희, 최선희(2011). 의료서비스 지원이 외국인 근로자의 한국사회 적응에 미치는 영향. **한국지역사회복지학**, 38, 29-50.

위키백과(2020. 02. 18.). https://ko.wikipedia.org/wiki/.

유계숙(2004). 가족의 다양성 수용에 영향을 미치는 요인. **한국가족학회**, 16(2), 211-233.

윤인진(2008). 한국적 다문화주의 전개와 특성: 국가와 시민사회를 중심으로. **한국사회학, 42**(2). 72-103.

윤지원(2015). 여성결혼이민자의 건강상태에 영향을 미치는 요인: 2012년 전국 다문화가족 실태조사를 중심으로. 중앙대학교 대학원 석사학위논문.

이가야(2009). 프랑스의 다문화 사회: 동화에서 통합으로. **프랑스문화예술연구, 28**, 259.

이경숙, 정빛나래, 정석진, 박진아(2016). 2-3세 발달지연 영유아의 발달양상, 양육환경 및 임상적 특징. **한국심리학회, 29**(2), 63-85.

이내영(2018). 결혼이주여성의 영유아 건강관리 교육 요구도 분석. **한국산학기술학회, 19**(5), 190-198.

이도희, 박희정(2020). 북한이탈주민의 남한사회 적응경험에 대한 현상학적 연구. **한국사이코드라마학회지, 23**(1), 49-63.

이미자(2016). 간호대학생의 문화적 역량 증진 프로그램의 개발 및 효과. 강원대학교 대학원 박사학위논문.

이병준, 김성숙, 김성재, 김소희, 김정희(2010). **문화역량과 문화예술교육**. 경기: 교육과학사.

이복임(2014). 외국인 근로자와 내국인 근로자의 건강수준 및 결정요인 비교. **한국직업건강간호학회지, 23**(3), 80-188.

이선주, 민무숙, 신현옥, 이태정(2009). 다민족 · 다문화사회로의 이행을 위한 정책패러다임 구축(Ⅲ). 한국여성정책연구원.

이수정(2007). 새터민 청소년의 학교적응에 관한 연구: 반차별 · 반억압 관점을 중심으로. 중앙대학교 일반대학원 석사학위논문.

이수정(2020). 북한 이탈주민과 남한 주민 간 질병 및 의료이용 현황 비교: 국민건강보험공단 자료를 이용하여. 고려대학교 대학원 석사학위논문.

이영란(2019). 다문화상담자 역량모형 개발. 숙명여자대학교 대학원 박사학위논문.

이영호(2001). 2001년 공동교육 자료집. 임상심리학회.

이용균(2017). **글로벌 이주: 이동 관계 주변화**. 전남: 전남대학교 출판부.

이유진(2005). 캐나다의 이민자 통합정책 레짐에 대한 연구: 온타이오 주를 중심으로. **다문화사회연구, 2**(1), 6-12.

이은주, 이장미(2014). 이주노동자의 의료서비스 이용실태 및 삶의 질. **한국산학기술학회, 15**(7), 4370-4379.

이인숙, 조주연(2014). 간호대학생의 문화적 역량과 다문화 교육 요구도에 관한 연구. **한국**

산학기술학회 논문지, 15(1), 283-290.

이장호(1986). 상담심리학 입문. 서울: 박영사.

이재기(2004). 세계화 · WTO · FTA 포커스. 서울: 한울출판사.

이재영, 김경미(2017). 다문화 가정 청소년의 자살생각 영향요인: 남 · 녀 비교. 한국모자보건학회지, 21(2), 119-129.

이정용(2012). 다문화가족의 부부갈등이 결혼만족도에 미치는 연구. 동국대학교 행정대학원 석사학위논문.

이정임(2012). 간호사의 문화적 역량과 공감과의 관계. 한림대학교 대학원 석사학위논문.

이진욱(2013). 초등 다문화교육 평가에 관한 연구. 서울대학교 대학원 석사학위논문.

이창식, 박지영, 임인택(2012). 농촌다문화 초등학교 학생의 사회적지지 및 부모-자녀 간 의사소통이 정서지능에 미치는 영향. 농촌지도와 개발, 19(4), 881-904.

이태원, 이유리(2010). 다문화 가족 정책을 통한 사회통합수준 분석, 인문연구, 62, 323-362.

이현경, 김희순, 조은희, 김상희, 김정희(2015). 간호교육자가 인지한 국내 간호대학생들을 위한 국제보건 핵심역량. 한국간호교육학회지, 21(4), 560-572.

이혜림(2015). 다문화가청소년과 일반청소년의 건강행태 비교. 삼육대학교 보건복지대학원 석사학위논문.

임동선, 남지연, 변해원, 한지윤, 차슬기, 고승재(2018). 다문화가정 건강증진을 위한 빅데이터 기반 서비스 수요조사. 국민건강보험공단.

임동선, 백수정, 김송이, 한지윤(2020). 다문화 가정 내 모국어 사용에 따른 다문화 청소년의 언어능력 및 사회적 지지 탐색. 다문화교육연구, 13(3), 141-163.

임성주(2017). 여성결혼이민자의 건강상태 및 생활만족도: 2015년 전국다문화가족실태조사를 중심으로. 중앙대학교 대학원 석사학위논문.

임운(2019). 다문화사회 교수방법론. 서울: 신정.

장미미(2020). 종합병원 간호사의 자기효능감, 문화 간 의사소통 능력이 문화적 역량에 미치는 영향. 창신대학교 대학원 석사학위논문.

장성화(2010). 대안학교 학생들이 인식하는 가족건강성, 사회적지지, 자기효능감 및 학교적응의 인과적 구조분석. 건국대학교 대학원 박사학위논문.

장신근(2007). 공적실천신학과 세계화 시대의 기독교교육. 서울: 장로회신학대학교 출판부.

장윤재(2016). 경제양극화 극복을 위한 화해의 선교. 대학과 선교, 31, 73-106.

장인실(2003). 다문화 교육이 한국 교사 교육과정 개혁에 주는 시사점. 교육과정연구, 21(3).

409-431.

장인실, 김경근(2012). **다문화교육의 이해와 실천.** 서울: 학지사.

재외동포청(2024). 해외이주신고.

전숙자, 박은아, 최윤정(2009). **다문화사회의 새로운 이해.** 서울: 역민사.

전정희(2010). **북한이탈주민의 건강신념이 건강행위에 미치는 영향.** 서울: 한국방송통신대학교 대학원 석사학위논문.

정금희, 남경아, 김영희, 박혜숙, 김선희(2012). **문화와 간호.** 강원: 엑스엘엠아카이브.

정금희, 박혜숙, 김경원, 김영희, 이선희, 김현경(2016). 문화간호역량 개념 분석. **여성건강간호학회지, 22**(2), 86-95.

정미경(2010). 다문화사회를 향한 한국기독교 이주민선교의 방향과 과제. 성결대학교 신학전문 대학원 박사학위논문.

정장헌(2024). 다문화가정 청소년의 신체활동에 따른 주관적 건강인지와 비만의 관계분석 연구.동국대학교 교육대학원 석사학위논문.

정지원, 김영환(2012). 이문화 집단에 대한 편견과 문화교류 역량을 중심으로 본 부산지역 대학생들의 문화적 역량. **시민교육연구, 44**(3), 219-244.

정현미(2015). 영유아발달선별검사에 대한 어린이집 보육교사의 인식 및 요구. 광운대학교 교육대학원 석사학위논문.

제미순(2004). 전문대학 간호과 전공심화과정 운영방안. **한국간호교육학회지, 10**(1), 64-74.

조경애(2014). 한국 다문화사회의 현황과 정책 방향에 관한 연구. 중부대학교 인문산업대학원 석사학위논문.

조금희(2007). 아동언어장애와 언어치료에 관한 유아교사의 인식. 명지대학교 사회교육대학원 석사학위논문.

조미영(2020). 세계화 시대의 포용적 평화교육 모형 연구. 연세대학교 연합신학대학원 박사학위논문.

조원섭(2017). 결혼이주여성의 정신건강증진에서 레질리언스의 의의: 요인과 과정을 중심으로. 서울대학교 대학원 박사학위논문.

조원탁(2019). **다문화사회의 이해와 실천.** 경기: 양서원.

조원탁, 박순희, 서선희, 안효자, 송기범, 이형아(2012). **다문화사회의 이해와 실천.** 경기: 양서원.

조현상(2009). 한국 다문화주의의 특징과 정책 방향에 관한 연구. 원광대학교 대학원 박사학위논문.

주유선(2021). 이주노동자의 건강권 보장 실태 및 정책 과제. **보건복지포럼, 2021**(5), 25-41.

주은선, 이현정(2010). 결혼이주여성 대상 다문화 상담 관련 종사자들의 현장 경험에 대한 질적 연구. **한국심리학회지: 일반, 29**(4), 817-846.

중앙건강가정지원센터(www.familynet.or.kr).

지현미(2016). 다문화가족 청소년과 일반가족 청소년의 건강행태, 정신건강, 구강건강행위와 구강증상경험과의 연관성. 가톨릭대학교 대학원 석사학위논문.

질병관리본부(2018). 2018년 외국인 결핵 현황 및 잠복결핵감염검진 시범사업 결과 분석. **주간 건강과 질병, 12**(17).

차용호(2009). 이민정책과 통합정책의 관계성 및 연계방안 연구: 결혼이민자 통합정책을 중심으로. 출입국외국인정책본부.

채덕희(2013). 한국 간호사의 문화적 역량 측정도구 개발. 연세대학교 대학원 박사학위논문.

채보근(2011). 이민자 사회통합을 위한 다문화 교육정책에 관한 연구. 청주대학교 사회복지·행정대학원 석사학위논문.

채인선(2012). **다문화 백과사전.** 경기: 한권의 책.

천수연(2017). 다국가 이주 경험 한국 청소년의 문화정체성 연구. 연세대학교 대학원 석사학위논문.

최명애, 이명선, 최정안, 신기수(2012). 북한이탈주민의 건강지식, 건강증진행위 및 건강증진행위에 영향을 주는 요인. **한국간호학회, 42**(5), 622-631.

최성희(2016). 어머니의 정신건강과 양육 행동이 유아의 정신건강 문제에 미치는 영향. 충북대학교 대학원 석사학위논문.

최종렬(2008). 다문화주의의 이론적 패러다임과 국가별 유형비교. 한국여성정책연구원.

최주희(2017). 유아의 부정적 정서성과 부모의 온정적 양육방식에 따른 유아의 내재화 및 외현화 문제행동. 이화여자대학교 대학원 석사학위논문.

출입국, 외국인정책본부(2020). 2020년 6월 출입국 외국인정책 통계월보.

출입국, 외국인정책본부(2020). 2020년 9월 출입국 외국인정책 통계월보.

출입국, 외국인정책본부(2025). 2024년 12월 출입국 외국인정책 통계월보.

통계청(2018). 인구주택총조사.

통계청(2018). 한국의 사회 동향.

통계청(2019). 2018 인구주택총조사.

통계청(2019). 2019년 이민자 체류실태 및 고용조사.

통계청(2019). 아동청소년인권실태조사: 죽고 싶다는 생각 여부 및 이유.

통계청(2020). 2019년 다문화 인구동태 통계.

통계청(2022). 한국의 사회 동향.

통계청(2023). 아동청소년인권실태조사.

통계청(2024). 2023년 다문화 인구동태 통계.

통일부(2018). 2018 북한이탈주민 정착지원 실문편람.

통일부(2019). 2019년도 북한이탈주민 정착지원 시행계획.

통일부(2020). 북한이탈주민정책.

통일부(2025). 북한이탈주민정책.

통일부, 북한이탈주민지원재단(2017). 북한이탈주민지역적응센터 운영매뉴얼.

페이스북(2009). 뒤지는 정보기관. 한겨레: 08-09.

하상근(2005). 지역 간 인구이동의 실태 및 요인에 관한 연구: 경상남도의 기초자치단체를 중심으로. **지방정부연구**, 9(3), 309-332.

한국교육개발원(2019). 교육통계서비스 자료.

한국교육개발원(2025). 2024년 국내 고등교육기관 내 외국인 유학생 현황.

한국교육심리학회(2000). **교육심리학용어사전**. 서울: 학지사.

한국보건산업진흥원(2024). 2024 보건산업통계집.

한국여성정책연구원(2019). 2018년 전국다문화가족실태조사 연구.

한국여성정책연구원(2025). 영유아건강검진 수검률.

한국정보통신기술협회(2019). 정보통신용어사전.

한서연(2012). 다문화가정 자녀양육을 위한 부모교육 프로그램 개발. 중앙대학교 대학원 박사학위논문.

한석영(2014). 간호대학생의 문화적 역량 측정도구 개발. 전남대학교 대학원 박사학위논문.

한석영(2016). 간호대학생의 문화적 역량 수준과 영향요인. **한국학습자중심교육연구**, **16**(4), 73-86.

한주성(2015). **인구 지리학**. 경기: 한울아카데미.

허세미(2016). 북한이탈주민의 건강증진행동에 영향을 미치는 요인. 이화여자대학교 대학원 석사학위논문.

헬스경향(2023.10.13.). 다문화가정 영유아, 10명 중 4명은 건강검진 못 받아.

홍기원, 백영경, 노명우, 이재은, 정보원(2006). **다문화정책의 방향과 문화적 지원방안 연구**.

서울: 한국문화관광정책연구원.

홍지영, 정경자(2018). 이주여성상담원이 지각한 상담 성과 요인. **다문화와 평화**, 12(2), 143-167.

황단(2019). 가족 리얼리티 예능 프로그램이 시청자의 몰입도, 시청만족도와 가족건강성에 미치는 영향. 중앙대학교 예술대학원 석사학위논문.

황진영(2012). **한국 다문화 사회의 이중언어 교육연구**. 전남: 전남대학교출판부.

Aastles, Stephen & Mark J. (2003). *The Age of Migration; International Population in the Modern World, 3. Edition*. New York: Guilford Press.

Achenbach, T. M., & Edelbrock, C. (1983). *Manual for the childbehavior checklist and revised child behavior profile*. Burlington, VT: University of Vermont.

Anderson, L. M., Shinn, C., Fullilove, M. T., Scrimshaw, S. C., Fielding, J. E., Normand, J. (2003). The effectiveness of early childhood development programs: A systematic review. *American Journal of Preventive Medicine, 24*(3), 32-46.

Anthony Mcgrew, A. (2007) Globalization and global politics. In, Baylis, John and Smith, Steve (eds.) *The Globalization of World Politics: an introduction to international relations, 7th ed.* New York: Oxford University Press.

Asendorpf, J. B. (1990). Development of inhibited children's coping with unfamiliarity. *Child Development, 62*, 1460-1474.

Atkinson, M., & Hornby, G. (2002). *Mental health handbook for schools*. London: Routledge.

Banks, J. A. (2008). **다문화 입문**. [An Introduction to Multicultural Education(4th ed.)] (모경환 역). 서울: 아카데미프레스(원저출판: 2007년).

Banks, J. A., & Banks, C. A. M. (2011). **다문화교육: 현안과 전망**. [Multicultural education: issues and perspectives] (차윤경, 부향숙, 윤용경 역). 서울: 박학사(원저출판: 1989년).

Bennett, C. I. (2009). **다문화교육: 이론과 실제**. [Comprehensive Multicultural Education: Theory and Practice] (김옥순, 김진호, 신인순, 안선영, 이경화, 이채식, 전성민, 조아미, 최상호, 최순종 역). 서울: 학지사(원저출판: 2007년).

Betty, C. B. (2006). Multicultural counseling training and competency and its impact on multicultural populations: A critical analysisand review of relevant literature. Unpublished Doctoral Dissertation, University of Wisconsin-Stout.

Campbell, R. J. (1989). *Psychiatric Dictionary*. New York: Oxford University Press.

Campinha-Bacote, J. (2002). The process of cultural competence in the delivery of healthcare services: A model of care. *Journal of Transcultural Nursing, 13*(3), 181-184.

Castles, S., & Mille, M. J. (2003). *The Age of Migration: International Population Movements in the Modern World 3rd Edition.* New York: Guilford Press.

Cowan, D. T., Norman, I., & Coopamah, V. P. (2005). Competence in nursing practice: A controversial concept–a focused review of literature. *Nurse Education Today, 25*(5), 355-362.

Daniel Stoffman(2002). Who gets in. *Macfarlane Walter and Ross*, 39-176.

David Held(2002). **전지구적 변환.** [Global transformations: politics, economics and culture] (조효제 역). 서울: 창작과비평사(원저출판: 1999년).

Debbasch, Charles & Pontier, Jean-Marie(2004). **프랑스 사회와 문화.** [La société française] (김지은, 김정곤, 김미현 역). 서울: 서울대학교 출판부(원저출판: 2000년).

Hart, P. L., & Mareno, N. (2016). Nurses' perceptions of their cultural competence in caring for diverse patient populations. *Online Journal of Cultural Competence in Nursing and Healthcare, 6*(1), 121-137.

Hertzman, C., & Wiens, M. (2006). Child development and longterm outcomes: A population health perspective and summary of successful interventions. *Social Science Medicine, 43,* 1083-1095.

Ivey, A. E., D'Andrea, M. D., & Ivey, M. B. (2015). **상담이론과 실제: 다문화 관점의 통합적 접근.** [Theories of Counseling and Psychotherapy: A Multicultural Perspective(7th ed.)] (김병석, 김지현, 최희철, 선혜연 역). 서울: 학지사(원저출판: 2012년).

Ivey, A. E., Ivey, M. B., & Zalaquett, C. P.(2017). **상담의 기술: 다문화 시대의 상담역량 강화.** [Intentional Interviewing and Ccounseling: Facilitating Client Developmentin a Multicultural Society(8th ed.)](방기연, 김희수, 박현주, 이수 진 역). 서울: 센게이지 러닝코리아(원저출판: 2014년).

Jeffereys, M. R., & Dogan E. (2012). Evaluating the influence of cultural competence education on students' transcultural self-efficacy perceptions. *Journal of Transcultural Nursing, 23*(2), 188-197.

Majda, A., Zalewska-Puchała, J., Bodys-Cupak, I., Kurowska, A., & Barzykowski, K. (2021). Evaluating the effectiveness of cultural education training: Cultural competence and cultural intelligence development among nursing students. *International Journal of Environmental Research and Public Health, 18*(8), 4002. doi:10.3390/ijerph18084002

Majumdar, B., Browne, G., Roberts, J., & Carpio, B. (2004). Effects of cultural sensitivity training on health care provider attitudes and patient outcomes. *Journal of Nursing Scholarship, 36*(2), 161-166.

Roy, S. C., & Andrews, H. A.(1999). *The Roy adaptation model(2nd ed.).* MetroHartford, CT: Appleton & Lange.

Schmidt, R. (2007). Comparing Federal Government Immigrant Settlement Policies in Canada and the United States. *American Review of Canadian Studies,* 120-190.

Schwab, K. (2016). The fourth industrial revolution. *Retrieved October*, 8, 2017, from http://www.weforum.org/.

Sharifi, N., Adib-Hajbaghery, M., & Najafi, M. (2019). Cultural competence in nursing: A concept analysis. *International Journal of Nursing Studies,* 99, 103386. doi:10.1016/j.ijnurstu.2019.103386.

Sue, D. W. (2001). Multidimensional facets of cultural competence. *The Counseling Psychologist, 29*(6), 790-821.

Sue, D. W., Arrendondo, P., & McDavis, R. J. (1992). Multiculturalcounseling competencies and standards: A call to the profession. *Journal of Counseling & Development, 70*(4), 477-486.

Sue, D. W., & Sue, D. (2011). **다문화 상담: 이론과 실제.** [Counseling the Culturally Diverse: Theory and Practice(5th ed.)] (하혜숙, 김태호, 김인규, 이호준, 임은미 역).서울: 학지사(원저출판: 2008년).

Sue, D. W., Bernier, J. E., Durran, A., Feinberg, L., Pedersen, P., Smith, E. J. (1982). Position paper: Cross-culturalcounseling competencies. *Counseling Psychologist, 10,* 45-52.

World Economic Forum (2016). New vision for education: Fostering social and emotional learning through technology.

YouTube(세계경제포럼 회장 클라우스 슈밥 '제4차 산업혁명'의 시대를 선언하다!).

찾아보기

저 / 자 / 소 / 개

■ 허현점

인제대학교 대학원 보건행정학박사
현, 가야대학교 간호학과 교수
〈저서〉
Pro 나이팅게일의 수다

■ 김숙복

계명대학교 대학원 교육학과 박사 수료
현, 경북과학대학교 간호학과 초빙교수
〈저서〉
예비직업인을 위한 직업과 윤리, 인간관계와 의사소통, 국제사회와 인권 외

■ 김순호

대구가톨릭대학교 대학원 심리학과 박사 수료
현, 구미대학교 간호학과 초빙교수
〈저서〉
생각분양

■ 박군자

한중대학교 대학원 일반복지행정학박사
현, 대원대학교 간호학과 겸임교수
〈저서〉
성공적 사회 진출을 위한 인성과 예절 외

■ 박선정

삼육대학교 대학원 간호학박사
현, 삼육보건대학교 간호학과 교수
〈저서〉
간호과정과 비판적 사고, 간호연구, 모성간호학 외

▪ 박진아

아주대학교 대학원 간호학석사
현, 송호대학교 간호학과 겸임교수

▪ 이수민

숙명여자대학교 일반대학원 언론학석사
현, SM스피치아카데미 원장
마산대학교 간호학과 겸임교수
〈저서〉
스피치 트레이닝과 면접 실무

▪ 전혜정

명지대학교 대학원 사회복지학박사
현, 선린대학교 간호학과 겸임교수

▪ 정윤화

계명대학교 대학원 간호학박사
현, 경북과학대학교 간호학과 교수
〈저서〉
예비직업인을 위한 직업과 윤리, 활동 중심의 인간관계와 의사소통, 정신건강간호학 외

▪ 정일동

계명대학교 대학원 교육심리 및 교육공학박사 수료
현, 경북과학대학교 지방행정과 교수
〈저서〉
인간성장발달, 철학 이야기, 자살예방론 외

다문화의 이해와 건강

1판 1쇄 인쇄 — 2026년 1월 5일
1판 1쇄 발행 — 2026년 1월 10일

저　　자 - 허현점 김숙복 김순호 박군자 박선정
박진아 이수민 전혜정 정윤화 정일동

발 행 인 - 강철원
발 행 처 - 양성원
주　　소 - 경기도 파주시 검산로 173번길 29-12
전　　화 - 031-946-3861(代)
팩　　스 - 031-946-3864
이 메 일 - tnwpub@naver.com
홈페이지 - tnwpub.co.kr
출판등록 - 2015년 8월 31일 제 2015-000211 호

ISBN 979-11-6126-651-0

정가 27,000원